代表谈财政

叶青 著

人民出版社

序
让人人都看懂财政

在社会主义市场经济中，财政学与财政分配，应该成为大家都略知一二的科学。如果把社会财富比作一个大蛋糕的话，国家财政、家庭个人、企业组织应该是各占一块，此消彼长。因此，财政与每个人都有直接的关系。每个人都可能是纳税人，又都可能成为财政补贴的受益者。每个企业都是纳税人，或者是财政补贴的接受者。政府及政府官员，须臾都离不开财政，他的工资，他的行政开支，都来自于财政部门的二次分配。财政分配还有可能跨过国界，有来自于国民的海外收入，或者是对国外的援助……

马列主义认为，经济决定财政，财政反作用于经济。但是，从现在来看，财政能够反作用的不仅仅是经济，目前的五大事业都与财政收支有关，这就是政治、经济、文化、社会、生态。由此看来，财政反作用于社会的方方面面。

要让国民了解财政，取决于财政学的不同写法。

财政学有多种写法，一是理论性的财政学，只有专家、学子与财政官员看得懂。二是大众性的财政学，从事例入手，分解财政学的各个方面。能否有第三种写法呢？即从学者、从代表、从官员、从民众等多维角度来解读财政学。

1979 年 7 月的一天，天气炎热，正在福建省建阳一中篮球场打球的我接到了一封大学录取通知书——湖北财经学院财政学专业。从我接到财政专业录取通知书至今，我就注定要一生投入中国的财政事业。

1982 年年底，我在湖北省沙市财政局实习，跟着师傅下企业，在办公室分析问题，我突然间觉得自己不适合在机关工作，决定参加次年的本校硕士研究生考试。从 1983 年 9 月起，我在这所学校又读了三年硕士。1986 年留校任教，研究教学方向是财政史。在大学教书，只读到硕士肯定不够。1995 年开始，我连续三年才考上郭道扬先生的会计史方向博士研究生，2000 年获得博士学位。读博士最大的收获是，政府财政也要有会计思维，要锱铢必较，要最大限度地节约。这为我之后呼吁"三公"改革，特别是公车改革奠定了理论基础。

1991 年 12 月，经过财政史专家蔡次薛先生的介绍，我加入了中国民主促进会，从此走上了参政议政的道路。2000 年 6 月，我当选为民进湖北省委副主任委员，至 2017 年结束这个职务。

1998 年之后，我在政协委员与人大代表之间游走。

1998 年我当选为武昌区政协常委会委员，1999 年当上了区政协副主席至 2008 年。2001—2002 年，我是湖北省人大常委。

2003 年任职湖北省统计局副局长，全国人大代表，这个身份必然涉及财政预算的审议与讨论，各种税法的修改。特别是 2003 年到 2012 年的十年全国人大代表生涯期间，我对方方面面的财政问题提出过建设性、完善性意见：车改、农业税、机场建设费、地方债、高中生免费、预算法修改……对此进行梳理的过程，就是解析财政学的过程。2013

年至今，是湖北省政协常委、人口资源环境委员会副主任。

　　财政学教授，会计史博士，区政协副主席，省人大常委，全国人大代表，省政协常委……有了这一个个平台，使得我可以用财政学知识提出财政改革建议，推动财政分配的合理化。

　　本书的视角，也许是独一无二的，从亲历者的思维分析财政学。做好这项研究工作，是对选举我为全国人大代表的选民的一种感谢！参与一些重大的财政学争论让我深深感受到，财政学是一门会给人带来痛苦的科学。

　　本书主要讨论政府怎么收钱？怎么用钱？民众怎么监督？共分为十二章。

目 录

"皇粮国税"也可以免

　　讲到财政问题，无非三大块：经费论、赋税论与公债论。这是著名经济学家亚当·斯密（1723 年 6 月 5 日—1790 年 7 月 17 日）总结的"财政三元论"。有了政府，就有了经费；有了经费，就需要征税；如果所征之税不足以支付经费，就必须发行公债。由于征税具有强制性、无偿性，纳税人总是不愿意老老实实地缴税，因此，如何征税就成为财政的核心问题。无怪乎兴盛于 16—17 世纪的德国重商主义学派提出，财政学是一门艺术，是一门"如何做到拔鹅毛最多而鹅不叫"的艺术。

　　中国的经济思想家则非常含蓄，把征税比喻为"折柳"与"割韭"。在斯密去世之后的第四年出生的魏源就是其中的一个。清代启蒙思想家魏源（1794—1857 年）曾大力主张培植和保护税源，指出"善赋民者，譬植柳乎，薪其枝而培其本根"。他指责苛重税敛，"不善赋民者，譬则剪韭乎，日剪一畦，不罄不止"。聪明的统治者征税就像折取柳枝，对柳树并没有什么影响。而不聪明的统治者则是贴着地面剪韭菜，韭菜再难长起来。魏源认为重税破坏了纳税人的财产，也就破坏了国家赖以生存的基础。减税是涵养税源的手段之一，适当减税，反可以增加税收。魏源的这一观点在中国 19 世纪以前的经济思想中是极为罕见的。

农业是最古老的产业，"民以食为天"。因此，最早的税收也与农业有关。中国的汉字是象形文字，一个字就是一个故事。比如，"疑"字就是说一个猎人遇到一头猛兽时所做出的一种判断：是用匕首近距离杀之，还是从远处用弓箭射之，还是贴近用长矛刺之，实在不行就"三十六计走为上策"。那么，大家最熟悉的"税"字是有讲究的。从现在的税收活动来看，税无疑指国家向企业或集体、个人征收的货币或实物。而在早期，税字有特定的含义。《急就篇》[1] 中说："敛财曰赋，敛谷曰税，田税曰租。"《汉书·刑法志》中说："有税有赋，税以足食，赋以足兵。"在刑法的篇章中论述税赋问题，足以说明税收的强制性与特定用途，不准挪用。综合这两小段话，可以得知：以货币或者财物缴的税叫做"赋"，从贝从武，用于军备之需，换取一种生命财产的安全。以粮食缴纳的税，才称为税，从禾，从兑，指农业生产者以农产品交给政府，换取土地的使用权。政府征收的税用于政府机器的运转。租，也是以农产品换取土地的使用权。"且"指农具（锄头），也指男人从事农业生产。然而，农业税，这一项在中国拥有 3000 年历史的政府收入，在十年前由于要减轻农民负担而被终止。我亲历了这个过程。

从十届人大一次会议，亦即 2003 年起，正是讨论农民负担该如何减免的问题。一想起自己能够在当全国人大代表第一年中就为减免农业税作一点贡献，还是止不住涌现出一种愉悦的心情。也可以这么说，虽

---

1 《急就篇》是中国古代教学童识字的字书。"急就"是很快可以学成的意思。

然当过两年（2001—2002 年）的湖北省人大常委 **1**，但是，当选全国人大代表还是第一次，一次而得机会，懵懵懂懂地接触了农民负担问题，并为解决这个问题出了一点力。原因在于我是学习财政学与财政史的，稍微了解一点"黄宗羲定律"。

1. "三真报告"

讲到农民负担，就一定绕不开湖北李昌平的"三真报告" **2**。

棋盘乡，位于湖北省监利县，2000 年 3 月 8 日，时任该乡党委书记李昌平给朱镕基总理写信，反映"农村真穷、农民真苦、农业真危险"的情况，朱总理等中央领导人高度重视，两次动情批复，引发了湖北一场"声势浩大"的为时一个半月的急风骤雨式的农村改革，得出了"监利经验"。但一阵风的改革之后，农民负担报复性地大幅反弹。

根据西乌拉帕的研究，在轰轰烈烈的"监利改革"中，广大农民，作为改革的预定受益人，并没有被发动和参与到改革中来，始终被排斥在整个改革进程之外，成了袖手旁观者。农民负担减不减、减什么、减

---

1 很多人问我：你怎么总是有发言、当官的机会。这里我需要解释一下。我 1979 年从老家福建到武汉的湖北财经学院读书，学的是财政学。1983 年本科毕业考上财政学硕士，1986 年 7 月硕士毕业留校任教。当时也就是想教书写书，因此，一直没有入党的打算。1988 年，我的两位财政史硕士导师吕调阳教授、蔡次薛教授几乎同时拿申请表给我填，遗憾的是不能同时加入两个党派。我选择了蔡教授的中国民主促进会。由于之后的一些事情，民主党派暂停发展，直到 1991 年 12 月才拿到会员证。由此至今，一直以民主党派人士的身份参政议政。由于积极肯干，苦干加巧干，在 2000 年当选为湖北省民进副主任委员，至 2017 年才"下课"。这也就有了当省人大常委、当全国人大代表这"辉煌的"十年。

2 西乌拉帕：《李昌平为什么失败？——棋盘乡与谢安乡的命运比较》，《学习月刊》2002 年第 8 期。

多少、何时减、减多久，一切都由政府说了算，农民没有发言权。这种自上而下的"减负运动"，从一开始就带有强烈的施舍性、随意性，因此也不可靠。

棋盘乡的减负运动的结果可想而知：改革的发起者李昌平在改革过程中孤立无援，他成了孤家寡人，只得中途当了逃兵。

李昌平辞职出走之后，先是南下广东打工，后辗转去了北京，当了《中国改革》《改革内参》的记者、编辑，到各高校演讲，写了《我向总理说实话》，出国（印度）考察，继续为农民减负呐喊。

通过李昌平的"三真报告"，可以反映出农民负担已经到了非改不可的境地。整个改革开放时期，农民负担都在高位徘徊，农村的政权机构的运转，确实都来自于很虚弱的农民负担。

根据北京大学社会发展研究所郭永中先生的研究[1]，农民负担主要有两个方面的表现，有四个方面的原因。

农民的负担表现在，一方面，农民合理负担呈下降趋势。国家统计局调查结果显示：1990—1994 年间，全国农民人均纯收入年均增长15.5%。同期负担年均增长 15.4%，两者基本上是同步增长；1995—1998 年，农民人均纯收入年均增长 11.1%（未扣除价格因素），同期负担的年均增长 6.4%，负担增幅低于收入 4.7 个百分点，负担呈相对减轻趋势。1998 年农民负担出现回落，连续多年的扩张势头得到初步抑制，比上年减少了 1.2%。若按《农民负担管理条例》规定的口径计算，1998 年农民人均税后负担为 68.77 元，比上年减少 1.73 元，减少了 2.5%。

1　郭永中：《当前中国农民负担问题》，《人民文摘》2002 年第 4 期。

另一方面，农民不合理负担越来越重。农民合理负担基本得到了有效控制，而农民承受的不合理负担则越来越沉重。据农业部农民负担监督管理办公室统计表明，1991 年能够统计到的农民支出的行政性事业费高达 17.7 亿元，各种罚款 23.1 亿元，集资摊派 41 亿元，其他社会负担 38.1 亿元。上述各项合计，人均 13.8 元，占上年人均纯收入的 2.5%。但是地方调查结果表明，不合理负担占农民人均纯收入的 5%—7%，大大超过农业部的统计结果。有关数据表明，不合理负担远远超过了中央规定的 5% 的警戒线。

对于农民负担过重的问题，中央也不是不知道，而且中共中央、国务院对减轻农民负担问题的确十分重视。1998 年 7 月 21 日，中共中央办公厅、国务院办公厅发布了《关于切实做好当前减轻农民负担工作的通知》。《通知》指出，1998 年上半年，由于种种原因，农民收入增长缓慢，而一些地方农民负担不仅没有减少，反而继续增加。1999 年 8 月 2 日，国务院办公厅转发了农业部等五部门《关于做好当前减轻农民负担工作的意见》，《意见》中指出，党中央、国务院对减轻农民负担一直非常重视，多次进行工作部署，"但从一些地方看，中央关于减轻农民负担的方针政策并没有完全落到实处，农民负担重的问题还没有真正解决。"如果从 1991 年 11 月 5 日国务院颁布《农民承担费用和劳务管理条例》算起，到 1999 年已是 9 个年头了，但"农民负担重的问题还没有真正解决"，这足见减轻农民负担问题的复杂性和艰巨性。

而中国农民负担过重的原因，有以下四个方面。

一是农民收入增长滞缓，甚至出现负增长。改革开放以来，我国农民收入增长情况经历了四个明显的不同阶段：1978—1984 年农民纯收入从改革前的 134 元增加到 355 元，扣除物价上涨因素，实际增加 1.3

倍，年均增长率达到 17.7%。1985—1988 年是农民收入继续缓慢增长时期，农民人均纯收入由 398 元增加到 535 元，扣除物价上涨因素，年均增长率为 5.0%。1988—1991 年是农民人均实际纯收入停滞徘徊的阶段。农民人均纯收入从 602 元增加到 709 元，名义上增长率为 17.8%，扣除物价上涨因素，1989 年农民人均收入比上一年实际下降了 1.6%，是改革开放以来农民实际纯收入的首次下降，出现了负增长。1990 年和 1991 年虽有好转，但三年平均实际增长 0.3%。1992 年后是农民人均纯收入恢复增长阶段。农民人均纯收入由 784 元增加到 2 090 元，增加了 1.7 倍，年均增长率为 21.7%，实际增长率为 5.4%。总的看来，农民人均纯收入增长滞缓，而农民人均负担率却逐渐提高。

二是机构膨胀，人员不断增加。地方政府及农村基层组织机构臃肿、人浮于事，人头经费支出大，许多开支在没有财政来源的情况下，只能靠向农民摊派收费来维持。人员增加，公车经费自然就增加，在乡镇，编制外的公车经费，大都来自农民负担。机构臃肿是加重农民负担的一大顽症，不化解这一问题，即使农民负担暂时控制住了，过后还得反弹。而精简机构、裁减冗员是减轻农民负担最直接的途径。在中部某县一个 3.5 万人的小镇，从 1994 年至 1998 年新增吃"皇粮"的人员，就以每年 50 人的速度递增，加上行政干部增资因素，每年财政支出增加 100 万元以上。另外，村组干部队伍庞大，又进一步增加了农民负担。1999 年，该县精简机构，减少乡村干部 62%，节约开支 619.4 万元。据《人民日报》载文称，为村级班子"消肿"，是近两年湖北省农村工作的一项重要任务。湖北省明确提出，要合理设置、严格控制村干部职数，每村限定 5—7 人。据湖北省"减负办"介绍，1998 年全省精简村干部 4 万人，1999 年再减约 7 万人，农民因此减负 3 亿元以上。除此之外，乡镇政府及"七站八所"私招滥用的临时工应全部清退。[1] 山东省自1997年开始试点，两年多时间，乡、村两级精简临时工和编外用工8万多人，分流编内人员1.4万多人，共减少财政支出1.6亿元，减轻农民负担近2亿元。

三是农村教育费用负担过重。九年制义务教育的重担主要压在乡村两级政府上。《中国经济导报》全国农村住房抽样调查结果显示，1998年农村居民人均文教娱乐用品及服务支出159元，比上年增长7.6%，其中主要是学杂费增加较多，人均增加额占该项支出的73%，对低收入和贫困地区的农民来讲增幅更加突出。许多地方农民在交"三提五统"（内含教育费统筹）之外[2]，还要交人均数十元的教育费附加。

四是巧立名目乱收费。有些村干部和乡镇干部，为了谋求个人政绩，巧立名目、花样翻新地收费。仅教育乱收费就名目繁多。尽管政

1　"七站八所"，是指县、市、区及上级部门在乡镇的派出机构。这里的"七"和"八"都是概指，并非确数。这样的机构，通常在20个以上，有的高达30多个。从历史上看，"七站八所"的设立及"条块结合"的管理体制是对乡村社会事务实行专业化、计划化和集权化管理的产物。"七站八所"的存在及"条块结合"的体制在实践中带来的危害，是持久的"条块分割"的矛盾，也是造成乡村"食之者众"的重要根源。众多的"条条"不仅使乡镇政府不堪重负，最终也使农民群众不堪重负。主要有：一是乡镇直属事业站（所）：包括房管所、农机站、农技站、水利站、城建站、计生站、文化站、广播站、经管站、客运站等；二是县直部门与乡镇双层管理的站(所)，包括司法所、土管所、财政所、派出所、林业站、法庭、卫生院等；三是"条条管理"的机构：包括国税分局（所）、邮政（电信）所、供电所、工商所、信用社等。"七站八所"现已根据职能分别合并为乡镇经济发展服务中心和乡镇社会发展服务中心。

2　"三提五统"，是指村级三项提留和五项乡统筹。"村提留"，是村级集体经济组织按规定从农民生产收入中提取的用于村一级维持或扩大再生产、兴办公益事业和日常管理开支费用的总称。包括三项，即公积金、公益金和管理费。"乡统筹"，是指乡（镇）合作经济组织依法向所属单位（包括乡镇、村办企业、联户企业）和农户收取的、用于乡村两级办学（即农村教育事业费附加）、计划生育、优抚、民兵训练、修建乡村道路等民办公助事业的款项。2006年农业税取消后，这个词语也成为一个历史名词。

府每每有新的收费项目标准出台都强调：严禁学校擅自收费或超标准收费，而且组织物价、教育、财政等部门进行查处。但是，无论城市或农村，无论是义务教育还是非义务教育，学生除了要缴政府规定的学杂费外，还不得不承担一些由学校巧立名目的"费外费"：辅导费、补习费、资料费、托管费、安全费、保险费、校服费、文娱费、复读费、择校费、建校费、赞助费和高价买分的进门费等。

因此，到了 2003 年，中央新的一届领导班子，自然会把解决农民负担过重问题当作头等大事来抓。主要措施有：降低种田成本，增加农民收入；精简政府机构，精干队伍，实行"小政府大服务"的管理体制；积极探索农村税费改革经验，从根本上减轻农民负担。因此，农村税费改革就成为十届人大五年的焦点问题。这其中包括规范收费行为，遏制农村"三乱"；初步规范农村分配关系，促进乡镇财税征管体制改革；进一步完善村民议事制度，促进农村基层民主政治建设；改善党群干群关系，维护农村社会稳定。

2. 与秦晖讨论"黄宗羲定律"

当年在人民大会堂的湖北厅，听温家宝副总理讨论"黄宗羲定律"的场景历历在目。按照全国人大会议要求，每当有中央常委到哪个代表团与代表一起讨论政府工作报告时，这一次全团讨论会就要到人民大会堂本省的大厅去开会，否则就在驻地的大会议室开。因此，从驻地提前赶到人民大会堂是必须的。至于这是出于安全的目的，还是寻求一种隆重的气氛，就不得而知了。十年全国代表，每年基本上都有一两次近距离与常委开会的机会。

2003 年 3 月 6 日下午，时任国务院副总理温家宝到了湖北团。首先是十位各界代表的发言，机会难得，有省长、书记、国企老总、工人与农民代表等，最为重要的是借此机会提一些诉求。

代表说完了，一般会留出半个小时以上的时间让中央领导做指示。温家宝副总理除了说湖北的工作有成绩之外，重点说到如何减轻农民负担。其中，他朝分坐左右两边的书记、省长问道：你们湖北不是有张居正吗？他不就说过，农业税越改，农民负担越重吗……省长、书记连忙点头称是。

我是研究中国财政史的。1983 年上半年，是我的大学生涯的最后一个学期，主要是写毕业论文，题目是《孔子的财政思想研究》，导师是吕调阳教授。1986 年上半年，是我硕士研究生生涯的最后一个学期，我的硕士论文题目是《中国理财思想史研究》，导师依然是吕调阳教授。1997 年我经过三年的努力，终于考上了郭道扬教授的博士生，博士论文题目是《中国财政会计关系史比较研究》。2000 年下半年，进入了武汉大学商学院博士后流动站做兼职研究，合作导师是颜鹏飞教授，题目是《财政宏观调控体系研究》。自认为对财政史还是有一定研究的。当然，学习了财政史，也养成了什么都敢说的"坏习惯"。

因此，一听到温家宝副总理这么问，我不由得心里咯噔了一下。坏了，说税制越改农民负担越重的，不是明朝中期的张居正，而是明清之际的思想家黄宗羲。我当时坐在左侧的第二排，离温家宝副总理有五米之遥，我轻声说："是黄宗羲，不是张居正。"不知道是想起来，还是听到我的提示，他立刻说："不对，是黄宗羲，是'黄宗羲定律'。"他说："历史上每次税费改革，农民负担在下降一段时间后都会涨到一个比改革前更高的水平，走进'黄宗羲定律'怪圈。"并郑重表示"共产党人一定能够走出'黄宗羲定律'怪圈。"

我总算是松了一口气。

在之后的很多年，遇到了一位中央电台驻湖北的记者，他当时也在现场，把当时的录音重放了一遍，还依稀可以听到我的提示音。

如果没有 3 月 8 日晚上《中国青年报》的活动，这件事可能也就这么过去了，不会有人再提起。碰巧的是，6 日下午也在场的《中国青年报》记者王尧 8 日傍晚派车接我到"中青在线"做有关税收方面的网民访谈。[1] 路上他问我：6 日下午温总理说的"黄宗羲定律"是怎么一回事？于是，我这个"财政史学者"就有了用武之地。

"黄宗羲定律"是由现代学者秦晖在论文《并税式改革与"黄宗羲定律"》中总结出的定律。用学术的语言来说，所谓"黄宗羲定律"是由秦晖先生依据黄宗羲的观点而总结出来的某种历史规律：历史上的税费改革不止一次，但每次税费改革后，由于当时社会政治环境的局限性，农民负担在下降一段时间后又涨到一个比改革前更高的水平。

---

1 3 月 8 日晚，尹明善、叶青、钱晟走进"两会代表委员网上对话"。由《中国青年报》和搜狐网、中青在线联合举办。对话的主题是：当前贫富差距悬殊现状下，如何进行财富"二次分配"。65 岁的尹明善，重庆市政协副主席、重庆力帆集团董事长。在一个省部级官员应该退休的年龄，以私营企业家的身份，成为中国改革开放后首位进入省级领导岗位的私营企业家。41 岁全国人大代表叶青，是中南财经政法大学财税学院教授，中外财政制度与思想研究专家。前一天，国务院领导谈到的"黄宗羲定律"正是他研究的领域。中国人民大学财政金融学院副院长钱晟教授，这位女博导 2001 年在《中国青年报》谈论关于改革个人所得税的政策建议受到了国家领导人的重视，并转发财政部、国家税务总局参考研究。网民的参与不仅使网络塞了车，而且让三位嘉宾延长了回答的时间。晚 9 时 15 分延时结束时，他们回答了网民的 97 个问题。在结束时，尹明善对网友说："有些问题虽然尖锐也让我清醒，让我规范自己的言行，好好当一个政协委员，好好办企业，好好当一个好的中国人。"钱晟说："网友对社会的关注是我国政治生活民主、经济走向繁荣的基础。"遗憾的是，2004 年 4 月 13 日传来噩耗：46 岁的钱晟教授在广州英年早逝。在此通过叙述这些文字以纪念她。

黄宗羲是明末清初的重要思想家，是我国古代研究赋税制度最深入、最系统的学者之一。他在《明夷待访录·田制三》中指出历史上的赋税制度有"三害"……王尧若有所思地点点头，似懂非懂。但是，他在车上就表示，这是一个好题目，晚上加班写这个稿子。在 3 月 9 日的《中国青年报》上果然出现了这篇文章，题目是《追踪"黄宗羲定律"》。¹ 全文实录如下，做一个纪念：

> 温家宝说，历史上每次税费改革，农民负担在下降一段时间后都会涨到一个比改革前更高的水平，走进"黄宗羲定律"怪圈。他所说的"黄宗羲定律"是怎么回事？

> 本报北京 3 月 8 日电（记者王尧）"温家宝副总理 3 月 6 日在人大湖北团参加讨论时郑重表示，共产党人一定能够走出'黄宗羲定律'怪圈。我当时正好在场，研究'黄宗羲定律'碰巧也是我的专业。"全国人大代表叶青今晚接受本报记者专访时说："我觉得，温副总理借黄宗羲的口，说出了新一届中央政府的决心，一定要把农民的负担降下来，彻底解决农村社会改革这个大问题。"

> 41 岁的叶青是中南财经政法大学博士生导师，专业是财政史。

> 他向记者介绍："黄宗羲是明末清初的一位著名思想家，而'黄宗羲定律'则是清华大学的秦晖教授在一篇论文中概括出来的。中央领导了解到这一研究成果，把它看作一面历史的镜子，要求作为税制改革尤其是农村税费改革的借鉴。"

> 他说，黄宗羲指出，封建赋税制度有"三害"："田土无等第之害，所税非所出之害，积重难返之害。"这段话翻译成现代汉语就

---

1 王尧：《追踪"黄宗羲定律"》，《中国青年报》2003 年 3 月 9 日，http://zqb.cyol.com/content/2003-03/09/content_624395.htm。

是：不分土地好坏都统一征税；农民种粮食却要等生产的产品卖了
之后用货币交税，中间受商人的一层剥削；历代税赋改革，每改革
一次，税就加重一次，而且一次比一次重。

叶青说，从夏商周到民国时期，中国田赋制度的演变经历了
8次。每一次改革的基本做法，都是把附加税、杂税、贡纳等并入
主税，形成越来越大的税收负担。

他说，温家宝副总理提到的"两税法"，是唐中期宰相杨炎
实行的改革，大意是"不管有没有土地，本地人还是外地人，一
律按现有土地征税"，改变之前什么都收税的做法。还有"一条鞭
法"，是明代中期张居正的税制改革。清雍正时期的"摊丁入亩"，
就是把人头税摊到地税里收。

对当前的中国来说，如何从制度上防止"黄宗羲定律"重现？
叶青教授认为，一是要对农民实行国民待遇；二是要从政体上改
变，把"城乡分治"改为"城乡同治"。政府应该给城乡提供统一
的公共产品，比如道路、农村义务教育等；三是要发展农村经济，
从制度上保证农村小康建设。只有经济发展了，农民税负率才会
下降。

本报记者与秦晖教授通话。秦先生尚未看到温家宝副总理谈
"黄宗羲定律"的有关报道。不过他说，他知道温家宝副总理2001
年曾在他的论文《并税式改革与"黄宗羲定律"》上做过很长一段
批示，要求财政、农业等部门的领导在推行农村税费改革时注意
研究这个问题。当时正是中央在安徽召开农村税费改革现场会议
的前夕。

当我在《中国青年报》看到这篇报道时，欣喜若狂。毕竟2003年

是我第一年当全国人大代表，毕竟是自己的名字第一次出现在《中国青年报》这样的大报上。[1] 我立即给王尧打电话，并提出一个"非分"的想法：我要见秦晖教授！王尧一听，立刻同意。持续报道是一种好方式。研究财政史的代表要与研究农民战争史的学者见面，这是一个多么好的新闻题材啊！

说到这里，我又要"表扬"自己一番。最近十多年来，我形成了"三不拒绝"的"自我宣传"的习惯，即"不拒绝采访，不拒绝约稿，不拒绝讲座"。这是在宣传我的观点，为何要拒绝？这也是我比较另类的原因之一。很多官员，甚至有的学者都劝我："防火防盗防记者"；相反，我还会告诉记者应该怎么问我问题，报道的第一句话应该怎么写，等等。至今还有这样的话在坊间流传——不论多难的问题，只要去采访叶代表，都会有答案。这种习惯大概是从王尧这里形成的吧！

在 2003 年 3 月 11 日晚上，天下着小雨，我、王尧、一名多次获奖的《中国青年报》摄影记者来到了秦晖先生位于蓝旗营的寓所，讨教了一系列问题。在 12 日的《中国青年报》上，刊登了这次拜访的全部内容：《农村问题的根本解决是把农民当公民看：拜访"黄宗羲定律"》。[2]

这一段离奇的经历除了在网上之外，就是一个小插曲值得一述。我小孩 2014 年 9 月在武汉大学读博士，没有想到他从武大图书馆借的

---

1 我第一次做网络访谈是在 2003 年 3 月 3 日。当时的广告是这样的：为了更好地倾听民意、反映民生，"两会"代表委员叶青、杨云彦、蔡玲 3 月 3 日晚做客新浪与网友进行沟通。本次访谈围绕社会保障与就业、财富再分配等话题展开。本次活动由新浪网与《法律服务时报》（总编张冠彬）共同组织。一晃 15 年了。时间过得真快。http://news.sina.com.cn/c/2003–03–03/2102930935.shtml。

2 王尧：《拜访"黄宗羲定律"》，《中国青年报》2003 年 3 月 12 日，http://zqb.cyol.com/content/2003–03/12/content_626807.htm。

第一本书居然是秦晖先生的《实践自由》，这也是一种缘分。我的小孩惊奇地发现这本书的第一篇文章就有一个附录——《中国青年报》2003年3月12日王尧写的《人大代表访"黄宗羲定律"命名者秦晖：共话"三农"》（《拜访"黄宗羲定律"》一文的另外一种说法）。为了记住秦晖教授、王尧与我2003年3月在北京的相识，特把这个片段实录如下，说实话，很多细节已经不记得了。要强调的一点是，在秦晖教授家，我见到了温总理的批示文字。

本报北京3月11日电（记者王尧）关注当前农村税费问题的全国人大代表、中南财经政法大学教授叶青，登门拜访了"黄宗羲定律"的命名者、清华大学教授秦晖，两人就农村问题进行了交流。

叶青代表说："3月6日，温家宝副总理到我们湖北代表团参加讨论时表示，共产党人一定能够走出'黄宗羲定律'怪圈。我知道，'黄宗羲定律'的提出跟你（您）有关。"

秦晖教授说："虽然我认为学者在乎的应该是学术界的评价，但是看到自己的想法能影响政府的决策，我也很欣慰。"

关于"黄宗羲定律"，秦晖说："其实在我之前，已有史学家注意到了这个规律——历史上每次进行税费改革，农民负担在下降一段时间后，都会再涨到一个比改革前更高的水平，再改，再上涨。1997年，我在一篇文章中提出了'黄宗羲定律'，现在似乎很多学者和官员都认可了这个概念。"

叶青代表介绍："温家宝副总理还问是否有来自监利县的人大代表；税费改革后，那里的农民负担是否降下来了。"

监利是湖北省的产粮大县，这里有个叫李昌平的乡党委书记，曾上书国务院领导，说了让很多农村问题研究者过目不忘的三句话："农民真苦，农村真穷，农业真危险。""李昌平是我们学校的毕业生。"叶青说。

秦晖说："我认识李昌平。他后来辞职辗转到了北京。其实，他说的不仅仅是监利县的问题。从历史上看，农民的税费问题，是中国历朝历代都没有解决好的老问题。像现代的'农民负担卡'这些做法，历史上都试验过。"

41岁的叶青代表，是研究中外财政史的专家。他说："历史上官方向农民征税，曾有'上取其一，下取其十'的说法。上级政府要收一个银元的税，底层官吏就敢向农民收十个，留九个自己用。"

秦晖说："近年来，我多次指导学生到农村进行农民负担问题走向的社会调查，从最基层了解到了一些农民负担的现状。"

某地一个镇长说，过去农民抗税，我们可以叫警察来管；但是农民不交费，我们不能叫警察。现在一并税，我们都可以叫警察了。"如果并税除费的出发点被基层理解为可以叫警察来管，那就很麻烦了。"秦晖说。

秦晖认为，解决农村税费问题的治本之策，在于改革乡镇体制。乡镇不能再养那么多人。乡镇工作人员之所以膨胀，与乡镇干部的子女就业有关。实践表明，这个问题能够解决。

叶青代表说："有很多代表呼吁，要求减免农业税。因为这个税占国家收入的比重不大，收税成本又很高。"

秦晖不赞同这种观点："我认为也不必特别规定农民不缴税，农业税也不必减免，只要城乡一视同仁，把农民身上的'身份性贡赋'免了就行。历史上还有15岁以下、60岁以上不征税之说。

现在，一些农村税征到了 100 岁，某地竟逼一个百余岁的老人缴税，真是滑稽。"

叶青代表说："目前在选全国人大代表时，24 万城里人给一个代表名额，96 万农民给一个。有人说，4 个农村人顶 1 个城里人。"

秦晖说："我了解到，这种分配模式是从苏联学来的。农村问题的根本解决，是把农民当公民看。"

又是"追踪"，又是"拜访"，经过我们三人的共同努力，减轻农民负担成为 2003 年全国"两会"的热点之一。从北京开完人大会回到武汉，有一位在黄冈的朋友打来电话说，我们这里的地方报纸都刊登了"黄宗羲定律"的名词解释，上面还有你的名字。他有一天早上在外"过早"，居然听到一对青年男女在讨论"黄宗羲定律"，那男的对女的说，按照叶青教授的说法，"黄宗羲定律"就是……

3. 2005 年起免税

我认为，在 2003 年前后，以秦晖教授为代表的一批学者呼吁减轻农民负担，对于 2005 年宣布免除农业税，起到了至关重要的作用。

由于农业税以及附加收入，毕竟是地方政府，尤其是乡镇政府的财政基础，人们对农业税还是依依不舍。在认识上经历了"降低一个百分点""5 年内取消"到"明年取消"的过程，这出乎很多代表委员包括我在内的意料之外。

回首新中国成立后的历史，不难看到，我国农业生产的增长和积累，为支撑国民经济和社会发展作出了显著贡献，初期农业税占国家财政收入 39% 左右。到 2004 年这一比例虽然仅为 0.92%，但是农业税总额仍达上千亿元，加上各种摊派和收费，农民负担不轻。党中央、国务院高度重视农民减负工作。

2003年，浙江、厦门等沿海地区已陆续减征和免征农业税。2004年伊始，从山东省的章丘市到陕西省的延安市，以及北京、杭州等地，纷纷宣布对农业税实行减免。

2004年1月1日，中共中央发布一号文件，提出逐步降低农业税税率，当年农业税税率总体上降低1个百分点，同时取消除烟叶之外的农业特产税，当年减免农业税、农业特产税294亿元。

2004年3月5日，温家宝总理在政府工作报告中宣布"5年内取消农业税"，会场上掌声雷动。在这一年的"两会"上，一些代表委员除了高度赞誉中央政府取消农业税的举措外，也表示了他们的担心。在沿海的一些地方，农业税在财政收入中所占的比例很小，取消也就取消了。而在中西部地区，总体上经济不发达，对基层政府来说，农业税是一笔不小的收入，取消起来很困难，特别是有的县、乡镇政府冗员严重，行政开支赤字长期存在。取消农业税，还有很多工作要做。农民减负的根本在于减官，而这恰恰是取消农业税后，我国各级政府必须直面和想办法解决的问题。有一个30万人口的小县，财政供养人数高达1万多人，通过乱收费供养人数达5 000多人。到了乡里，除了中央的外交部没有对口单位，其余是应有尽有。一般说是"七站八所"，其实比"七站八所"还要多——农机站、水利站、城建站、计生站、文化站、林业站、广播站、土管所、财政所、派出所、工商所、邮政所、供电所、司法所、信用社、法庭等等。一个乡财政供养人数高达三四百人，最多的达到1 000人。因此，免税、裁员、转移支付必须同步进行。我当时的观点是，免税之后重在开源。现在还征收农业税的国家，世界上只有中国、越南等四五个国家。如果免征农业税，完全可以用恢复酒类专卖所增加的财源，来弥补这一缺口。[1]

2005 年 3 月 5 日，温家宝总理报告中承诺"明年将在全国全部免征农业税"后，我一直被"惊喜"包围着，"中国已经走出'黄宗羲定律'怪圈第一步，而且是非常关键的一步"。全部免征农业税为减轻农民负担走出了大大的一步，所以无论从哪方面来强调其积极意义都不过分，但要因此说走出了"黄宗羲定律"，那还为时尚早，充其量也就是走出了第一步而已。历史上，在农民负担极为严重时，统治者为克服横征暴敛之害，减少税收中的流失和官员的层层盘剥，因此进行的并除税费、简化税则的税费改革可谓层出不穷，明清两代就有"征一法""一串铃""地丁合一"等等。但是，并税以后，各种名目没有了，恰好为后来政府新立名目创造了条件，用不了多长时间，人们就"忘了"正税已经包括了从前的杂派，一旦杂用不足，只会重新加派，明朝学者黄宗羲将之总结为"积累莫返之害"。

注重历史的回顾，就会知道税制改革的重要性。2008 年 3 月，温家宝总理在十一届全国人大一次会议记者招待会上表示，"一个国家的财政史是惊心动魄的。如果你读它，会从中看到不仅是经济的发展，而且是社会的结构和公平正义。在这 5 年，我要下决心推进财政体制改革，让人民的钱更好地为人民谋利益。"这也说明，不论哪个历史时段，公平的财政负担都是永恒的追求。

1　酒是特殊商品，其高税高利的经济性质早被国际社会所公认。对酒的专卖，即"寓税于价"的财政收入渠道，在我国汉朝就已经被采用。酒类专卖通行世界 70 多个国家和地区，成为其财政收入的重要来源之一。因其暴利合法性，加上酿造工艺简单，酒类市场的产销日趋兴旺。1979 年我国暂停酒类专卖以来，全国酒厂从 4 000 多家，猛增到 40 000 余家。

从十多年前的情况来看，农民所负担的"正税"——农业税并不很重，农民负担真正重的是各种名目的杂费、杂税，如教育附加费、屠宰税，等等。因此，免征农业税后，如果各种杂费、杂税的征收降不下来，那么，毫无疑问，农民负担也无法降下来。而且，一些地方政府可能在免征农业税后，因为财政收入不足，变着法子增加各种杂费、杂税，因此农民负担可能比免征农业税前还要更重。这样，黄宗羲所说的"积累莫返之害"的怪圈又将出现。

那么，要走出"黄宗羲定律"，光是减、免税费并不能完全解决问题。要解决这个问题，关键在于让政府尤其是地方政府的财政开支与收入要让农民、农民代表或者农民的代言人参与进来，让他们有能力影响政府的财政决策及人员编制的安排，地方政府不能随便设杂费、杂税，才不会因人设事、量出制入，农民负担才不会周而复始地减轻了又加重。正如总理所说："跳出来的办法，就是精简机构，改革不适应生产关系的上层建筑。"[1]

在 2005 年，中国 31 个省市自治区中，已有 28 个相继宣告"免征"农业税。农民免税的这一天终于到来了！2005 年 12 月 29 日，十届全国人大常委会第十九次会议决定，自次年 1 月 1 日起废止自 1958 年 6 月起实行的《中华人民共和国农业税条例》，亿万农民欢欣鼓舞。通过取消农业税，全国农民每年减轻负担 1 335 亿元，开启了农民休养生息的新时代。

河北省灵寿县青廉村农民王三妮，为纪念国家废止农业税，于 2006 年出资 7.8 万元、耗时半年铸造了高 99 厘米、直径 82 厘米的"告

1　杨涛：《免征农业税，慎言走出"黄宗羲定律"》，《中国青年报》2005 年 3 月 9 日。

别田赋鼎",共耗费了 350 公斤紫铜，50 公斤锡，鼎重 252 公斤，上书铭文 560 字。**1**

王三妮算了一笔账：家中 7 口人，14 亩地，以前每年要交农业税费 532 元，现在不但不交钱，政府还补给他家 216 元，里里外外算下来，一年直接受益 748 元。王三妮当年 60 岁，从事青铜铸造 15 年，对鼎的知识比较了解。"鼎代表着权威，也是一种文化，我想通过铸鼎刻铭，把国家免除农业税这件大事告诉子孙后代，让他们永远记住。"王三妮说。鼎铸成后，很多人与王三妮接洽，有人甚至表示愿出重金收买。但王三妮希望此鼎能流传后世子孙，最好能由国家博物馆收藏。现在，这尊鼎已经被中国农业博物馆永久收藏。从庄稼院走进博物馆的"告别田赋鼎"，展示了中国农民告别田赋的历史时刻。

王三妮不是史官，但却为历史铸造了一个沉甸甸的符号。这尊鼎，

---

1 《农业税取消后全国农民每年减轻负担 1335 亿元》，《经济日报》2012 年 2 月 2 日。全文如下：田赋始于春秋时代，封建社会形成田赋而生。帝王巩固政权，养兵役，扩充疆土，兴建土木、享乐人生等，所需的一切钱粮都来源于田赋。田赋增减关联王朝兴衰。减轻田赋农民安居乐业而国泰。田赋加重农民无法生存，被逼起义，使王朝被推翻。春秋以来，我们的先民，灾荒年饥寒交迫，而官吏还要敲骨吸髓，多少人因赋重卖儿鬻女。诗人白居易写过"典桑卖地纳官税，明年衣食将何如。"顽强的先祖人民在苦难的旧社会里挣扎生存。

一九四八年共产党毛主席领导农民闹革命，分得土地，建立新中国，走上了农业合作化道路，让农民人人有饭吃，有衣穿。一九七九年邓小平搞改革开放，施行家庭联产承包责任制，使亿万农民富裕起来。江泽民提出"三个代表"重要思想，祖国山河日新月异，农民生活年年提高。胡锦涛深化改革，带领农民全面建设小康社会。社会主义新农村前程似锦。乾坤转，天地变，二○○五年十二月二十九日，以胡锦涛为首的党中央经人大通过，向全国农民宣布，从二○○六年一月一日起依法彻底告别延续了两千六百年的田赋，并且还让国家反哺农业。这是史无先例的开端，这是改革开放和"三个代表"的结晶！这是中国共产党领导国家富强的验证！这是党中央和胡锦涛主席治国的伟大举措！这真正体现了中国共产党对农民的慈爱之心。亿万农民要歌唱中国共产党、社会主义好。亿万农民要高呼中国共产党万岁！×××××××！我是农民的儿子，祖上几代耕织辈辈纳税。今朝告别了田赋，我要代表农民铸鼎刻铭，告知后人，万代歌颂，永世不忘。

将是一个句号，它休止了"土无次第、税非所出、积重难返"的"黄宗羲定律"，宣告农业税的负担已成俱往矣。

在 2013 年的 3 月之后，有人以《胡温十年留下的制度财富》为题，总结了过去十年留下的八项制度性财富，其中前两项与"三农"有关。[1]如"废除 8 亿多农民的农业税，向农民负责"。这一举措被认为是胡温执政十年的标志性政绩。如此快速地全面废除农业税表明了政府的决心——改变长期以来"以农业养活工业、以农村养活城市"的状况，减轻农民负担，增加农民收入。"财政支出数千亿补助新农合、新农保"。在废除农业税的同时，胡温政府还在农村大力推进合作医疗和社会保险。短短数年间，"新农合"与"新农保"便极快地覆盖了几乎所有农村人口。以"新农合为例"，2004 年只有 8 000 万人参保，但到了 2010 年便已有 8.36 亿人参加，参保率达 96%，基金支出也以极快的速度增加。这背后是财政的大力支持——2010 年全国公共财政用于"新农合"与"新农保"的补助支出分别是 1 041 亿元和 240 亿元，但到 2011 年，又迅速增长至 1 738 亿元和 649 亿元。农民参保费用的自筹率也从数年前的 35% 降到了 20% 左右，保额也大大增加。

4."田赋八变"

中国到了公元 2006 年才能够书写完整的农业税史。对于中国农业

---

1 其他六项分别是：废除收容遣送制度，松绑人口流动；"私产入宪"，立《物权法》，保护民众私有财产；推进政务公开，让"表哥"得以落马，推进官员问责制度，让犯了错的人下台；转变政府职能，推进民间组织发育；坚持改革开放，不走老路。《胡温十年留下的制度财富》，http://view.news.qq.com/zt2013/huwen/index.htm。

税的起源，学术界有两种说法，一是始于夏代的"贡"法，经过夏朝约公元前 21 世纪至今 4 100 年的历史演变过程。二是始于建立在土地初步私有制基础之上的公元前 594 年鲁国实行的"初税亩"，那么，至今近 2 600 年。后面这种说法更为可靠，因此，也就成为媒体主要的表述方式。但是，这并不意味着在此之前没有农业税收，只是形式比较简单而已。广义的农业税还是要从夏代算起。

（1）贡助彻。我国在约公元前 21 世纪至公元前 16 世纪，就出现了早期的贡赋制度。夏、商、周分别实行的贡、助、彻三法，就是我国农业税的雏形。即《孟子·滕文公篇》记载的古代田赋缴纳的方式是"夏后氏五十而贡，殷人七十而助，周人百亩而彻"。

《孟子·滕文公篇》记载："贡者数岁之，中以为常"，即不论丰年歉年，一统纳贡。税额以若干年的平均数来缴纳——"常"。可见，贡法是一种定额税。

商朝开始出现"井田制"，九块地为一井，区分私田公田，八家助耕公田。以公田上的收获物为税，向王室缴纳。可见，助法是一种力役税。

周朝是我国奴隶制社会的末期王朝，社会生产力比商朝有较大的发展，但由于助耕制度下私田收益较大，公田收益减少，影响了王室贵族的助赋收入，所以又把公田分给奴隶耕种，在赋税上由"助法"改为"彻法"，即"民耕百亩者，彻取十亩以为赋"。彻法按土地数量进行课征，是"通力合作，计亩均收，比率民得其九，公取其一"的什一实物赋税政策。可见，彻法已经是一种比例税了。

（2）初税亩。是春秋时期鲁国在宣公十五年（公元前 594 年）实行的按亩征税的田赋制度，以承认私有土地合法化为前提。从字面上解释，初，即开始的意思；税亩，指按土地亩数对土地征税。具体方法是："公田之法，十足其一；今又履其余亩，复十取一。"此后，楚国、郑国、晋国等国家也陆续实行了税亩制。春秋时期，由于牛耕和铁制农具的应用和普及，农业生产力水平提高，大量的荒地被开垦后，隐瞒在私人手中，成为私有财产；同时贵族之间通过转让、互相劫夺、赏赐等途径转化的私有土地急剧增加。在实行初税亩田赋制度之前，鲁国施行按井田征收田赋的制度，私田不向国家纳税，因此国家财政收入占全部农业产量的比重不断下降。鲁国实行初税亩，即履亩而税[1]，按田亩征税，不分公田、私田，凡占有土地者均按土地面积纳税，税率为产量的10%。

（3）田租。公元前 221 年，秦始皇兼并"六国"，统一中国。统一了文字、货币、交通和度量衡制，也统一了财政赋税制度。早在秦国时，就仿效春秋时期鲁国的"初税亩"，实行"初租禾"，按田亩征租禾。秦国最早把"田"与"租"联系在一起。到了秦统一中国，秦国的田租一词也用于全国。秦末，农民不堪田租之重。《汉书·食货志》就有记载：秦代"田租、口赋二十倍于古，力役、屯戍比之重三十多倍。"秦朝统治者横征暴敛，繁重徭役。必然倒台。

西汉初期采取安抚办法，实行减轻田租的轻税政策，规定十五税一。自汉高祖几代皇帝相继推行休养生息，田租减为三十税一，甚至免税十四年。[2] 使之有效地促进农业生产，相应稳定了封建社会秩序。

---

1 就是说按照亩数交税，履是鞋子的意思，当动词用，指以脚步丈量土地。

2 汉文帝十三年，刘恒下诏免除全国的农业税。其父的免税仅针对特定人群，刘恒居然实行了针对全国的免税政策。农业社会不用交纳农业税，据考证，在整个人类的古代史近代史上，只有从汉文帝十三年到汉景帝三年的这十四年时间。

（4）租调制。东汉末期，田租与户调两者时分时并，演变而形成租调制度。三国时期，曹魏实行田租户调制，西晋实行课田户调制，南北朝实行均田租调制，隋朝沿袭南北朝的均田租调制，力图把农民与土地捆绑在一起，以便攫取租调、劳役和兵役。

（5）租庸调制。在唐朝前期实行"均田制"，向自耕农征收地租和赋役合一的租庸调法。租是缴纳粮食，庸是劳役，调是各地以户缴纳特产。形成"田有租，身有庸，户有调"的格局。到唐朝中期，农户除了在均田制下租庸调正课负担外，还要承受其他各种摊派和盘剥，由于耕者不堪重赋，引发农民大量逃亡，均田制受到破坏，租庸调法无法征收赋税。

（6）两税法。唐朝为了维护封建统治者的赋税收入，于公元780年废止租庸调法之一切杂税和杂役，统一实行两税法，即"居人之税"和"田亩之税"。"两税法"是我国赋税政策的一次变革，把"以丁为本"改为以资产为主，把田、户、口税和杂税并到两税征收，不分人户贵贱，均按贫富等级征税。"两税法"制度颁布实施，对稳定封建皇权和发展封建经济起到了维护性的作用，并对后世税制产生深远的影响。从唐代中期到五代十国、宋、辽、金、元直至明朝封建统治者，都是实行"两税法"的基本税制。

（7）一条鞭法。明朝于公元1581年开始实行"一条鞭法"，实行赋税役合一，按亩计税、以银缴纳、简化手续。一是把明初以来分别课税的田赋和力役合一，编为一条，并入夏秋两税一起征收，故称"一条鞭"，也叫一条编。二是州县所需力役，从征收两税中出钱雇佣。三是加派岁贡方物和缴纳京库备作年需及留给地方备作供用的费用，也并入一条鞭内征收。四是税以田地为课税对象，包括对盐、茶、酒、矿、商等课税，都以银折纳。明代推行一条鞭法，由田有赋、人有役转变为税役合一，由人丁服役转变为按田地征收物税或银税，由实物缴纳转变为缴纳货币，这是逐渐走向近代税制的开始。清初赋税制度沿袭明代一条鞭法，长期以来形成了占有土地和赋税繁重不均的矛盾。

（8）摊丁入地。清雍正皇帝鉴于明末赋役不均和赋税繁重引起农民起义的教训，于公元 1723 年推行"摊丁入亩"政策。具体是把一个县域内丁役银钱总额，分别摊入到该县域内每亩田地中去，只征收田地赋税，不再按人口征收。摊丁入亩从制度上简化了交纳赋税程序和减轻了赋税原则，并取消了赋税的双重标准，同时废除了人口赋役制度。也在一定程度上改变了赋役不均的情况，把农民负担一部分赋税转摊到地主户上，并且相应减轻了农民的负担。实行摊丁入亩，有效地限制了官僚和地主绅士的免役特权，安定了农民生产情绪，促进了农业生产发展。但是，由于推行摊丁入亩，也激化了农民与官僚、地主的阶级矛盾。

"田赋八变"勾勒出中国漫长的农业税史。

中国近代北洋军阀和国民党统治时期，基本上沿用了清朝的农业征税政策。新中国成立初期，全国范围内实行两种农业税制，一种是老解放区仍实行比例税制，另一种是新解放区实行累进税制。1958 年公布了《中华人民共和国农业税条例》。从此，全国的农业税制趋于统一。1978 年，我国农村实行了以家庭联产承包责任制为主要形式的改革，农村经济获得了巨大发展。粮食作物和其他经济作物的产量大幅度提高，特别是长期以来未得到发展的农林特产品的产出规模增长迅猛，潜在税源比较充裕，这样，《农业税条例》规定的征税办法已不适应新的情况。

1983 年 11 月，国务院发布了《关于农林特产收入征收农业税的若干规定》，1994 年税制改革时，停征了对农林特产品征收的产品税，将原征收产品税的项目同原农业特产税合并。1994 年 1 月 31 日，国务院颁布了《关于对农业特产收入征收农业税的规定》，农业税的征税范围进一步扩大，征收办法也得到了调整。

20 世纪 90 年代末，曾经在全国率先发起中国农村经济改革的安徽省，经财政部同意，在以前进行农村税费改革探索的基础上，选择来安等四县正式开始农村税费改革的试验，取消乡统筹，调整农业税政策和村提留征收办法，完善农业特产税征管办法，农业税费负担一律以土地、常年产量为计算基础，征收农业税和附加税，成效比较显著，达到了减轻农民负担、规范税费征管的目的，引起了国务院的重视。中央决定在安徽全省进行农村税费改革试点。这次改革可以称得上是我国又一次农业税收制度的重大突破。这是降低农民负担、改善农民生活条件的迫切要求。税费改革前在广大农村流行一句口头禅，即"头税轻、二税重、三税是个无底洞"。头税即指农业税和农业特产税，二税即指统筹提留费，三税是指农业两税、统筹提留以外的费用负担。除此之外，还有巧立名目的所谓的"暗税"。农民的负担便是由以上几个方面构成。以 1997 年为例，税收负担仅占 23.66%，而税外负担却占到 76.34%。农业税和农业特产税是农民负担的基本内容之一，我国农业税长期实行低税。但是，农业税依然是增加农民负担的直接因素。从 1990—2000 年十年间，除了提留统筹和各项社会负担外，国家从农业征收的各税由 87.9 亿元迅速增加到 465.3 亿元，增长了 4.3 倍。因此，农村税费改革要以降低甚至取消农业税为核心，才能够取得成功。

个税之争

1. 个税的前世与今生

在山东一位剧作家全国人大代表赵冬苓的"搅和"之下，最近三年的全国"两会"有关财税问题的争论逐年升温。有媒体问我，2015年的全国"两会"的财税问题热点是什么？我的判断是税制转型与立法权回归人大。大家都认为，以间接税为主体的税制问题多多，那么必须转轨到以直接税（所得税）为主体的税制上来，也就是说要以所得税为主体。所得税更能够反映纳税人的承受能力，更能够反映公平。

那么，中国式的本土所得税产生于什么时候？大约在汉代。

汉代的税制极为复杂，传承了春秋战国、秦代的税制，又根据改革思路与客观需要增加了新的税种。其中，有刍稿税，许多学者认为它是田租的附加，这有道理。所谓刍稿者，就是农耕活动中秸秆之类的副产品。按照生活常识，这也说得过去。农民以稻麦交税供官员士兵之食，交秸秆以供牛马之食，合情合理。但是黄君默《两汉的租税制度》一文认为，稿税是一种所得税。这个解释颇为牵强。理解为农业税附加倒是合适。

其实，理解了田租，就不难理解刍稿税为一种农业附加税。粮食是用来缴纳正税，秸秆就用来喂牛喂马。现在则是限制焚烧秸秆，采用工业化的方式加以利用，如生物质发电、人工木炭、人造板等。这是时代的一种进步。春秋战国时期，农业税称为初税亩、初租禾，有了"初租禾"这三个字，就会自然而然地过渡到秦代直接把农业税称为田租。汉代也是如此。汉代田租的基本税率有一个摸索变化的过程。汉初，"轻田租，什五而税一"，即1/15，6.7%的税率。不过为了满足战争的需要，曾经有过提高。到惠帝元年（公元前194年），天下基本稳定，"减田租，复十五税一。"到文帝前元十二年（公元前168年），为恢复农业生产，诏"赐农民今年租税之半"，首次实行三十税一，"赐"带有恩赐、优惠的意思。但法定税率还是十五税一。次年还曾免除田租。汉文帝十三年，刘恒下诏免除全国的农业税。以前的免税仅针对特定人群[1]，刘恒居然实行了针对全国的免税政策。农业社会不用交纳农业税，据考证，在整个人类的历史上，只有从汉文帝十三年到汉景帝三年的这十四年时间。到景帝前元元年（公元前156年），"除田半租"，三十税一成为定制。东汉初年为支持战争，曾短期实行1/10的税率，但很快恢复旧制。汉代田赋和秦朝一样，是有附加的。附加是征收刍草、禾秆。农

1　通过三年秦末农民战争和五年楚汉战争，高祖登上皇帝宝座，上百名将领和功臣也各领封地；那么，作为汉军主体的广大士兵们呢？总得给他们一点好处吧？这个时候国家很穷，汉高祖拿不出钱来奖赏大家，于是宣布：作为汉军老战士，凡是愿意留在关中的，免税十二年；凡是不愿意留在关中，愿意回家乡的，免税六年。

民"已奉谷租，又出稿税"[1]。东汉和帝永元十四年（公元 102 年），因为自然灾害，令灾区"皆半入田租刍稿"，正税附加都减半征收，也证明汉朝长期征收刍稿。

值得注意的是，在王莽改制的浪潮中，原始的所得税产生了。王莽始建国元年（公元 9 年），曾宣布开征近似于现代所得税的税种，征收除农业人口以外一切有收入者纯收入的十分之一为税。税制规定："诸取众物、鸟、兽、鱼、鳖、百虫于山林、水泽及畜牧者，嫔妇桑蚕、织纴、纺绩、补缝，工匠、医、巫、卜、祝及它方技，商贩、贾人坐肆、列里区、谒舍，皆各自占所为于其在所之县官，除其本，计其利，十一分之一，而以其一为贡。敢不自占、自占不以实者，尽没入所采取，而作县官一岁。"[2] 其大意是说，凡是从事采集、狩猎、捕捞、畜牧、养蚕、纺织、缝纫、织补、医疗、卜卦算命之人及其他手艺人，还有商贾经营者，都要从其经营收入扣除成本，算出纯利，按纯利额的十一分之一纳税，自由申报，官吏核实，如有不报或不实者，没收全部收入，并拘捕违犯之人，罚服劳役苦工一年。

从税收制度的构成要素来说，王莽的"贡"已具备所得税的特征，其征税对象为纯盈利额；以从事多种经营活动取得纯收入的经营者为纳税人；税率大致为 10%；纳税人自行申报，官吏核实；对违法者有处罚措施。但由于王莽的"贡"征收范围广，征收方法烦琐，不仅技术操作上不可行，而且引起民众的反抗，到公元 22 年王莽不得不下旨免税，但为时已晚。两年后，王莽便国破身死。但是王莽首创的"无所得税之

---

1 《汉书·贡禹传》载，元帝时，贡禹上书："农夫父儿俩，裸露中野，没有避寒暑，捽草杷土，手足胼胝，已奉谷租，又出稿税，乡里私求，没有可胜供。"

2 《汉书·食货志》。

名，而有所得税之实"的"贡"，确比英国 1799 年开征所得税早 1700
多年。

初始元年（公元 8 年）王莽接受孺子婴（刘婴）的禅让后称帝，改
国号为"新"，改长安为常安。王莽开始进行全面的社会改革。王莽仿
照《周礼》的制度推行新政，屡次改变币制、更改官制与官名、以王田
制为名恢复"井田制"，把盐、铁、酒、币制、山林川泽收归国有、耕
地重新分配，又废止奴隶制度，建立五均赊贷（贷款制度）、六筦政策，
以公权力平衡物价，防止商人剥削，增加国库收入。刑罚、礼仪、田宅
车服等仪式，不停回复到西周时代的周礼模式。

但王莽的改制不仅未能挽救西汉末年的社会危机，反而使各种矛
盾进一步激化，由于政策多不合实情，百姓未蒙其利，先受其害，朝令
夕改，使百姓官吏不知所从，不断引起天下贵族和平民的不满。到了天
凤四年（公元 17 年）全国发生蝗灾、旱灾，饥荒四起，各地农民纷纷
起义，形成赤眉、绿林大规模的反抗，导致新朝的灭亡。

王莽改制是一次"古为今用式"的改革。把自己的想法，通过古
人之口说出。因此，在王莽改制中，一种类似于所得税的税名为古老的
"贡"就不奇怪了。仅从"贡"的产生过程来看，也有除其本计其利之
意。中国夏商西周时期的田地赋税制度可以概括为贡、助、彻。由于学
术界对夏、商、西周的社会性质、土地所有制和阶级关系有不同看法，
因而对贡、助、彻的性质也有争论。一般来说，贡是一种定额税、实物
税，助是一种力役税，彻是一种比例税。"五十而贡"与"其实皆什一也"
联系起来思考，就是以 50 亩中的 5 亩的收成作为"贡"上交。

由此来推测，王莽的所得税"贡"与夏代"五十而贡"相似，也
会是大致推测一年的收入、成本、所得，再按照十一分配所得，按 1/11

上贡，并且是若干年不变的。类似于现在对个体户的包税制。这也是对生产经营者的一种利益保护，这与现代所得税制度是一致的。因此，在王莽时期，中国出现了所得征税的理念与制度，这应该是中华民族对世界所得税思想史的一个贡献。

近代的所得税创始于 18 世纪末的英国。1673 年，英法战争爆发后，原来以关税、消费税、印花税和土地税为主要财政收入的英国无法担负巨额的战费支出。于是在发行公债的同时，英国首相 W. 皮特（1759—1806 年）创设了一种新税，名为"三级联合税"，实为近代所得税的雏形。但因税法不健全，漏税甚多，1799 年，英国废止了"三级税"，颁行了新的所得税法。明确规定"国人有申报其所得的义务，并依其综合所得，予以法定的减免、扣除之后，一律按 10% 的比例税率征收所得税"。从而奠定了英国所得税制度的基础。1802 年，英法战争终止，这个税法也随之废止。1803 年，英法战争重新爆发，沉重的战费负担，迫使英国不得不求助于所得税的"复活"。

19 世纪以后，资本主义国家相继开征所得税，所得税由临时税发展为"经常税"，由次要税种发展成为现代西方不少国家的主要税种。资本主义国家所得税，主要采用分类所得税制与综合所得税制，也有采用分类与综合并征制的。分类所得税制是指就纳税人的各种所得分别课税，如对工商企业盈利课征公司所得税，对薪给报酬课征薪给报酬税，对利息课征利息所得税等等；综合所得税制是指就纳税人的总所得课税。当代多数国家实行分类与综合相结合的课征制，即先按分类所得依法交税，然后再综合纳税人的全部所得，计算其应纳税额，并允许将已交税款进行抵免。现所得税已发展成为当代一项重要的国际性税收。

2. "免征额"如何被说成"起征点"

至少 2005 年免征额就被说成起征点。9 月 27 日，中国的个人所得税"起征点"（实为"免征额"，即工薪所得减除费用标准）立法听证会举行。这次听证会由全国人大法律委员会、财经委员会和全国人大常委会法工委共同作为听证人，这也是《立法法》规定立法听证制度以来全国人大常委会立法中举行的第一次听证会。2011 年 4 月 20 日，十一届全国人大常委会第二十次会议召开，个人所得税费用扣除标准拟调至 3 500 元。2011 年 6 月中旬，调查显示，48% 的网民要求修改个人所得税费用扣除标准。

作为财税问题的研究者，百思不得其解的是，公众怎么会把免征额——对个人所得税费用扣除标准误读为"起征点"。

众所周知，所谓免征额是在征税对象总额中免予征税的数额。它是按照一定标准从征税对象总额中预先减除的数额。免征额部分不征税，只对超过免征额部分征税。起征点，又称"征税起点"或"起税点"，是指税法规定对征税对象开始征税的起点数额。征税对象的数额达到起征点的就全部数额征税，未达到起征点的不征税。两者的意思正好相反。但是，却成为同样一件事。

二者区别的案例：假设数字为 2 000 元，你当月工资是 2 001 元，如果是免征额，2 000 元就免了，只就超出的 1 元钱缴税，如果是起征点，则是不够 2 000 元的不用交税，超出 2 000 元的全额缴税，即以 2 001 元为基数缴税。

两者都是税收上的一种优惠政策。所谓优惠政策，即对于某些单位或者个人的一种奖励措施。既然是优惠，那自然不是所有纳税人都能享有的，就如对外资企业的企业所得税的减半征收一样。而公众所提及的"起征点"是平等的，是所有公民都能够享有的。显然和优惠政策没有任何关系。严格意义上说，个人薪酬中扣除的费用，是对个人在提供劳务过程中所消耗的时间、精力等的一种补偿。是你在劳动过程中放弃的其他一切所具有的价值。就和企业所得税在计算前需扣除成本是一个道理。两个都是"费用扣除标准"的一种形式。按照我国现行法律规定，在我国个人所得税征收适用免征额。

那么，究竟是如何把"免征额"说成是"起征点"的？我一直在探寻。始于 2005 年，直到作为全国人大代表列席 2011 年 6 月底的全国人大常委会时，才进一步搞清楚原因。在列席正式会议之前，全体列席代表参加了一个预备会，就是先了解要讨论的内容。在预备会上，全国人大法制委员会的领导介绍了个人所得税的修改情况，其中提到了"起征点"。我顿时明白了，是全国人大始终在一系列的新闻通稿中把"免征额"说成"起征点"，才使得这个谬误得以流传。后来我与财税专家谈到此事时，他们也觉得很是无奈，只好将错就错吧。要改过来很难。可见普及税收知识有多么重要。2017 年全国"两会"上，肖捷部长在记者会上一再强调免征额。

3. 个税的三次改革

自 1980 年的个人所得税的费用扣除定为 800 元之后，我国的个人所得税的"免征额"先后经过三次调整。

2005 年的第一次修订。

　　第十届全国人大常委会第十八次会议于 2005 年 10 月 27 日下午高票表决通过关于修改个人所得税法的决定，修改后的个人所得税法自 2006 年 1 月 1 日起施行。此次个人所得税法在两处进行了修改。其中第六条第一款第一项修改为："工资、薪金所得，以每个月收入额减除费用 1 600 元后的余额，为应纳税所得额。"同时，对"个人所得税税率表一"的附注作相应修改。这即意味着个人所得税费用扣除标准正式由 800 元提高至 1 600 元。根据当时财政部副部长楼继伟的解读，主要基于三点考虑[1]：

　　一是基本的支出部分，就是费用的扣除额是不是已经涵盖了。经过测算是不涵盖的。按照全国的人均家庭费用的支出标准大概是 1 100 元，如果扣除到 1 500 元是不行的。当然一个家庭只有一个人工作，那么承担三口人生活就会出现问题，这是税率上存在的非限定性的因素。

　　二是扣除标准设定以后，中低收入者要减得多，高收入者减得很少。在这种情况下，原来是 800 元，后来的草案是 1 500 元，就有 60% 左右的工薪所得要交税降到 30%。纳税人的人数减少了一半。人数减少了，中低收入者的纳税额也减少了很多。

　　三是考虑到地区间的差异问题，税收中央分享 60%，地方分享 40%，40% 大部分收入来自东部，中西部的比较少。中央收 60%，按照制度规定是给地方的，主要用于地方财政支付。因此，这个费用的扣除额要考虑减收 280 亿元。如果减收以后，就要按照制度规定，必须要给地方转移支付。减得多了，财政承受就是一个问题，另外对于地区的转移支付来说，中西部的转移支付力度可能就会稍微减弱一些。

1　楼继伟：《定于 1600 元三原因，国家将减收 280 亿》，《新京报》2005 年 10 月 28 日。

2007 年的第二次修订。

2007 年 6 月的修改，是就储蓄存款利息所得的个人所得税调整问题授权国务院作出规定，为国务院决定减征或停征利息税提供法律依据。关键是在第十届全国人大常委会第三十一次会议 2007 年 12 月 29 日表决通过的关于修改个人所得税法的决定。个人所得税费用扣除标准自 2008 年 3 月 1 日起由 1 600 元提高到 2 000 元。这次修改适应了居民基本生活消费支出增长的新情况，减轻了中低收入者的纳税负担。

2011 年的第三次修订。

早在 2009 年 2 月 8 日，财税专家刘隆亨就透露，原计划将个税免征额调为 2 500 元标准，但因经济形势的变化，可能要调至 3 000—3 500 元。言外之意，最终调到 3 500 元也是有所准备的。

温家宝总理 2011 年 2 月 27 日上午在与海内外网友在线交流时透露，国务院将于 2011 年 3 月 2 日研究讨论提高个人所得税费用扣除标准。温家宝在回答网友关于个人所得税费用扣除标准过低的问题时说，实现收入公平，是政府努力的目标。对于网友提出的问题他表示非常理解。提高了个人所得税费用扣除标准，会使整个中低收入的工薪阶层受益，无论是工人还是干部，这是最直接也是最简便的方法。这是 2011 年给老百姓办的第一件实事。此外，税率级次将减少。之前一直实行的是 9 级累进税率，税率从 5% 到 45%，修改后或将减少为 6 级税率。个人所得税修改方案在国务院通过后，将上报给全国人大常委会讨论。

尽管如此，还是有不少传言，有人预计是 2 500 元，也有人预计是 3 000 元。财政部副部长李勇在 2011 年"两会"期间表示，在考虑各方意见后，个人所得税费用扣除标准上调将充分照顾到中低收入人群利益。"两会"期间，更有多位"两会"代表呼吁将个人所得税费用扣除标准调为 5 000 元。

2011 年 4 月 20 日十一届全国人大常委会第二十次会议召开。按照日程，会议将在 20 日至 22 日的三天时间里，对《中华人民共和国个人所得税法修正案（草案）》等法案进行审议。财政部部长谢旭人在十一届全国人大常委会第二十次会议上就个人所得税法修正案草案作说明时说，为贯彻中央关于加强税收对居民收入分配调节的要求，降低中低收入者税收负担，加大对高收入者的调节，并考虑到居民基本生活消费支出增长的实际情况，有必要修订个人所得税法，进一步提高工资薪金所得减除费用标准。

据国家统计局资料，2010 年度中国城镇居民人均消费性支出为每月 1 123 元，按平均每一就业者负担 1.93 人计算，城镇就业者人均负担的消费性支出为每月 2 167 元。2011 年按城镇就业者人均负担的消费性支出增长 10%测算，约为每月 2 384 元。"综合考虑各方面因素，草案拟将减除费用标准由现行的每月 2 000 元上调至每月 3 000 元，调整后工薪所得纳税人占全部工薪收入人群的比重将由当时的 28%下降到 12%左右。"与 2010 年相比，提高工资薪金所得减除费用标准，约减少个人所得税收入 990 亿元。而有专家估算，受提高个人所得税费用扣除标准与税率调整等影响，最终可能会使个税收入减少 1 200 亿元左右。而数据显示，2010 年全国个人所得税收入总额约 4 800 亿元。显然本次个税法修订完成后，将使得国家的个税收入大幅减少。

4. 大会堂的个税之争

2011 年 6 月底，我作为全国人大代表列席人大常委会，遇到了人民大会堂的个税之争，是一件终生难忘的事情。

这一场惊心动魄的个税争论始于网络。全国人大常委会法制工作委员会 2011 年 5 月 15 日通过中国人大网公布了自 2011 年 4 月 25 日 16 时至 5 月 31 日 24 时期间，社会公众对个人所得税法修正案草案的意见，向公众梳理呈现了来自 82 707 位网民的 237 684 条意见、181 封群众来信、11 位专家和 16 位社会公众的意见。

针对此次草案将工薪所得减除费用标准从 2 000 元提高到 3 000 元，网上共有 82 536 人对这条发表意见，其中赞成以 3 000 元作为个人所得税费用扣除标准的占 15%，要求修改的占 48%，反对的占 35%，持其他意见的占 2%。网上部分意见认为，个人所得税费用扣除标准应提高，其中较多建议提高至 5 000 元。有些意见提出，北京、上海、广州等一线城市的生活成本及房价都很高，3 000 元的个人所得税费用扣除标准不符合"基本生活费用不必缴税"的原则。专家建议应根据地区收入差异规定不同个人所得税费用扣除标准。

草案第三条个人所得税税率表将工薪所得的适用税率由原来的 9 级修改为 7 级。网上部分意见建议将草案第 1 级数不超过 1 500 元的月应纳税所得额 5% 的税率降为 3%，体现国家普惠工薪阶层。有些意见建议降低免征额的同时降低适用税率，即工资收入 1 000—5 000 元的月应纳税所得额适用 1% 的税率。

有的专家提出，建立综合与分类相结合的个人所得税税制，可以照顾到纳税人的不同负担情况，有关部门应尽快推进这一改革。增加直接税在税制结构中的比重，是税制改革的方向之一，一味提高个人所得税费用扣除标准，减少个人所得税在税收总收入中的比例，不符合改革方向。

其中，燕京华侨大学校长华生提出，这次个人所得税法的修改，不应在个人所得税费用扣除标准上做文章，而应通过适当扩大减免税范围，增加与民生相关的特殊减免税项目，如抚养人口、房贷支出、教育支出等达到减税的目的。

网上有的意见提出，财税部门应尽快创造条件，推进综合与分类相结合的税收制度，考虑家庭抚养、赡养人口、教育费用、大病减免等综合因素，实行法定免税、申请减税、退税制度。财税部门要定期向社会公布税收使用情况，让老百姓清楚税收是否真正用于改善民生，帮助了贫困人群。有的意见提出，财税部门要加强执法力度，不能借口执法力量不足不主动追究偷、逃、漏税行为，给国家造成损失。

各种争论意见，最终要经过人大常委会来决断。6月27日，第十一届全国人大常委会第二十一次会议在人民大会堂召开，听取了《个人所得税法修正案（草案）》审议结果的报告。草案维持一审稿的将工资、薪金所得减除费用标准从2 000元提高到3 000元不变，考虑到公开征求意见中的多数网民要求再提高减除费用标准的意见，主要是希望进一步降低纳税人中中低收入人群的税负，草案将第1级税率由5%修改为3%，加大对较低收入人群的减税力度。

此次列席人大常委会，在讨论时我在第一组。争论的焦点集中在3 000元上。再审稿维持了初审稿的意见，仍拟从2 000元提高至3 000元，并未采纳此前呼声很高的——进一步提高免征额的意见。我预计3 000元的修改稿虽然会遭遇很多的反对票，但有可能通过。

在小组审议过程中，"火药味"很浓。与会代表们分为三派：一派赞成通过3 000元的修改稿；第二派主张延后审议表决；第三派建议直接提高免征额。

让我终生难忘此次激烈的人民大会堂个税之争。起初，赞成通过3 000元修改稿的意见占据主导，一些代表认为草案中的第一级超额累进税率由5%降到3%，已经充分考虑了网民的意见。但主张提高免征额的代表在讨论中表现激烈，他们将网民的意见带进了会议室，有的代表呼吁"非网民意见莫谈"；有的代表甚至明确而激烈地表态："如果方案不调整，还是3 000元，我一定投反对票"，这些表现在以往的讨论中非常罕见。作为列席代表，一般是在最后才发言。我在发言中的建议是，将个税免征额提高到4 000元。

事情的转折点出现在6月30日的上午。在小组讨论之前，小组长宣布了一个让人愉快的消息：经过委员长会议讨论决定，"免征额"提高到3 500元。大多数常委们松了一口气，情不自禁地鼓起掌来，我也倍感轻松。为此，委员长会议不止开过一次，可见各小组争论之激烈。各小组的争论情况，与我所在的第一小组的情况差不多。

30日下午，人大常委会3点准时召开，3点零6分，票数出来：134票赞成、6票反对、11票弃权，表决通过了关于修改个人所得税法的决定，修改后的税法于2011年9月1日起实施。我与旁边的代表说："没有想到，方案转变这么快，还高票通过。"我立马在微博中发布了这个消息，网民反映十分强烈，有的留言说：这是最好的党的生日礼物。因为第二天就是"七一"。

2011年的个税改革，具有标志性的意义：开门修法，参会的代表普遍认为，"个税法修改一小步，民主立法迈大步"。这次个税修正案的讨论具有标杆作用。虽然中国的听证会越开越多，但公众的参与度和信任度一直不高，而在本次个税免征额讨论中，网民的意见直接进入了全国人大常委会，并直接影响了结果，这对恢复公众的信心有很大作用。

但是，在接受媒体采访中我也指出，在此次讨论中，全国人大可吸取的教训也很多：首先，要走出概念的误区。七八年来，从上到下，大家都把个税免征额混淆为起征点，产生极大的误区。免征额3 000元如果误说为起征点，反对票会高得可怕。其次，要走出方式的误区。财政部方案出来之后，财税系统专家披挂上阵，亲自解释，他们是代表财税部门的，纳税人有抵触心理，这个时候本部门的专家是服务员，说多了适得其反。人大要有立法部门专家回避制度。最后，要走出方案的误区。就是不要先入为主，一上来就提出3 000元的方案，大家只有反对的份儿。应该提出建设性的方案，供大家讨论。这样才能知道有多少人主张3 000元、有多少人主张4 000元。

况且，这种"3 000元"的说法也过于武断。《个人所得税修改草案》在网上征求意见时，只有15%的网民赞成"3 000元标准"。我分析，这应该与老百姓对个税改革的六方面愿景不清晰有关：

一是征税与退税。在国外有"负所得税制度"，即退税制度。我们何时建立退税制度？

二是征税与用税。财政经费的使用，年年审计，问题多多。支出如何做到不浪费？

三是应征与尽征。中国是低工资国家，而非工资收入高的人交了多少税？要扩大个税的覆盖面。

四是分类与综合。各种收入综合之后，税收透明度才会高一些。

五是个人与家庭。个人收入过了3 000元，不等于家庭的成年人收入都过3 000元。

六是月度与年度。这个月有工作，不等于月月有工作，有人提出应以一年为纳税周期。通过拉平，落实负担能力。

好在这些问题，都将在之后的改革历程中逐步予以解决。在 30 日下午的闭幕式上，全国人大常委会委员长吴邦国在讲话中指出，要按照"十二五"规划的精神，加快推进个人所得税改革，建立健全综合与分类相结合的个人所得税制度，更好地发挥税收调节收入分配的作用。实质上，这个任务留给了"十三五"。历史走进了 2017 年，个税改革仍然是重点。

5. 年年"两会"都说免征额

个税涉及有稳定工作的人群，特别是在经营比较稳定的民企工作的人群，收入有时高有时底。因此，代表委员中的民营企业家人群就特别希望把免征额提高，从而把员工的实际收入提高。

2008 年个税免征额从 1 600 元提至 2 000 元，在 2008 年的全国"两会"上，全国人大代表、杭州娃哈哈集团有限公司董事长宗庆后接受采访时说：国家正式实施前两年，我就提出了建议。在本次"两会"上，宗庆后提出"个税免征额调至 5 000 元"的建议，成为关注焦点。该建议虽然博得部分人赞同，但也引起一片质疑声，比如，"月薪 4 999 元已属高收入，不缴纳个税没有道理"；过于武断，各地经济基础不同，个税免征额不能一刀切；注重局部利益，损害国家利益。但宗庆后说：加了工资，我的员工也不高兴，说都让税收走了。他认为，国家要有意培养中产阶层，"稍微有点收入，就被税拿走了，不利于培养中产阶层"。

宗庆后表示，工资上涨幅度，应高于物价涨幅，"反过来就麻烦了"。在一些经济比较发达的城市，月薪 2 000 元"买房、买车都有困难，算不上中高收入"。他认为，部分地区城市居民比农民苦，"原来是农民交税，工薪阶层以前不交税。现在农业税免了，城市居民开始交税了，可因为生活成本高，有的比农民苦"。

在同年的"两会"上，全国人大代表、玖龙造纸有限公司董事长张茵提了一个引人关注的提案：给月入 10 万元的富人降个税。她认为，世界上个税最高的荷兰是 52%，香港是 15%，美国是 35%，她建议中国可以是 30%。很多人会做一些合理避税的动作。大家都认为中国非常安全。应该把世界的财富引到中国来，中国是最好的、最安全的国家。45% 太高，富人就会想移民到其他地方去。因此，觉得在 30% 是合理的。2017 年全国"两会"上黄奇帆建议降至 25%。

2013 年，宗庆后代表再次建议"工薪阶层免交个人所得税"，全国政协委员、星牌体育用品集团董事长甘连舫建议，提高个人所得税免征额至 5 000 元，全国政协委员、吉利汽车董事长李书福建议调至 6 000元。李书福认为，个人所得税免征额和征收方式还有待商榷。现在的计税工资是 3 500 元，翻一番的话是 7 000 元，所以现在最低的计税工资还是要提高。从计税方式来看，不一定要按照每一个人来交税，最合理的科学的应该按照家庭收入的总和，扣掉家庭的费用，剩下的钱去交税。

对于代表委员提高个税免征额的呼声，全国政协委员、国家税务总局副局长宋兰回应：将个税免征额提高到 3 500 元已经让纳税人从9 000 万人减少到 3 000 万人，继续提高个税免征额难度较大。新华社发表微评称，全国人大具有制定修改法律的职权，个税免征额调整最终由全国人大决定，税务部门无权拍板钉钉。

2014 年 3 月，提高个税免征额再次成为"两会"的焦点之一。财政部长楼继伟在十二届全国人大二次会议新闻发布会上首次正式回应：下一步要做的是把分项征收改成综合所得税，简单地提高免征额的做法并不公平，不能体现每个家庭的差异。楼继伟举例："一个人一个月挣5 000块钱不多，自己生活还不错，但是一个人挣5 000块钱的同时还要养一个孩子，就很艰难。"实行综合所得税就会不同——要把所有的收入综合计算，同时考虑个人支出，包括基本支出，"也就是说你有没有赡养、抚养方面的负担，有没有再教育的需求，有没有住房贷款的按揭，这些可以抵扣"。

对于部长的这一回应，大家反应不一。坊间有评论认为：实行综合所得税无疑是一个系统工程，需要一个庞大的信息共享平台；通过这一平台，至少可以查到一个人的收入多少、健康状况、住房、父母子女的情况，"不说别的，不动产的全国联网登记恐怕就是一个难啃的'硬骨头'"。对于部长的回应，"两会"现场有很多代表委员都感觉到，这样的个税改革比较合理，但要做到难度就非常大。

除了宗庆后、李书福等代表委员继续呼吁之外，全国人大代表俞学文也直言："我国的个税征收对高收入缺乏有效应对手段。"全国政协委员、福耀玻璃创始人曹德旺在接受采访时语出惊人："如果按照通货膨胀的比例来算，现在（个税）的免征额应该是3万元，而不应该是3 500元。"

呼吁改革的矛头还指向30多年未曾更改的"稿酬个税起征点"。全国政协委员、著名作家张抗抗指出，稿酬个税的免征额过低，导致作家需要承担的税负过高，有违社会公平正义。她表示，800元的稿酬免征额从1980年执行起，与时代脱节。有作家耗费5年写成一部30余万字长篇小说，获得税后稿酬3万元，税负近1万元。

类似的问题也出现在学生的实习报酬的征税上。2016年10月下旬，实习旺季的尾声，批量结束实习返校的学生陆续遭遇"劳务报酬个人所得税"。对绝大多数学生而言，这是他们人生中第一个留下深刻印象的税制。该税制规定的800元的免征额，远低于工薪个税3 500元的免征额。实习生抱怨："本来实习生就是廉价劳动力，2 000元左右的报酬还要交20%的税。"

劳务报酬个人所得税（简称"劳务税"）是我国11项个人所得税的一种，征收对象是诸如独立设计师、独立翻译等广大灵活就业者。2002年，国税局在《关于个人所得税若干业务问题的批复》将勤工俭学大学生纳入个人所得税征收对象之后，实习生也成为劳务税大军中的一员。

1980年的个人所得税法规定，劳务报酬所得，每次收入不足4 000元的，减除费用800元，余额按照20%税率纳税。

根据统计局数据，1980年，全国平均工资为762元/年，一次收入800元的免征额对绝大多数人而言"高不可攀"。2015年，全国平均工资62 029元/年，为1980年的81倍，折合5 170元/月。1980年至今，个税法历经6次修改，个税免征额从800元增至3 500元，但是，劳务税800元的免征额、20%的税率沿用至今，已36年未改。

根据知名实习生招聘平台提供的数据，2015年，该平台有1.8万家企业发布了15万个职位，实习生薪酬平均为95—135元/天，每月约20个工作日，合1 900—2 700元/月。2 700元月薪尚不足以负荷北上广地区的食宿基本需求。在北京某猎头公司实习英语翻译的博宇，日薪140元，2 000多元工资被征收300多元税；在腾讯实习的邓妍方月收入2 600元，缴税360元。

根据教育部数据，2015年，全国各类高等教育在学总规模达到

3 647 万人，其中普通高等教育本专科在校生 2 625 万，在学硕士、博士分别为 158 万人、33 万人。每年实习生数量超过千万人次，除了少部分企业为实习生避税之外，大部分实习生都有承担劳务税的"负担"。

中国人民大学法学教授、全国总工会法律顾问委员会委员刘俊海向记者表示："学术创作极其耗时费力，收入也不高，但稿费还要负担较高的税率，学者的积极性就会受到打击。"在他看来，平等征税才能鼓励劳动力，"实习生的劳动收入应该受到法律的公平对待"，"而根据通货膨胀率调整免征额和税率是起码的公平。"个人所得税历经六次修订，除工薪个税免征额从 800 元提升到 3 500 元、免储蓄存款利息所得税之外，其余税收项目免征额、税率始终如一。

6. 个税的下一步

首先，免征额不断上调是必然的。

中国社科院经济学部在发布的一份研究报告《引领新常态：若干重点领域改革探索》指出，中国个人所得税税负应大幅下降，个税免征额也应随物价上涨而相应上调。

该报告称，中国的个人所得税税率已不低，上调空间不大；相反，从国际税收竞争的现实出发，中国的个人所得税税负应大幅下降。社科院建议，工资薪金所得的最高边际税率应大幅下降到 25%，并相应下调其他档次的税率。

在个税制度比较成熟的国家与地区，个人所得税费用扣除标准已经与 CPI 涨幅等经济指标挂钩，实现指数化、动态化调整。比如，在德国，个人所得税费用扣除标准每年微调一次，以保障公众收入不受影响；美国历史上就曾多次全民退税；为了应对通胀压力，中国香港地区多次大面积退税，澳门地区两次全民分红，还财于民。

其次，改变个税征管方式比提高个人所得税费用扣除标准更重要。

在物价上涨情况下，有可能调整个人所得税费用扣除标准的步伐还赶不上物价上涨的步伐。而短时间内频繁调整个人所得税费用扣除标准，其变革成本也是惊人的。由于中国经济发展的不均衡，1 600 元个人所得税费用扣除标准在贵州可能是合理的，但在上海就变成了"人头税"。比提高个人所得税费用扣除标准更迫切的是建立以家庭为单位的综合征税体制。在 2008 年的全国"两会"上，广东政协委员陈开枝举例说：两对夫妇总收入都是 3 000 元，一对夫妇，妻子失业，丈夫月收入 3 000 元，如果扣除 1 600 元的个人所得税费用扣除标准，另外 1 400 元要缴个税；而另一对夫妇各收入 1 500 元，两人的收入都达不到个人所得税费用扣除标准，他们则不需要缴税。同样收入的纳税人家庭，交纳的所得税数额却不相同，以税收调节社会分配，缩小贫富差距，体现社会公平的作用很难充分体现。

常规个人所得税的个人所得税费用扣除标准应随纳税人申报状态、家庭结构及个人情况的不同而不同，不应有统一的标准。比如美国，有单身申报、夫妻联合申报、丧偶家庭申报、夫妻单独申报及户主申报 5 种申报状态，纳税人可根据各自不同的状态和个人情况计算出个人所得税费用扣除标准。

再次，构建个人收入支出登记网络，完善个税税基。

2015 年 1 月 5 日，国务院法制办发布的《中华人民共和国税收征收管理法修订草案(征求意见稿)》提出"施行统一的纳税人识别号制度"，个人税号的出台为个税改革的综合计征铺就道路。

未来我们每个公民都将拥有一个由税务部门编制的唯一且终身不变、用来确认其身份的数字代码标识，成为第二张"身份证"。除此之外，"纳税识别号"相关规定的出台，将使目前大量存在的"灰色收入"问题得到更加有效的监管。当然，区块链技术更为有效。

以上这些建议，在2016—2017年之间反映得特别明显。2016年12月29—30日，全国财政工作会议在北京召开。税改方面，会议表示要研究推进综合与分类相结合的个人所得税改革。另外，还提出研究制订个人收入和财产信息系统建设总体方案。

个税改革一直是一个"无法及时完成的作业"。2015年财政工作会议也提出，2016年要积极推进个税改革。2016年3月初，时任财政部部长楼继伟在"两会"答记者问时表示，个税改革方案已提交，并明确表示未来将逐步将房贷利息、教育支出等纳入个税抵扣范围。

2016年11月，财政部单独设立个税处，也被外界解读为积极信号。北京大学财税法研究中心主任刘剑文对《21世纪经济报道》记者表示，2016年个税改革讨论得比较多，2017年可能会有一些个税改革的实质性突破，可能会有个税法的修订，也可能是配套制度的完善，比如税收征管法修订、收入性资产纳入监管等。

"立法减负运动"

1. 文学家代表呼吁：税法太"稀缺"

有关税法问题的讨论，本来应该是税务专家、税法专家、法律专家等的业务范畴。可是，在 2013 年 3 月的第十二届全国人大一次会议上，却出现了一件很"奇葩"的事情：提出最为尖锐而又影响力极大的税收议案的却是一位文学家代表——赵冬苓。[1] 这让代表委员中的税法专家情何以堪！

赵冬苓代表在 2013 年 3 月的全国人代会上提出了《关于终止授权

---

[1] 赵冬苓（1953— ），山东乳山人。山东省电影家协会副主席，山东电影电视剧制作中心影视创作部主任，影视剧作家，中国编剧作家富豪榜上榜编剧，2013 年第十二届全国人大代表。2013 年 12 月 2 日，"2013 第八届中国作家富豪榜"全新品牌子榜单——"编剧作家富豪榜"发布，赵冬苓以 2 200 万元的编剧稿酬收入荣登"编剧作家富豪榜"第 5 位，引发广泛关注。代表作品有《沂蒙》《上学路上》等。其中《上学路上》荣获最佳儿童片奖、最佳编剧奖、最佳女配角奖、导演处女作奖四项金鸡奖提名。最终获得第 13 届中国电影金鸡奖最佳编剧。

国务院制定税收暂行规定或者条例的议案》，建议全国人大收回税收立法权，引发各界广泛关注。

由于这个问题提得太突然了，以至于全国人大常委会的有关部门都明显地准备不足。十二届全国人大一次会议 3 月 9 日下午的记者会中可以看得很清楚。

【《中国经营报》记者】我想请问郎胜主任。刚才您提到税收法定的原则，我想请您谈谈未来五年全国人大在税收法定方面有一些什么样的具体立法规划？另外，此前《中国经营报》也最早报道了我们国家在十八大税种中只有三个税种是由全国人大立法的，其他全部都是授权国务院作暂行规定或者条例，引起了社会非常广泛的反响。我们也注意到"两会"期间，来自山东的全国人大代表就提出一个议案，关于终止授权国务院制定税收的暂行规定或者条例的议案，截至昨天下午三点我们注意到已经有 31 位代表联名签署了这份议案，就是建议全国人大在 2013 年年底之前，收回对国务院税收立法权和法律解释权。我们想请您谈一谈，当前全国人大收回税收立法权的可行性、可能的路径和时间表。另外，我们知道 1984 年、1985 年全国人大曾经对国务院进行了两次授权，1984 年的已经废止，1985 年的未来有没有终止的可能性？在什么条件下可能终止？

【全国人大常委会法制工作委员会副主任郎胜】我注意到这位女士对这个问题事先做了充分准备，做足了功课，应该说我国现阶段税收立法的情况已经在她的提问中全面地反映了，同时她对我们提出议案的程序也非常清楚和熟悉。大家知道，31 名已经达到了提出议案的一个门槛了，她也非常熟悉。既然针对这么一个很专业的问题，我想也应该对你的提问更为负责，回答也应该更为专业，我推荐由信春鹰来回答这个问题。

【全国人大常委会法制工作委员会副主任信春鹰】我们都关注到最近一段时间以来，媒体、专家对税收法定的问题讨论特别多、特别活跃。刚才记者也提到这次正在进行的大会，有的代表团已经将此议案正式向大会提出。为什么大家这么关注这个问题？税收法定的根源在哪里？我仅从法律制度上给大家做一个解释。《立法法》是我国一部很重要的法律，是宪法相关法中非常重要的一部法律。《立法法》第8条规定了全国人大专署立法权的范围，税收立法是人大权力，但是人大可以授权。正是因为有这样的规定，1984年和1985年全国人大就授权国务院在税收、改革开放、经济改革等方面制定行政法规。1984年的授权决定已经废除，1985年的授权决定现在依然有效。至于什么时候收回，我们还要认真地研究、分析大家的意见，在适当的时候能够考虑这个问题。具体没有路线图，也没有时间表，但是我们会回应公众的关切。谢谢！

税收堪称政府与民众之间最重要的利益交换关系：民众向政府纳税，政府用税收为民众提供公共产品和服务。显然，因为税收涉及政府与民众双方的利益，所以征什么税、征多少税不能由政府单方面说了算，而应由国家最高权力机关通过立法，以法律的形成予以确定，这就是"税收法定"的基本原理。

全国人大授权国务院立法主要有三次，最早始于1983年。在这一年召开的六届全国人大常委会二次会议决定，授权国务院就安置老弱病残干部、工人退休、退职制定一些必要的修改和补充。其后一年，六届全国人大常委会七次会议又通过了《关于授权国务院改革工商税制发布有关税收条例草案试行的决定》，按照这个《决定》，国务院有权拟定税收条例，以草案的形式发布试行，"再根据试行的经验加以修改提请全国人大常委会审议"。所谓"第三次授权"，指的是 1985 年，在六届全国人大三次会议上通过的《关于授权国务院在经济体制改革和对外开放方面可以制定暂行的规定或者条例的决定》，这一次授权，将授权范围扩展至"经济体制改革和对外开放方面"。因此，从 1984 年以来，在税制领域，以"暂行条例""试行"形式颁布的税收条例增加迅猛。与之相对应的是，由全国人大及其常委会通过的税收法律却是凤毛麟角。这其中有《税收征管法》《企业所得税法》《车船税法》与《个人所得税法》。我是 1983 年在本校（中南财经政法大学）继续攻读财政学硕士学位的，1986 年留校工作。至今，仍然是那么多的"暂行条例"。

学者们担心的是：税收立法权长期控制在行政部门，容易形成行政部门利用立法之便，进行税收扩张的立法与行政。2011 年 2 月，车船税成为我国第一个由国务院条例上升为法律的税种，被视为"一个好的开端"。全国人大常委会法工委原副主任张春生在接受《民主与法制时报》记者采访时，指出了这一现象在当时所具的合理性，"税制尚处改革过程中，倘若交由人大操作，没有这个能力，于是授权给了国务院"。不过他也认为，（税制）长期由国务院进行规定也不合适，税收毕竟是涉及全民义务，长期由行政机关定，就与依法治国相悖了。

财政部早在 2011 年就曾提出，将"按照成熟一个出台一个的原则，逐步将税收条例上升为法律"。可问题是，楼梯已经响了好几遍，但就是不见人下来，至于什么时候下来也仍未可知。问题的关键在于什么是"条件成熟"？"条件成熟"的标准是什么？如果要精益求精的话，你们永远都没有条件成熟的时候。

对此，赵冬苓代表很不客气地说："你不能老说条件不成熟。"在她看来，所谓"条件不成熟"基本上是一个伪命题。一方面，如果某个税收条例不合理、有缺陷，那就亟须将之上升为法律，并在此过程中加以修改和完善；另一方面，如果说某个税收条例本身是合理的完善的，那就可以直接将之上升为法律，这事不存在什么难度。

经过三年多的讨论，立税权回归已经没有疑问了。时间表与路线图应该是2013年"两会"的关注点，否则就会一直处于纸上谈兵的境地。收回税收立法权，也应该成为财税领域贯彻全面深化改革的一个重要节点。在新中国财政史上，除了18种税只有3个税法之外，已经出现了匪夷所思的事情，如2007年5月30日深夜，财政部通过新华社突然宣布，将证券印花税税率从1‰调整为3‰。财政部或国税总局不经人大讨论和听证会程序自己决定征税和提高税率，这样的做法显然与现代社会"税收法定"的基本原则不相符。除了税收之外，收费或者基金的征收权处置也极为随意。全国有近500项政府性基金，只有约43项纳入了政府性基金预算管理。其中，国家一级比较知名的有铁路建设基金、民航发展基金、港口建设费、国家重大水利工程建设基金等。而在各级地方政府，以发展教育文化、基础设施建设、公共卫生等名义征收的基金费用不胜枚举。经济利益部门化、部门利益法制法成为一个久拖不决的问题。《预算法》修改一路走来，坎坎坷坷，就是一个明证。《预算法》修改如果一直由财政部主导，最后的结果还要思考吗？

税收立法权回归人大已经成为不可阻挡的趋势。2000年7月1日施行的《立法法》规定，基本经济制度以及财政、税收、海关、金融和外贸的基本制度只能制定法律。2013年11月9—12日，党的十八届三中全会的《决定》直接提出要落实税收法定原则。这是"税收法定原则"第一次写入党的重要纲领性文件，凸显了未来我国加强税收立法的顶层设计。此后两天，马上传来本届人大五年任期中将会对增值税进行立法的消息 **1**，实际上又是一场"梦"。从当时情况看，5—7 年最为紧迫的任务是逐步将 18 个税种全部上升为法律。包括以后的环境税、遗产税都应该以法律的形式表现。但是，总体授权何时回收，大家心里还是没有底。

民众希望在 2014 年的全国"两会"上有一个明确的交代，以推进税收立法进程，完善治税体系建设。一是改进完善税收实体法。将相对较为成熟的细则规定和税收条例及时纳入税收立法之中，逐步提高税法的法律层级。二是对税收程序法进行修正和完善。从保护纳税人权益与加强征管权力的原则出发，推动《税收征管法》《发票管理办法》等修订工作。三是进行高效的税收管理体制建设。通过利用计算机网络互联及现代信息技术，逐步实现信息的共享、资源的共用，在此基础上逐步减少征管机构，推进税收机构体制和管理的扁平化，提高监控的时效和范围。

2014 年 12 月十二届全国人大常委会第十二次会议上，全国人大以及常委会初步考虑，今后需要开征新税种的，应当通过全国人大及其常委会制定税收法律。现行由有关税收暂行条例规范的税种涉及税制改革的，可在改革过程中先对相关税收暂行条例进行修改，在改革完成后再上升为法律。在具体工作中，可灵活掌握，如有可能，也可直接上升为

---

1 大智慧阿思达克通讯社 2013 年 11 月 14 日讯，中国税务学会常务理事汤贡亮周三表示，增值税立法速度应该加快，预计本届人大五年任期中将会立法。汤贡亮认为，增值税完成立法意味着很多税制改革要素将会完善，比如，税率进一步统一；税目规范化以及增值税中央地方分成比例；等等。

法律。对于不涉及税制改革的税种，如作修改，直接上升为法律。

在 2015 年的全国"两会"上，在税收法定方面取得了两个方面的成果，一是税收法定的时间表与路线图；二是税率法定得以保障。

3 月 5 日，全国人大新闻发言人傅莹提出，2020 年努力全面落实税收法定的原则。3 月 6 日上午，财政部部长楼继伟在全国人大记者会上也表明了态度，在 2020 年之前，税收立法权将回归人大。

3 月 15 日，全国人大十二届三次会议的最后一天，大会以 2 761 票赞成，81 票反对，33 票弃权的高票表决通过对《立法法》的修改。全国人大代表、清华大学法学院教授周光权在微信朋友圈发了一条感叹：功德圆满。法治就是这样点滴推进的，借用龙应台的书名《孩子，你慢慢来》，中国法治在路上，我们都不要急！

中国法学会财税法学研究会会长、北京大学法学院教授刘剑文当天看到这则新闻时"并没有特别兴奋"，对他来说，"惊心动魄、永生难忘"的十几个小时是在 5 天之前。

3 月 8 日，"两会"代表委员们发现，《立法法》修正案三审稿中关于税收法定的条款较之前的二审稿发生重大变化。二审稿中"税种、纳税人、征税对象、计税依据、税率和税收征收管理等税收基本制度"要制定法律，被简化为"税种的开征、停征和税收征收管理的基本制度"要制定法律。

《立法法》是一部规范立法活动的重要上位法，被称为"管法的法"，上述修改引发了人们对政府部门借此绕开人大，"随意"调整税率和税制的无比担忧。

短短几天中，会场内外的人大代表、政协委员与学者、媒体联动，通过发言、联名提交建议书、向有关部门递材料、召开研讨会、接受媒体采访等方式，最终推动"税率法定"在四天后重入《立法法》，并通过大会表决。

"以我作为法学专业人士的观察，从三审稿突然修改到投票之间短短几天内，这么大的条文变动，在中国立法史上真的极端少见。"全国政协委员、南开大学法学院教授侯欣一对《南方周末》记者说，这得益于社会各界的共同努力形成很强的民意，是一次《立法法》中的"立法民主化"的活试验，"就是过程有一点惊心动魄"。

党的十八届四中全会提出，全面推进依法治国，总目标是建设中国特色社会主义法治体系，建设社会主义法治国家。具体到税收领域，就是依法治税。税收涉及经济利益再分配的方方面面，更需要依法治理。依法治国延伸到税收领域，就有一系列问题要思考：一是征税人怎么征税？税收违法问题源自征纳双方，其中征税方是矛盾的主要方面，这也就是"打铁还需自身硬"在税收领域的表现。为了强化依法征税，2015年2月5日国家税务总局下发《关于进一步规范税收征管秩序提高税收收入质量的通知》，要求各级税务部门坚持依法征税，越是在税收形势严峻的情况下，越不能"寅吃卯粮"。严查越权征税、违规征税、收过头税，坚决防止采取空转、转引税款等非法手段虚增收入，坚决避免突击收税。这无疑是纳税人的"保护神"。如何从墙上的一纸通知变成纳税人的"福音"，代表委员少不了一番议论。

二是纳税人怎么缴税？征税人员再多，能力再强，也比不过千万家企业中少数企业的"歪心事"。我曾对企业家说，遵纪守法是对自己最大的保护。为了能够让纳税人依法征税，税务部门也想了不少办法。如《税收征管法征求意见稿》第97条扩大了"偷税"的范围。纳税人、扣缴义务人逃避缴纳税款的法定情形有伪造、变造、转移、藏匿、毁灭账簿凭证或者其他相关资料；编造虚假计税依据，虚列支出或者转移、隐匿收入；骗取税收优惠资格等。逃避缴纳税款的，由税务机关追缴其不缴或者少缴的税款，并处不缴或者少缴的税款50%以上三倍以下的罚款；涉嫌犯罪的，移送司法机关依法处理。这些都是希望纳税人能够自觉地依法征税。

《征求意见稿》还规定，未来每个公民可能都将拥有一个由税务部门编制的唯一且终身不变、用来确认其身份的数字代码标识。

三是用税人怎么花纳税人的钱？如果征税对象是一个大蛋糕的话，切给国家多了，纳税人就少了。税率的高低就很有讲究，也可以说税收是一门艺术。在八项规定严格执行以来，对支出的控制越来越有效。比如，中央军委办公厅印发全军财务工作大清查实施方案，计划用一年时间对全军2013年、2014年度各项经费收支使用管理情况进行全面清查。通过查清经费资金流向、支出凭证、内部接待场所和预算外经费管理情况，着力治理虚报冒领挪用经费、"假发票"、转移开支、"小金库"等问题。这从一个侧面反映了依法理财的工作。

2016年在税收立法方面，有两件事值得一说。一是国家税务总局提出不收"过头税"。2016年12月26日，中纪委网站公布了中央第十三巡视组巡视的国家税务总局党组的整改情况。国家税务总局党组在同日公布的通报中称，对中央巡视组反馈的22个问题，税务总局党组通过制定70项具体整改措施，已全部整改到位。

对于中央巡视组针对国家税务总局提出的"贯彻党的路线方针政策不够到位"的问题，税务总局提出要落实中央有关税收工作的重大改革，推进跨区域稽查和督察内审组织体系改革。

在落实依法治税各项任务中，税务总局提出，加快推进《中华人民共和国税收征收管理法》修订工作。专门下发通报，一是重申依法征税、严禁收"过头税"的组织收入原则，对违规收"过头税"问题"零容忍"，坚决做到发现一起、查处一起、通报一起。

二是"营改增"之后增值税尽快立法。2016 年 7 月，全面推开营改增试点后的首个纳税申报期结束，营改增试点企业晒出了首份增值税账单。试点的 1 100 万户纳税人中，生活服务业数量最多。本就是我国第一大税种的增值税，地位和作用变得愈发重要。为了推动税收法定原则的落实和税收法治国家的建设，应加快将《中华人民共和国增值税暂行条例》上升为《中华人民共和国增值税法》，建议重点考虑以下几个方面的立法设计。

在税制要素设计上兼并税率。在实行增值税的国家中，税率仅有一档的比例约为 45%，有两档的比例为 25%，三档、四档的依次递减，而超过五档的屈指可数。税率档数越多，管理与遵从的成本也越高。

在减免税优惠上注重规范。各国增值税的免税项目仅有少数，且限制在基本的健康、教育和金融服务上。如在欧盟内部，逐渐消除了对教育与健康等的免税；而澳大利亚和新西兰，对金融服务的增值税减免还增加了限定条件。

在出口退税方面完善机制。为了既能降低退税的申报数量，又能解除企业现金流的担忧，可以借鉴其他国家和地区的做法，在出口者的供应商提供给出口者货物或劳务时，适用税率为零。同时尝试建立完善"快速通道"的退税处理机制，专门提供给那些被证明是纳税遵从纪录良好的出口商们。

在税收征管上加强国际协调。应积极参与国际税收规则的制定，在管辖权上坚持"消费地"课税的国际惯例；在征管上推进制定公平、合理、高效的国际税收协定，加强国际间税收情报交换，联合打击国际反避税，维护国家的税收权益。

在收入划分上兼顾中央和地方利益。"营改增"之后，中央分享增值税的 50%，地方按税收缴纳地分享增值税的 50%。这仅仅是一个过渡性方案。真正的划分比例，必须与整个财税体制改革同步，按照事权关系确定各方的财权。为了调动"两个积极性"，一方面要加快地方税体系建设，保障地方财政收入来源；另一方面，在进一步厘清事权的前提下，通过立法把分成比例法定化。

2. 税负是重是轻?

党的十八届三中全会公布了全面深化改革的决定，决定中对财政改革的力度不可谓不大。财政部楼继伟部长对税收计划问题做了精彩的解读：改革的一大着眼点是，预算编制和审查的重点由现在的收支平衡状态更多向支出预算和政策转变。税收将不再是预算确定的任务，而是转为预期目标。预算审批的核心如果是收支平衡，为实现这一目标，就必须完成税收任务，否则就会扩大赤字。这一方式很容易带来预算执行"顺周期"问题：经济较热时，完成税收任务比较容易，财税部门倾向于少收点，民间钱越多，经济就越热；经济偏冷时，财税部门为完成税收任务倾向于多收点，就会收"过头税"，民间钱少了，经济就更冷。预算审批重点转向支出政策，收入预算从约束性任务转向预期性，意味着更多强调依法征税，应收尽收，不收"过头税"。

看到这些文字，真希望各级的财政预算有一个显著的变化，但是，我在参加一些预算安排的讨论时，发现能够体现这个变化的并不多。税收计划仍然是刚性的，理由是支出是刚性。允许收入有弹性，意味着支出也要有弹性。这是一个重大的理论问题。

我在大学的第一个学年就学了《财政学》。最基本的原理就是"经济决定税收，税收反作用于经济"。这既反映了经济是税收的来源，也体现了税收对经济的调控作用。这是马克思主义的税收观——应当实行一种只考虑每个人纳税能力和全社会真正福利的分配办法，即一方面按能力大小分摊税收，另一方面把税收用来为全社会谋福利。毛泽东作为马克思主义的继承者和发展者，在中国长期的革命和建设实践中提出了一系列开展税收工作的原则思想。其中包括轻税思想、生产决定税收的思想、公平税负思想。税收思想是邓小平理论的重要组成部分，主要体现在邓小平对经济工作的领导实践中：第一，税收源于经济基础；第二，调整产业结构可运用差别税率；第三，利用税收促进区域间经济发展均衡。可见，必须摒弃狭隘的"税收计划观"。

但是，30 多年来，由于财政支出的刚性压力，税收计划始终是一个不可逾越的坎。在 25 年前，税收一年增收 1 000 亿元成为一种常态。[1]"计划 + 增长"成为企业的无形压力，于是，中国的企业往往成为最容易夭折的企业，平均寿命 2.5 年，集团的平均寿命 7 年。有的企业

1　1990 年 10 月 28 日，国务院发出关于认真抓好增收节支工作确保完成今年国家预算的通知。指出：今年以来，各地区、各部门认真贯彻治理整顿、深化改革的方针，国民经济正朝着好的方向发展。但是，由于生产和市场的影响，企业经济效益下降，财政状况不够理想。经常性收入增长缓慢，各项支出增长很快，国家财政收支差额逐月扩大。同时，在一些地区和部门，又出现了随意减免税收，乱摊成本费用，挤占国家收入等违反财政法规的问题。这种情况如发展下去，不仅威胁今年国家预算的完成，也势必牵动全局，影响国民经济的协调、稳定发展。对此，各地区、各部门一定要高度重视，努力工作，切实抓好第四季度的增收节支，确保完成今年的国家预算任务。我曾经通过民主党派的信息建议，把"增收节支"改为"开源节流"。

喜好偷税漏税，固然可恶，但是"挖地三尺"，也难有存活的企业。让企业少交税，企业高兴，但是，要在经济不景气的情况下大量补税，企业难免元气大伤。"经济决定税收"、应征尽征，是对企业的最大的保护，也可以保护纳税人的合法权利、培养税源、培养纳税人的纳税意识。

这种观点，在中国历史上由来已久，略举几例。先秦思想家大多反对重税，其中儒家"薄税敛"的口号影响最大。孔子斥责其门人冉求为鲁国季氏征课重税，也强调"（役）使民以时"，后来概括为"时使薄敛，所以劝百姓也"。孟轲也大力宣传不违农时，薄赋敛。荀况也主张"轻田野之税，平关市之征，罕兴力役，无夺农时"[1]。唐代李翱主张"轻敛"，他论证道："轻敛则人乐其生，人乐其生则居者不流而流者日来，居者不流而流者日来则土地无荒，桑柘日繁。尽力耕之，地有余利，人日益富"[2]。而重敛则相反。由此他说："人皆知重敛之可以得财，而不知轻敛之得财愈多也。"他的主张是将租税政策与劳动人民的生产积极性结合起来予以考虑。只要生产增多了，即使税率低一点，也可获得更多的财政收入。"轻税多收"与"薄利多销"是一个道理。这些都是经济与税收关系的精彩论述。

在西方的财税理论中，税收与经济增长理论是一个重要的部分。詹姆斯·斯图亚特是英国后期重商主义的集大成者，他在其所著的《政治经济学原理研究》一书中指出，政府课税公平和负担程度对于经济生活的作用，"赋税必须使人民的年收入公平分配，不妨碍产业的发展和能够抵御外敌的入侵，以便不妨碍纳税人再生产"。大卫·李嘉图所著的《政治经济学及赋税原理》的中心思想仍然是经济自由主义，反对国

---

[1] 以上参见《论语·学而》《中庸》《荀子·富国》。

[2] 《平赋书·序》，见《全唐文》卷638。

家干预经济。制度经济学派认为税收是一种制度安排，制度安排要交易费用最小化，税收制度的变迁也要使供给成本最小，制度变迁后收益最大，才能促进经济的增长。

在 2015 年的全国"两会"上，《政府工作报告》在减轻税负的问题上，有两点给人留下深刻的印象。

一是以"立国之道惟在富民"为报告的基础。这是唐甄的观点。唐甄（1630—1704 年），明末清初的思想家和政论家，与王夫之、黄宗羲、顾炎武同称"四大著名启蒙思想家"。他说："立国之道无他，惟在于富。自古未有国贫而可以为国者。夫富在编户，不在府库。若编户空虚，虽府库之财积如丘山，实为贫国，不可以为国矣。"[1] 这就把"富民"认定为基本国策。从此出发，唐甄又提出以能否富民作为衡量官吏优劣、政治得失标准的主张。他点出了治国理政的根本出发点和落脚点，既体现传统的民本思想，又赋予了新的内涵。这让我们想到常常挂在嘴边的一句话"为官一任，造福一方"。说说容易，做到不易。有了"富民"的新宗旨，《政府工作报告》的展开就有了逻辑基础。富民的重要前提就是轻税。

二是结构性减税和普遍性降费。报告强调，要进一步减轻企业特别是小微企业负担。所谓结构性减税，就是"有增有减的结构性调整"的一种税制改革方案。是为了达到特定目标而针对特定群体、特定税种来削减税负水平。既区别于全面的大规模的减税，又不同于有增有减的税负调整。有增有减的税负调整意味着税收的基数和总量基本不变；而结构性减税则着眼于减税，税负总体水平是减少的。税收

---

[1] 《潜书·存言》。

法定原则 2020 年前全面落实。由全国人大牵头、财政部配合的房地产税立法工作正在研究过程中。这对中国的房地产市场将产生极大的影响。普遍性降费是首次明确提出。其实，对民众影响更大的还是形形色色的"收费"。普遍性降费与政府性基金的改革要同步。在人们的日常生活中几乎处处有收费有基金。比如，日常水价里就包含公共事业附加费、污水处理费、水资源费等；电价里包含国家重大水利工程建设基金、大中型水库移民后期扶持基金、农网还贷资金、城市公用事业附加费、可再生能源电价附加费等；国内航班机票附加 50 元的机场建设费以及按航段里程收取的燃油附加费；乘坐国际和香港、澳门地区航班出境，每人次还需随票缴纳 20 元的旅游发展基金……据不完全统计，在我国主要收费项目中，与老百姓日常生活相关的收费项目就有 30 多种。这些收费到底有多少，至今没有权威数据。[1] 如果按全国平均每度 4 分钱的电费附加收费计算，2013 年，电价里一年"加收"的费用就高达 2 100 多亿元，即使仅计算居民生活用电量，这笔收费也达 270 多亿元。既然提出了普遍性降费的目标，收费办法改革就应该提上日程。比如，我国收费公路已达 11.2 万公里，居世界第一。全国高速公路一年收费 3 000 多亿元。对收费公路的管理、收费公路条例的修订，已经提上议事日程。减费、免费或者"以税代费"，对企业与老百姓都有好处。

2016 年 3 月 5 日上午，李克强总理的《政府工作报告》首次公布

---

1 继"玻璃大王"曹德旺的中国高税负之说后，娃哈哈老大宗庆后 2017 年 1 月初接受采访时也说"中国税负确实太高了，乱七八糟的税太多了，光我们就要交 500 多种费"。财政部和发改委公开晒单回应称，核查发现，2015 年娃哈哈集团及所属企业实际缴费项目为 317 项，与企业提供的缴费项目相差 216 项。时隔半月，财政部拿着小本本一项一项数，终于算清了账，发现自己被冤枉了。

了 2016 年 GDP 增长 6.5%—7%的区间增幅。这是中国经济生活中的一件大事。将产生重大的影响，最后的结果是 6.7%。我特别关注。

2014 年"保持经济运行处在合理区间"首次写入了《政府工作报告》。2015 年的《政府工作报告》中提出了"把握经济运行合理区间的上下限"，经济增长还是预期 7%左右。作为党外的省统计局副局长，我在 2015 年 11 月 29 日提交了一篇民主党派信息——《关于公布重要指标上下限的建议》。

2016 年年初，多个省份在"两会"及经济工作会议上提出了 GDP 增速的目标区间——浙江、江苏、山东、上海、广西、广东、黑龙江、吉林和海南 9 个省市，其设定的区间从 6%—6.5%到 7.5%—8%不等。上海 2016 年重提上年取消的 GDP 增速目标，设定了 6.5%—7%的目标区间。杭州则是 7.5%—8%。

在"GDP 增长率"已经有了区间增幅之后，"税收计划""财政支出"这两个相关指标也要有区间增幅的预计。既然经济增长是难以确定、有上下限的，那么，与经济增长密切相关的税收计划，就必然是难以百分之百完成的，要么高于计划，要么低于计划。如果严格按照税收计划征收，结果只有两个方面：一是企业少缴税，"藏税于企"；一是企业多缴税，企业倒闭歇业。这都违背了"经济决定税收，税收反作用于经济"的基本规律。而税收工作如果违背了这个"铁律"，对经济的副作用就非常大。

因此，在经济增长分为上下限的基础上，我建议把税收计划也分为上下限：经济状况好，税收征收额预计是多少？经济状况不好，税收征收额预计会是多少？让企业家安心管好企业。

自 2015 年以来，很多企业家对我说，再这样下去，我们会被税务部门"查死"。经济形势好的时候，企业可以多缴税而不收，企业把税款用于他途。经济形势不好时，税务部门要完成税收计划，就"挖地三尺"，把过去优惠的税款补回来。企业不死才怪。"皮之不存毛将焉附"？

为了与税收收入额相适应，各级政府的财政支出额也应该是变动的，也有一个上下限的规定：经济形势好、财政收入多时，有的支出项目可以实现，否则，就需要减少支出，或者借地方债。2016年的《政府工作报告》中提出，增加财政赤字，以实现减税的目标。财政收入是财政支出的源，财政支出是财政收入的流。我把它称为"铅笔效应"。铅笔的圆柱体为固定的收入与支出，圆锥体为可能变化的收入与支出，年中要根据经济发展情况加以调整。

治财政史者知道，《周礼·大宰》有一段精彩的"九赋应对九式"的收支对应关系，以保持财政收支的平衡。把政府收入、政府支出分为九种，是一个大数，反映了中国历史上思想家的一种"财政智慧"。更精彩之处在于"赋与式一一对应"，保障平衡："关市之赋，以待王之膳服；邦中之赋，以待宾客；四郊之赋，以待稍秣；家削之赋，以待匪颁；邦甸之赋，以待工事；邦县之赋，以待币帛；邦都之赋，以待祭祀；山泽之赋，以待丧纪；币余之赋，以待赐予"。

译文：关市的赋税，供给王的膳食和衣服所用。王都中的赋税，供给接待宾客所用。四郊的赋税，供给饲养牛马草料所用。家削的赋税，供给颁赐群臣所用，邦甸的赋税，供给工匠制作所用。邦县的赋税，供给行聘问礼所用。邦都的赋税，供给祭祀所用。山泽赋税，供给死丧或灾荒所用。给公用的剩余财物，供给王闲暇时与诸侯和臣下结恩好而赐予所用。凡诸侯国贡献的财物，供给吊唁诸侯之丧所用。凡向万民征收的赋税，用以充实府库。凡赋税收入开支后的余财，用以供王的玩好所用。凡王国所用财物，都可以从大府领取。

这样一来，财政收支就自然会平衡了。财政分类平衡是一种智慧。在学者看来，《周礼》是思想性高于操作性。但是在唐朝，这种设想成为一种实践。

在 2016—2017 年间，"死亡税率"无疑是一个税收热点问题。

2016 年 12 月，有关媒体相继报道"死亡税率"问题，有关人士认为，"死亡税率——当前经济持续低迷的真实原因"，"税率之重，接近企业的'死亡线'"，"我国长期实行重税主义的后果，就是经济动力和活力的下降"。归结起来，其核心要义就是：税负过重严重影响企业生存空间，是导致经济下行压力的主要原因。

"死亡税率"首先由知名财政学者李炜光提出，他直言不讳地批评中国征税过重，40% 的税负对中国企业意味着死亡，也可以叫"死亡税率"。杭州、武汉、贵州、大连四地 3 万字调研报告揭示"死亡税率"真相。调研课题组于 2015 年 10 月至 2015 年 11 月实地调查了浙江杭州、湖北武汉、贵州贵阳和辽宁大连四地的民营企业生存发展与税负问题，与四地近百位民营企业家举行座谈，回收、汇总和分析了 113 份有效问卷，并在四地各收集 10 个民营企业税负案例。在 113 份有效问卷中，杭州问卷 28 份，武汉问卷 25 份，贵阳问卷 30 份，大连问卷 30 份。

2016 年 10 月课题组又在大连、宁波、成都、武汉和贵州对另一些民营企业做了补充调研。补充调研发现，企业税费负担方面的情况总体上并没有获得改善。[1]1985 年，我在中央财经大学财政部财政史助教进修班学习一年，与李炜光先生同住一室。故调研组在武汉调研期间有所

---

[1] http://news.10jqka.com.cn/20161223/c595715246.shtml.

参与。整个报告的结论是很有意思的。

2014 年每亿元总资产吸纳就业人数方面,民营企业为 238 人,国有企业为 14 人,民营企业为国有企业的近 16 倍。

民营企业的纳税贡献高于国有企业。首先,目前民营企业的纳税总额高于国有企业。2005—2014 年,国有企业税收占全国税收总收入的比例从 39.59% 下降至 29.33%;同时期,外资企业税收占全国税收总收入的比例从 21.09% 下降至 19.24%;与此同时,民营企业税收占全国税收总收入的比例从 39.32% 提升到 51.43%,提高幅度接近 12 个百分点。

其次,民营企业每万元净资产的税收贡献和利润均高于国企。2014 年每万元净资产中,国有工业企业纳税 963 元,私营企业纳税 1 305 元;国有企业净利 824 元,私营企业净利 2 090 元。

值得注意的是,在主要的经济要素投入中,国有企业在土地、资金、人员等方面往往都较之民营经济获得更多政策性倾斜,这从另外一个方面反映出民营经济对于中国经济增长贡献的重要性。根据天则经济研究所的最新研究,若从 2001 年至 2013 年国有及国有控股工业企业所获的 120 027.08 亿元的名义利润总额中,将总共约 149 754 亿元的应付未付成本和补贴(融资成本、土地及资源租金以及政府财政补贴)扣除,就可从账面财务数据中还原企业的真实成本。如此测算,2001 年至 2013 年,国有及国有控股工业企业真实的平均净资产收益率为负,仅仅为 −3.67%。

近年来,中国社会转型加快,国进民退问题严重,内部矛盾激化,经济增长趋缓。随着经济增长下行,财政保收增收压力加大,一些地方政府征收"过头税"问题和"乱集资、乱收费、乱摊派"(即"三乱")

问题趋于严重。现在又有从"乱作为"到"不作为"的趋势。

而且"营改增"也导致部分行业的企业实际税负增加，有悖于这项改革的初衷。整个经济的总体活力实际上在恶化，在长远影响中国经济发展和经济竞争力。

在访谈过程中，有企业家表示企业已经依法足额缴纳了增值税或营业税，这两项税收本应用于公共支出或建设，但除此之外还要缴纳城建费、教育费等附加的公共支出税费，表明企业已经尽到了支持公用事业的责任，在这个基础上再缴纳企业所得税就感觉不合理了。而与城镇土地使用及房产相关的税负征税程序比较烦琐，尤其是征收弹性很大，而且相关税收理应包含在营业税当中，不应重复征收。

与此同时，"玻璃大王"曹德旺对"中国税收全球最高"的吐槽更是一石激起千层浪，制造企业迁往美国的忧虑与国内企业忍受"死亡税率"的无奈相叠加，在 2016 年年末，减税的呼声达到顶点。

而"死亡税率"也遭到了来自官媒和相关部门的联手反驳。《环球时报》21 日刊发评论《中国宏观税负不算高，死亡税率太夸张》，显然是针锋相对的，而国家税务总局 21 日、22 日接连转载多篇文章，为税负辩护，指出"'死亡税率'说法不靠谱，更多属于情绪表达"，"'死亡税率'之说，严重误导了社会公众"。

"死亡税率"并不是简单指税费，实际上包含了所有与政府相关乃至延伸的费用，是对政府行为的一种警示。无论是税费、五险一金，还是土地乃至制度成本，都需要政府对自身的工作进行改革。因此，关于税负的讨论，最大的意义，我觉得在于掀起一场轰轰烈烈的"减负运动"。其实政府已经看到企业的问题，中央经济工作会议提出降成本方面，要在减税、降费、降低要素成本特别是制度性交易成本，减少审批环节，降低各类中介评估费用，降低企业用能成本，降低物流成本。

3."营改增"：解放三产

2011 年，经国务院批准，财政部、国家税务总局联合下发营业税改增值税试点方案。从 2012 年 1 月 1 日起，在上海交通运输业和部分现代服务业开展营业税改征增值税试点。货物劳务税收制度的改革拉开序幕。

自 2012 年 8 月 1 日起至年底，国务院扩大营改增试点至 10 省市，北京 9 月启动。截至 2013 年 8 月 1 日，"营改增"范围已推广到全国试行。2013 年 12 月 4 日国务院常务会议决定从 2014 年 1 月 1 日起，将铁路运输和邮政服务业纳入营业税改征增值税试点，至此交通运输业已全部纳入营改增范围。自 2014 年 6 月 1 日起，将电信业纳入营业税改征增值税试点范围。至此，营改增试点范围扩大到"3 + 7"个行业。

截至 2014 年年底，国税总局的数据显示，全国营改增试点纳税人共计 410 万户，全年有超过 95% 的营改增试点纳税人的税负不同程度下降，全年共减税 1 918 亿元。"铁路运输、邮政业两个行业分别减税 8 亿元、4 亿元，电信业改征增值税后，为下游一般纳税人增加了税款抵扣。"国家税务总局新闻发言人、办公厅主任王陆进表示，2015 年力争将营改增范围扩大到建筑业和不动产、金融保险业和生活服务业，这些行业将增加 800 万户试点纳税人。

2015 年 5 月，"营改增"的最后三个行业——建筑业与房地产、金融保险、生活服务业的"营改增"方案推出。其中，建筑业与房地产的增值税税率暂定为 11%，金融保险、生活服务业为 6%。这意味着，进入 2015 年下半年后，中国全面告别营业税，就像当年告别农业税一样。

事实上，以上三行业的"营改增"原计划在 2015 年"两会"后就推进，但后来放缓，原因是财政收入压力过大。国税总局曾表示，2014 年中国营改增已减税 1 918 亿元。减税效果如此之大，在财政收支紧张的情况下，拖累了"营改增"的步伐。

在基层税务人士看来，"营改增"对于中央和地方收入都有影响，影响都还比较大。营业税是不允许抵扣的，现在全部允许抵扣。原来征收的营业税税源，近 1.7 万亿元，征了就是收入，现在征了之后进入抵扣，等于营业税收入这一块就没了。2011—2013 年，全国一般公共预算收入增长分别是 25%、12.9% 和 10.2%，到了 2014 年进一步下降为 8.6%，财政增长从过去双位数增长进入个位数增长，趋势已经明显。

但是，从综合效用来看，我觉得"营改增"有利于增强大城市的实力。

（1）作为不良之税，营业税早改比晚改好。众所周知，营业税最大的问题就是重复征税。2012 年 5 月 18—20 日，温家宝总理在武汉就经济运行情况进行调研。在一个座谈会上提出，要实施结构性减税，财政支持经济发展，要抓紧落实有关政策措施，特别要加快推进营业税改征增值税试点，扩大试点范围，切实减轻企业税负。可见"营改增"只是时间的问题。

（2）要认真研究"营改增"的试点方案，不局限于上海试点内容。中国的"营改增"试点工作启动于 2011 年 11 月，财政部和国家税务总局当时发布了《营业税改征增值税试点方案》及其相关政策，并于 2012 年 1 月 1 日于上海正式开始实施。包括陆路、水路、航空、管道运输在内的交通运输业及包括研发、信息技术、文化创意、物流辅助、有形动产租赁、鉴证咨询在内的部分现代服务业，率先开展"营改增"

试点。财政部、国家税务总局于 2011 年 11 月 17 日正式公布营业税改征增值税试点方案。根据试点方案，改革试点的主要税制安排为：新增 11%和 6%两档低税率。租赁有形动产等适用 17%税率，交通运输业、建筑业等适用 11%税率，其他部分现代服务业适用 6%税率。纳税人计税依据原则上为发生应税交易取得的全部收入。对一些存在大量代收转付或代垫资金的行业，其代收代垫金额可予以合理扣除。服务贸易进口在国内环节征收增值税，出口实行零税率或免税制度。

对于改革试点期间过渡性政策安排，试点方案明确，关键是税收收入的归属问题：试点期间保持现行财政体制基本稳定，原归属试点地区的营业税收入，改征增值税后收入仍归属试点地区，税款分别入库。因试点产生的财政减收，按现行财政体制由中央和地方分别负担。国家给予试点行业的原营业税优惠政策可以延续。试点方案还明确，营业税改征的增值税由国家税务局负责征管。国家税务总局负责制定改革试点的征管办法，扩展增值税管理信息系统和税收征管信息系统，设计并统一印制货物运输业增值税专用发票。

（3）减轻企业税负，复兴实体经济。中央部署新一轮刺激经济措施，结构性减税身份显要。据当时数据显示，经济仍在下行，内需回升依旧缓慢，经济增长的"三驾马车"步伐集体趋缓。2012 年 4 月出口同比增速降至 4.9%，进口增速降至 0.3%。工业增幅骤减至个位数：4 月规模以上工业增加值同比增长 9.3%，为 2009 年 5 月以来最低。社会消费品零售总额同比增长 14.1%，创 2006 年 11 月以来新低。1—4 月固定资产投资同比增长 20.2%，也低于预期，其中房地产投资增速下滑，最大减税对经济发展的杠杆带动作用显著。据新华网消息，2009—2011 年，因实施增值税转型改革，我国累计减少税收收入 5 000 多亿元，明显减轻了企业税收负担，在金融危机的大背景下，促进了企业发展，带动了经济发展。国家税务总局原局长肖捷曾在《求是》杂志撰文指出，根据国家税务总局测算，营业税改征增值税后，将带动 GDP 增长 0.5% 左右，税收收入预计净减少 1 000 亿元以上。

（4）扩大招商引资的范围，推动服务业发达的中心城市的发展。事实胜于雄辩。上海市在试点后两个月，就吸引了 12 家跨国公司落户。主要是吸引国际服务业大公司。引起了江苏、浙江的恐慌。

（5）鼓励全民创业。小微企业是"营改增"最大的受益者。小微企业是全民创业的主要载体，"营改增"后可以减轻创业者的税费负担。

谈到创业，2015 年 3 月的全国"两会"上的《政府工作报告》做了充分的展示：大众创业万众创新、创客、众创空间……随着互联网经济的异军突起，电子商务、物流快递等新业态快速成长，众多"创客"脱颖而出，文化创意产业蓬勃发展。"创客"一词来源于英文单词"Maker"，是指出于兴趣与爱好，努力把各种创意转变为现实的人。可以说现在是"新个体户时代"。大学生创业正是符合创客的特点，通过创业，把专业、兴趣、市场需求有机地结合起来。

4. 房产税渐行渐近

房地产与房产税，几乎年年都是各级"两会"的热点。上学难、租房难、就医难，往往被视为"新三座大山"。我曾经给记者说过，现在还提"三座大山"似乎不妥。

由中国经济网与和讯网联合主办的"中国经济网—和讯之夜"2011"两会"代表委员高端论坛 3 月 8 日在京举行。7 名人大代表、政协委员出席论坛。通过对收入分配制度改革、农民工市民化、房价及房市调控等方面话题的讨论，来深入探讨如何给力国民幸福。我在讲演中表示，不太主张大建公共租赁房，这个应由市场做。建议住房制度实行"三三制"，即三分之一住廉租房，三分之一住市场租赁房，另外三分之一购买房子。以下是演讲实录：

你看廉租房就是这样，社会上住不起房的人政府就提供50平方米的廉租房，廉租房在武汉是免租的。每个月可能是两三百块钱的低保，这个钱只能买菜买米，不可能交房租。我觉得最近这五年我们实际上做了一件事情就是回归到计划经济政府要做的事情。如果这样的观点可以成立的话，我们理解了什么叫社会主义市场经济。其实资本主义的市场经济也是要给国民基本的社会条件、教育条件，不可能什么都是免费的。像住房的争论大家都很清楚，我看到香港的廉租房只有40%的居民住，新加坡有70%，也就是说大部分人还是买不起房的。

我们可以看到总理说的那几个措施是很重要的，一个是提高劳动者在初次分配中占国民收入的比重，我们说的最低工资要不断地提高，这样才能保证低收入者，特别是体力劳动者收入有稳定的增加。对提高工资收入，可能有一些企业家会反对，认为工资提高了，中国人口红利不存在了，出口就没有竞争力了，这个观点值得商榷。第一个是增加工人工资。第二个是再分配，强调社会保障，中国社会保障现在是广覆盖、低水平，有我们经济发展和人口的问题，我们政府要尽最大努力提高低收入者的社会保障。这就是我们说的让低收入者无后顾之忧，即使货币的收入少一点，他也没有后顾之忧，也没有什么问题。

比如说住房的问题，这在社会福利里是很重要的方面，在《政府工作报告》里有很重要的一句话，"现在重点是建设公共租赁房"。我作为一个代表不太赞同这个观点，在报告讨论的时候我建议把这句话划掉，我觉得低收入的居民分不到廉租房心里会不高兴。政府用有限的财力建公共租赁房，使得现在没有住上廉租房的人心里不平衡，用公共租赁房解决夹心层的问题，中间还有一块低收入者不可能住公共租赁房，廉租房到后面排队一下子又排不上，他一下子住不上房子。这个问题社会上还是比较多，因此，我建议住房问题要实行"三三制"，第一个三分之一是三分之一的低收入者住政府建的廉租房，建议政府有多少钱就建多少廉租房。

第二个三分之一是三分之一的中等收入者住市场租赁房，我起一个名字叫"市租房"，要鼓励房地产商靠出租房子取得利润。第三个三分之一是三分之一的人才有能力购买房子。我不太建议建公共租赁房，这个应由市场做。所以在衣食住行里，"住"能够帮低收入者解决了，我想整个社会的幸福感会高很多。

新的领导集体对房地产采取了一种特殊的市场化态度。比如，在 2015 年 3 月的《政府工作报告》中，没有了"抑制""投机""调控"等词汇，取而代之的是"稳定""支持"和"促进"。2015 年的《政府工作报告》中有关房地产的定调是相对平稳和积极的。

房产税仿佛是一柄"达摩克利斯之剑"[1]，随时有可能降临。针对

1　达摩克利斯之剑，中文或称"悬顶之剑"，对应的英文是 The Sword of Damocles，用来表示时刻存在的危险。源自古希腊传说：迪奥尼修斯国王请他的大臣达摩克利斯赴宴，命其坐在用一根马鬃悬挂的一把寒光闪闪的利剑下，由此而产生的这个外国典故，意指令人处于一种危机状态，"临绝地而不衰"。或者随时有危机意识，心中敲响警钟等。

2012 年全国"两会"代表委员热议的以征房产税取代限购，我认为，这种尝试是必要的，但是征房产税应先取消土地出让金。老百姓住房的负担应该有一个科学的解决方案，政府收土地出让金的做法其实是不太合理的，购房者还没有住进去，就交了 70 年的土地出让金，使得房子在生产环节或购买环节价格非常高，相反在使用过程中负担比较低，这也是造成房价很高的一个原因。

我对媒体说："现在搞房产税，就是把原来一年要交的，换算成 70 年去交，这样就有利于使得房主的负担合理化。但是征房产税的前提，就是这个楼盘的地价不包括土地出让金，否则交了土地出让金又交税，就等于重复征税了。"这就需要有一个时间的划分。某个新小区从某年某月开始，是交房产税而没有土地出让金的，因此，价格低，但是，每年要交房产税。某个旧小区，是收了土地出让金的，价格高，但是，每年没有房产税。我还提到，房产税的征收不能搞差别化，应该负担均等化，人人都要负担。

在 2015 年的全国"两会"上，全国政协委员、财政部财政科学研究所原所长贾康表示，2015—2016 年房产税应该进入立法程序，最迟在 2017 年"两会"之前一定能够完成立法，之后才能进入实施程序。这种权威发言不能不引起强烈的反响。

贾康在参与"两会"时向新华网表示，房产税推出的前提是加快立法，房产税进入立法程序之后，还要征求社会各方面的意见，还会有激烈的争论。他指出，我国的房产税方案不能照搬美国的模式，要有一定的豁免范围，如第一套房或人均一定面积以下。

贾康认为，推进房产税的操作路线较为多样，但对于房产税试点扩围时间，外界需保持耐心，因为在内部讨论中，还存在不同意见。意见分歧主要集中在：是继续推行房产税试点，还是先在立法层面做出安排，然后再讨论房产税试点扩围问题。

2014 年，财政部部长楼继伟在《求是》杂志刊文称，要加快推进房地产税，使之成为地方财政持续稳定的收入来源。总的方向是，在保障基本居住需求的基础上，对城乡个人住房和工商业房地产统筹考虑税收与收费等因素，合理设置建设、交易、保有环节税负，促进房地产市场健康发展。

全国政协委员、清华大学中国与世界经济研究中心主任李稻葵也向《北京晨报》表示，应该适时推出房产税，至少在一部分地区应该先推出，比如房地产有上涨空间的地区，意义在于给地方政府比较稳定的、可以和百姓形成良性互动的税种，交给最基层的政府使用，直接用于业主住房大环境的改善，诸如治安、基础设施建设以及城市环境治理。李稻葵认为，依赖房产税来调控房价只能是杯水车薪，望洋兴叹。他认为房产税的比例应该是低于 1%，短期内也不可能成为地方税收的主要来源。但他指出，房产税应该是普世的，人人都要交，而不是一部分人交。

从 2015 年 3 月 1 日起，中国《不动产登记暂行条例》正式实施。实行不动产统一登记后，土地、房产、林地、草地、海域等，将统一登记颁发"不动产登记证书"。《经济参考报》评论称，社会各界对《不动产登记暂行条例》存在一些片面、模糊的认识，不少民众希望不动产登记能够遏制官员腐败，有望实现"以房查人"的反腐神效；有人则期望《条例》能够调控房地产市场，让高居不下的房价大跌，或者认为《条例》的出台是为开征房地产税做准备。对此，国土部门和一些法律学者表示，对房地产市场来说，不动产登记最大的影响在于数十年来首次

"摸清家底"，这将大幅提高房地产及其他宏观政策的针对性。不动产登记的主要目的并非反腐或打压房价，与房产税也没有直接关系。

5. 税制转型

自从 2013 年 11 月党的十八届三中全会提出"市场在资源配置中起决定性作用"之后，中国的改革确实到了一个"全面深化"的新阶段，能改则改。越到现在，大家的感受会越深。在对税制改革这个问题上，专家们、代表委员们也是充满激情的，也很是"任性"。

市场经济越是成熟，税制转型越是顺理成章。从税制发展规律来看，直接税毫无疑问优于间接税。但是，初级的市场经济国家，大都刻意偏爱间接税，一是间接税的征收对象比较广泛，一切的商品和劳务几乎都可以作为征税对象；税收收入的实现只要是商品和劳务售出，是否盈利就不是间接税所能考虑的了。二是消费者主要承受间接税的税收负担，有利于政府引导控制消费和增加储蓄。三是间接税的核算与征收方便简单，采用比例税率即可，完全不需要考量纳税人的具体情况。

反之，直接税就不是这么简单了，直接税就会考验政府的智慧：一是较重的直接税负担对纳税人来说受到直接冲击，从而产生较大的税收损失，容易引发逃税、漏税等问题。二是直接税对征税有较高的要求，征收方法也较为烦琐，还需要专业人员具备较高的核算水平和管理能力。我国间接税已经占税收收入总量的三分之二左右，这主要是我国经济不够发达、企业创造的经济效益不高、税收征管能力弱、民众收入水平低等因素造成的。

随着中国经济的发展与公平分配的客观需要，提高直接税比重成为一个共识。于是，近年来学术界与"两会""增加直接税比例、减少间接税"或者"加强直接税、降低间接税"的呼声不断。从理论上说，直接税征收复杂，不易管理，但是"良药苦口利于病"。直接税是合理税制与公平税负的基石，一是直接税的税负具有较难转嫁的特点。二是采用累进结构的直接税税率，能够使税收收入富有弹性，在一定程度上自动平抑。三是其中的所得税根据纳税人的生活现状预设各种扣除制度等，保障了个人的基本生存权利。

在当前中国整体经济增长放缓的形势下，政府应首先考虑整体减税，为企业创造更为宽松的税收环境。在增加直接税比重的同时，适度降低间接税的税率和比重。在党的十八大报告中也顺势提出了"形成有利于结构优化、社会公平的税收制度"。就看《政府工作报告》中有没有表述，以及代表委员如何建言献策了。

造成不同口径宏观税负水平巨大差异的，主要是三类因素：社会保障费、非税收入、政府性基金。鉴于社会保障费的特殊性质和我国现行社保体系的实际状况，不太可能降低社保的收费水平，但仔细观察非税收入和政府性基金，就可以从中发现下调的空间。

长远来看，要以"正税清费（基金）"的思路对各类收费项目进行全面清理。综合而言，现行收费项目约可分成以下几大类：一是附着于"税"收取，主要用于公共支出，如教育费附加；二是依附于价格加收，属于价外收费，如各类电价加收；三是因公民使用了某种特定设施、特定服务的定向收费，属于使用者付费；四是基于公共管理性的收费。对此，要以"正税清费"思路进行清理整顿，分类定性，凡是那些事实上已具有税收性质的基金，可通过一定程序归并，纳入税收的整体管理之中；对于价外加收的"费"和具有使用者付费性质的"费"，应归并到价格之中，通过价格来体现，属于一般性收费的，则应经过严格审批的程序；对于部门间重复收取、搭车收取的，则应坚决取缔。

随着市场经济的发展，第三产业得到了快速的发展。第三产业的经营活动既是物质资料的耗费，又是第一、第二产业产品的增值，还具有服务第一、第二产业经营活动的功能。国家统计局发布的《2013年国民经济和社会发展统计公报》显示，2013 年全国 GDP 为 56.88 万亿，同比增长 7.07%，其中第一产业、第二产业和第三产业分别占比为10%、43.9% 和 46.1%。第三产业 GDP 占比首次超越第二产业。2014年达 48%。第三产业地位抬升的原因主要有三点：第一、二产业的规模扩张和结构调整；服务消费需求的规模扩张和偏好转换；市场化范围的渐次扩大，比如房地产业扩张的主要推手是住房商品化。[1]这给税源结构带来了影响。第三产业税源点多面广，经济发展水平越高，第三产业税收占税收总额比重就越高。

1 白景明：《第三产业地位抬升是税收增长的加速器》，《中国税务报》2015 年 6 月 8 日。

机场建设费的"马甲"

1. 税外之费何其多

2012 年 7 月 7 日《新京报》刊登了一篇记者与我的对话文章，题目是《政府性基金收入近 4 万亿，专家建议部分可转化成税》。[1] 把其中一部分实录如下，更有说服力。

机场建设费变身民航发展基金，舆论一片反对声。《预算法》修法中曾考虑过逐步取消政府性基金，不过目前的草案尚未涉及。

20 年前财力紧张征基金（机场建设费——笔者注）尚可理解。

新京报：虽然政府性基金征收了几十年，但大部分人对政府性基金觉得陌生。

叶青：政府性基金的官方定义是指各级政府及其所属部门根据法律、行政法规和中央有关文件的规定，为支持某项事业发展，

---

1 《政府性基金收入近 4 万亿，专家建议部分可转化成税》，《新京报》2012 年 7 月 7 日。

按照规定程序批准，向公民、法人和其他组织征收的具有专项用途的资金，包括各种基金、资金、附加和专项收费。

但在学理上很难把政府性基金说清楚。因为公民和企业已经依法纳税了，还要交基金，不理解。

新京报：当初为什么征收政府性基金？

叶青：这些基金的开征大都在 20 世纪八九十年代之间，开征的原因无非是"扩大积累，压缩消费"，试图等经济发展了再增加消费，要求民众勒紧裤腰带支持国家建设。

机场建设费就是个典型。1992 年最早在温州一个机场实行，最后扩大到全国。收了 20 年，1 000 多个亿。

新京报：20 世纪设立政府性基金的初衷是否有合理性？

叶青：当时为了弥补财政资金的不足，比如当时温州建设机场，银行和国家都没有支持，所以用机场建设费来弥补，它的产生是有道理的。

但 20 年后，财政收入规模超过 10 万亿元了，为什么还要去收这些鸡毛蒜皮的钱？过去我们可以理解，现在很难理解。

新京报：越来越多的人反对征收政府性基金，为什么？

叶青：政府性基金至少有三个特征。

第一，征收基金是和一定的收费捆绑在一起的，比如机场建设费，只要买机票就要交这个费，再比如三峡建设基金，只要家里用电，交电费时每度电里就要交七厘钱，从征收角度说基金很难逃避，但是税收不一样，纳税人可以采取一些避税的方法。

第二，基金的支出有对应性，比如机场建设费收来理论上就要用于机场建设，基金收多少用多少。但税收收了后进了一个大框，统一支出，纳税人纳税时并不能确切地知道这笔税会用在什么地方。

第三，在监督管理上，税收的管理比较严格，都需要立法，中国虽然人大立的税法不多，但其他税都有国务院的行政法规。而基金比较随意，比如最近的民航发展基金，由财政部公布就可以了，从管理角度基金也带有很大的随意性，而且监管难度很大。

2012 年政府性基金预算：

中央政府性基金预算收入（部分）：

中央政府性基金收入 2 990.35 亿元

铁路建设基金收入 680.4 亿元

港口建设费收入 92 亿元

民航基础设施建设基金及机场管理建设费收入 218.35 亿元

彩票公益金收入 349.2 亿元

大中型水库移民后期扶持基金收入 234.8 亿元

中央农网还贷资金收入 105 亿元

地方政府性基金预算收入（部分）：

地方政府性基金本级收入 31 806.41 亿元

国有土地使用权出让收入 27 010.66 亿元

城市基础设施配套费收入 722.49 亿元

彩票公益金收入 304.41 亿元

地方教育附加收入 770.04 亿元

2012 年，全国公共财政收入 117 210 亿元，比上年增加 13 335 亿元，增长 12.8%。其中，中央财政收入 56 133 亿元，比上年增加 4 805 亿元，增长 9.4%；地方财政收入（本级）61 077 亿元，比上年增加 8 530 亿元，增长 16.2%。财政收入中的税收收入 100 601 亿元，增长 12.1%。2012 年，全国政府性基金收入 37 517 亿元，比上年减少 3 846 亿元，下降 9.3%。其中，中央政府性基金收入 3 313 亿元，比上年增加 183 亿元，增长 5.8%；地方政府性基金收入（本级）34 204 亿元，比上年减少 4 029 亿元，下降 10.5%，主要是土地出让成交额下降，国有土地使用权出让收入 28 517 亿元，比上年减少 4 656 亿元，下降 14%。

从以上的数字中可以得出几个结论，一是从中央财政收入 5.6 万亿元与中央政府性基金收入 3 846 亿元来看，基金收入的重要性并不大。二是从地方财政收入 6.1 万亿元与地方政府性基金 3.4 万亿元来看，基金对地方政府财政至关重要。三是从全国财政收入 11.7 万亿元与全国政府性基金 3.7 万亿元来看，是三分之一的比重，是全国财政总收入的重要组成部分。四是大多数政府性基金是在老百姓消费过程中不知不觉地承担的，影响消费的扩张。因此，对政府性基金问题不可小觑。

2. 机场建设费的存废之争

2012 年 3 月 7 日下午，全国"两会"湖北代表团小组会议审议计划报告和预算报告时，我提出建议：收了 20 年的机场建设费该取消了。[1]"从财政困难、加快机场建设的角度来说，收机场建设费大家能够理解，但收个没完没了就不好了！"20 年来，民航此项收入超过千亿元，由于收费审计、监管的缺失，很多人担心，巨额资金有多少切实用于机场基础

1　《人大代表叶青：收了 20 年的机场建设费该取消了》，财经网，2012-03-08http://news. hexun.com/2012-03-09/139135992.html。《人大代表炮轰机场建设费　何时才能停收？》，一财网综合，2012-03-12，http://www.yicai.com/news/2012/03/1517640.html。

设施建设，会不会被挪作他用，又会不会变成了机场各股东的分成，抑或是员工福利收入？

国内乘客要坐飞机，除了购买机票外，还要交纳机场建设费。我认为，机场建设费的收取从法理上值得商榷。如果到机场要收建设费，那么到餐厅进餐是不是也该收餐厅建设费。据了解，2010 年，全国共收机场建设费 136.41 亿元。

据我所知，机场建设费最初是为筹集机场建设经费而设立的。1992年 3 月，民航总局、财政部、国家物价局开始向乘坐民航国内航班（含国际、地区航线国内段）的中外旅客收取机场建设费，当时的费率为每人交纳机场建设费 15 元人民币（或外汇人民币），由机场向本站始发旅客收取，而旅客票价低于 70 元（含 70 元）的免收机场建设费。

当初征收机场建设费的初衷在于"专款用于民用机场的围栏、消防、安检设备以及其他安全设施的建设"，从这个意义上讲，当时的机场建设费更应称作"机场安全系统建设费"。从加快机场建设的角度来说，收机场建设费大家能够理解，但对其长期收取争论不断。有消费者认为，机场在向航空公司收取起降费等使用费的同时，再向乘客收取机场建设费，属重复收费。

实际上，随着高铁的不断开通，航空运输受到了极大的挑战。武汉到广州、到上海的情况就是如此。高铁成为机票降价的推动力。而民航总局公开资料显示，在 2010 年年底我国现有 175 个机场的基础上，"十二五"之后运输机场数量将达到 230 个以上。2010 年我国运营的175 个机场中，有 130 个亏损，共计亏损 16.8 亿元。从近些年经营状况看，能盈利的多是京沪广深等地的大型机场和部分中型机场，而中西部机场七成以上存在亏损。这些机场亏损的原因除了铁路、公路的快速发展之外，另一个重要原因就是乘客对机票的承受能力，尽管机场建设费不在机票价格之中，但最终进入乘客的整体负担。

目前我国经济发展、税收收入大幅度增加，我认为到了"清费理税"的时候了，建议取消机场建设费的收取，减轻乘客负担，促进航空业发展。

直到如今，机场建设费可以说是"绵绵无绝期"。2002年国务院文件规定，征收机场建设费政策将于2005年年底执行到期，后来又将执行期延至2006年年底。2007年10月9日，民航总局官网公布机场建设费继续征收到2010年。2010年年底，财政部发布通知，从2011年1月1日至2015年12月31日，继续征收机场管理建设费。

大家的疑点是：

● 从1992年开征至2012年整整20年，机场建设费收费总额已超过千亿元人民币。有多少用于机场基础设施建设，几乎从来没有相关权威审计公告。

● 按照"谁经营谁付费"原则，机场应以航空公司为收费对象，而不是旅客。

● 按照目前的机场建设费收费规模，只需三年，首都机场就能赚回一个2号航站楼的投资。

无独有偶，与我观点相同的代表并不止我一个。同样在2012年的全国"两会"上，全国人大代表、广东省茂名市工商联主席陈华伟针对这项50—90元不等的收费项目，写了一份长达3 000多字的《关于在全国范围内彻底取消"机场建设费"收费项目的建议》。[1]

---

[1] 黄丽娜、林洁、陈晓璇、夏杨机：《机场建设费到底还要收多久？人大代表建议取消》，《羊城晚报》2012年3月9日。

陈华伟表示，"这么多年来，机场建设费累计收了逾千亿元，但从来没有公开过具体数据。这是一项收费时间最长、收费范围最广、最没有法律依据、最不公开透明、引起最多反对声音的不合理收费，与广大人民群众的利益相悖。"对于这项收费，他会一追到底，看看它到底还要收多久，看看钱到底花到哪里去了。

陈华伟代表根据公开数字算了一笔账，更让陈华伟质疑的是，根据有限的数据显示，机场建设费已经属于暴利收费。根据首都机场股份公司 2006 年的业绩报告，"飞机起降及相关费用为 4.26 亿元，旅客服务费为 3.47 亿元，机场费为 3.10 亿元，3 项航空业务收入半年合计为 10.83 亿元。"之后每年的机场建设费收入都以接近 10%的幅度递增。到了 2011 年，首都机场当年的机场费收入竟接近 10 亿元。而 1999 年建成的机场 2 号新航站楼投资为 30 亿元。陈华伟还提出，我国机场大多以企业实体的形式运作，而一些大型机场如首都机场、虹桥机场、白云机场等早已成为上市公司，自主经营自负盈亏，为投资者提供回报当成为其题中应有之意，为什么还要收取公众的费用来补助他们呢？

20 年来，机场建设费征收金额几度变更，从 15 元到 100 元不等的非固定收费到如今国内航班 50 元、国际航班 90 元的固定收费，皆由行政部门自行决定。2011 年，中国民航的旅客运量为 2.9 亿人次，以每人次征收机场建设费 50 元计，中国民航仅一年收取的机场建设费就超过 160 亿元。

根据有关规定，机场建设费一半上交国家财政，然后再返还民航总局用于机场补贴；另一半留给地方政府做机场建设的投资，大多由地方发改委统一管理。代表们认为，这个利益链条十分稳固，看来这项收费恐怕只能遥遥无期了。

20年来，对机场建设费的征收几经变革也饱受诟病。早在2001年，全国十大维权标兵丘建东就曾向财政部、民航总局递交行政复议申请书；2003年，在民航运输价格听证会上，来自各个行业的代表也指出，基于管理部门文件的机场建设费于法无据，本质是乱收费；在2006年的"两会"上，全国人大代表赵志全提交"建议"，认为应明确机场建设费的性质，如果是税费，应该向纳税人说明收取依据和使用情况，如果是捐赠，消费者应有选择的权利，如果是投资，就应该有回报。

可是，20年来，机场建设费是一笔糊涂账，而对公众的质疑，财政部、民航局却一直不放在眼里，甚至不屑作出解释。本来早在2005年的时候，机场建设费要寿终正寝，可当时财政部领导一句"情况比较复杂""一些问题尚须进一步研究"，就将机场建设费两次延期至2010年年底。到2010年，又是财政部一个不到500字的通知，这个"来历不明"的收费又再次延期到了2015年年底。

从事中国航空服务的业内人士徐先生表示，机场建设费应该是国家的民用航空部门或者机场当局收的一个税，在中国这个税是固定的，国际和国内分别不同，在国外除了机场建设费以外可能还有一些其他的像安检、（动植物）检查，这些税收是维持机场当局运作的费用。

从法律性质上来看，机场建设费不是一种税，而是一种针对特定人群（机场使用者）的行政征收。征收的依据是1995年国务院办公厅的《关于整顿民航机场代收各种建设基金意见的通知》，而从2006年年底开始，三次延长收费期限的通知都是财政部发出。根据《宪法》，为了公共利益的需要，国家可以对公民的私有财产实行征收，但条件是依照法律。而《立法法》第八条更加明确，对"非国有财产的征收"，"只能制定法律"。在中国，法律的制定主体是全国人大。国务院办公厅、财政部出台的各种文件，最多只能算是规章。因此，应该对"机场建设费"进行是否违法的审查。陈华伟也认为，这份意见是三个部门会商后出台的文件，既未经全国人大常委会审议，也未经公众听证。它征收的合法性、合理性从一开始就站不住脚，带有浓厚的计划经济色彩。

民航总局和国家税务总局对机场建设费也存在两种不同的观点，民航总局认为机场建设费是政府性基金，国家税务总局则将其划归机场营业所得，即机场在运行中以旅客为经营对象提供服务而取得的收入。

陈华伟认为，将机场建设费作为行政收费说不通。行政收费的主体必须是国家行政机关，机场建设费的收费主体是机场，尽管机场属于民航总局管理，但机场也是营业性公司。"这项收费属于典型的经营性收费。"陈华伟表示，即使民航总局强行给机场建设费戴了一个"政府性基金"的帽子，但"政府性基金"也不属于保证政府行使职能的行政收费。

陈华伟还质疑道："旅客乘坐飞机过程中，只有安检、海关、检验检疫三个行政执法环节，对应的三个执法机构并不属于民航总局，更不属于机场，国家已有专门经费保障三个执法机构的正常运行。我国机场大多以企业实体的形式运作，而一些大型机场早已成为上市公司，自主经营、自负盈亏，机场为投资者提供回报是应该的，为何要向公众收费来补助机场？"

大多数国家会以各种名义向航空旅客征收一定的费用，但很少见到"机场建设费"的概念。旅日多年的华人黄学清介绍，在国土不大的日本，只有国际机场和少数几个国内机场会征收名为"旅客服务设施"的使用费，且费用附加于机票上，数额固定。比如说东京成田国际机场的使用费是从成田机场出发的旅客大人交纳 2 040 日元，大约相当于 150 元人民币，小孩交纳 1 020 日元，转机的乘客大人交纳 1 020 日元，小孩交纳 510 日元，其中都包含了 5% 的消费税，此外，所有旅客还要交纳 500 日元的航空保险费，这些机场使用费主要是用于建设机场大厅、升降机设备等机场内移动设施以及用于航班信息系统等设施的管理，旅客指南服务。再比如羽田机场的使用费是 170 日元，相当于 13 元人民币，日本的一些机场还采取了缩减成本的措施，例如大阪的关西机场降低一部分机场使用费，旅客从机场大厅登机时如果不使用搭乘桥，基本费将降低 10%，乘客搭乘机场内巴士往返于机场大厅和客机虽然有些不便，但能降低成本，因为搭乘桥的使用费是 14 600 日元，这一费用是包含在机场使用费中的。除了日本，像美国、英国、巴西、加拿大等国家，也不会收取机场建设费，但是他们会向乘客征收进港、离港费（税）。

3. 民航发展基金

2012 年 3 月全国"两会"后不久，即 2012 年 3 月 17 日，财政部发布《民航发展基金征收使用管理暂行办法》，对旅客和航空公司征收民航发展基金，同时，废止原来对旅客征收的机场建设费以及对航空公司征收的民航基础设施建设基金。

对于普通旅客而言，由于废除的机场建设费与新征的民航发展基金都是每人次 50 元，因此实际支出没有变化。但国际航线方面，由于机场建设费为每人次 70 元，而民航发展基金为每人次 90 元（含旅游发展基金 20 元），实际支出增加了 20 元。而对航空公司的征收标准，则与原来的民航基础设施建设基金保持一致。

《办法》自2012年4月1日起施行。明确民航发展基金征收至2015年12月31日。《办法》提出，民航发展基金基本上维持了原民航机场管理建设费和民航基础设施建设基金的使用范围，并根据我国民航事业发展要求，将民航节能减排和通用航空纳入了民航发展基金使用范围。

一是民航基础设施建设，包括机场飞行区、航站区、机场围界、民航安全、空中交通管制系统等基础设施建设。

二是对货运航空、支线航空、国际航线、中小型民用运输机场（含军民合用机场）进行补贴。

三是支持民航节能减排。

四是支持通用航空发展。

五是用于加强持续安全能力和适航审定能力建设。

六是民航科教、信息等重大科技项目研发和新技术应用。

七是其他一些必要支出。

对此"换汤不换药"的做法，自然引起公愤。"去年，我提出取消机场建设费，财政部很快宣布取消该收费，但同时又开征'民航发展基金'，收费一分钱都没少，这不就是换个马甲、愚弄百姓吗？"在2013年3月13日，继续担任十二届全国人大代表的陈华伟呼吁取消收取"民航发展基金"。"收取民航发展基金，损害了民航事业！"陈华伟说，这些乱收费项目加重了顾客负担，很多人选择乘坐高铁、大巴等，而且因为高昂的"民航发展基金"的存在，机场方面缺乏竞争、忧患意识。财政部门、民航管理部门等如此草率地回复全国人大代表的诉求，也是导致预算报告支持率走低的原因之一。2013年，我已经不是全国人大代表，而是湖北省政协常委，因此，只能够看陈华伟代表"独自跳舞"了。

很快，"五年之痒"又到了。2015 年 12 月 9 日，财政部发出的《关于民航发展基金和旅游发展基金有关问题的通知》指出 **1**，"为了加快民航业和旅游业发展，改善民航和旅游基础设施和公共服务，扩大有效投资，释放消费潜力，促进经济社会持续健康发展，经国务院同意，现就有关问题通知如下：2016 年 1 月 1 日至 2020 年 12 月 31 日，继续征收民航发展基金和旅游发展基金"。由此看来，人大代表、政协委员提出的建议，丝毫不起作用。只能寄希望于十三届全国人大代表了。

4. 有多少用于民航发展？

在 2014 年的新华社的"几个问"中，也把民航发展基金纳入其中。在新华社记者采访中，新疆白领杨涛反映，他上半年坐了 24 趟飞机，每张机票在票价外另加 50 元，一共交了 1 200 元民航发展基金。他想不通："这不相当于买了饼，还得另交做饼的钱吗？这笔钱用来干嘛了？"

2013 年，民航发展基金收入超过 250 亿元，其背后是 3 亿多人次乘坐飞机。记者发现，这笔收取长达 20 余年的钱，从"收"到"支"都存在一些疑问。比如，按规定应上缴国库的钱，一部分却进了企业的腰包。

财政部数据显示，2013 年民航发展基金收入 252.63 亿元。根据财政部 2012 年印发的《民航发展基金征收使用管理暂行办法》，民航发展基金收入全额上缴中央国库，并纳入政府性基金预算，专款专用。实际

1　http://www.mof.gov.cn/zhengwuxinxi/caizhengwengao/wg2016/wg201601/201605/t20160516_1992290.htm.

操作却不尽然。首都机场股份有限公司 2013 年年报显示，其营业收入 72.24 亿元中民航发展基金收入 10.6 亿元，占总营收的 14.7%。广州白云机场股份有限公司 2013 年年报显示，其营业收入 51.41 亿元中机场费收入 6.52 亿元，占总营收的 12.7%。海口美兰机场股份有限公司营业收入 7.6 亿元中民航发展基金收入 1.38 亿元，占总营收的 18.2%。

既然相关规定要求"全额上缴中央国库"，为何又成了上市企业的营业收入？白云机场股份有限公司称，2003 年财政部驻广东省财政监察专员办事处曾批复：同意白云机场的机场建设费"扣除按规定应上缴中央国库的部分后，剩余部分作为本公司的营业收入核算"。白云机场称："这是财政部等部委批准的规定，白云机场严格按规定执行。除此以外，不做回应。"

但财政部驻广东省财政监察专员办事处表示，2012 年颁布的《民航发展基金征收使用管理暂行办法》第 35 条明确规定：新规定颁布后，原民航机场管理建设费和民航基础设施建设基金的有关规定同时废止。"按照后文否定前文的原则，2003 年的批复不能继续使用"。财政部驻广东省财政监察专员办事处有关负责人表示，2012 年民航发展基金合并后，白云机场并未就"能否将民航发展基金部分作为营业收入"向他们请示。白云机场在 2013 年年报中继续将部分民航发展基金按 2003 年批复作为公司营业收入的说法，他们并不知情。"如果没有新的批复，应该按照国家有关规定来执行。"这位负责人说。

总而言之，机场上市公司是市场主体，本身利润并不少，如果拿几亿百姓交的钱对几个上市公司进行补贴，实在不妥。

5. 基金负担无处不在

如果说民航发展基金只与 3 亿多人有直接的关系的话，那么，与城乡居民息息相关的生活电费，也被莫名其妙地"附加"了 270 亿元，与民航发展基金相近。根据新华社记者的调查，家庭主妇张女士不经意地发现，在电力公司提供的电费单上，除了基本电价，还有一项"代征附加"费用：2014 年 1 月至 10 月，她三口之家的电费每月 200 余元，10个月缴纳的"附加费"约 125 元。事实上，在一张张居民水、电、汽油的缴费单里，均含有多项"附加"的费用：每一吨生活用水的价格里，有公共事业费、排污费等"附加费"；每度城乡居民电价里，至少包括 5种"附加费"，各地规定普遍占电价的 5% 左右；而在海南等一些地方，一升汽油的售价里还有 1 块多钱的"车辆通行附加费"……

"新华视点"记者调查发现，这些项目易增难减。按 2013 年全国用电量初步估算，仅电价"附加费"一年可达 2 000 多亿元，其中居民生活用电的"附加费"就达 270 多亿元。主要是政府性基金及附加资金，全国性的就有 5 项，有国家重大水利工程建设基金、水库移民后期扶持基金、农网还贷资金、城市公用事业附加、可再生能源电价附加。此外，还有各种地方性基金。而且，各地电价"附加费"的收取标准各异。四川省发改委在 2013 年 11 月下发的《关于调整可再生能源电价附加征收标准等有关事项的通知》中明确了现行征收标准。以城市"一户一电"居民生活用电为例，四川每度电均含农网还贷基金 2 分钱；国家重大水利工程建设基金 0.7 分钱；城市公用事业附加费1 分钱；大中型水库移民后期扶持基金 0.83 分钱，以及地方水库移民后期扶持基金 0.05 分钱；还有可再生能源电价附加 0.1 分钱。这意味着，以上"附加费"合计一户普通居民用 1 度电，需缴纳的"附加费"共 4.68 分钱——即使按照该省居民生活用电每度 0.8224 元的"封顶标准"计算，"附加费"也约占电价的 5.6%，而工商业用电收取标准更高。各地电价里的"附加费"标准差别很大，相差近一倍。少的 2 分多，多的 5 分多。

据多位专家估算，如果按 4 分钱一度的平均水平计算，2013 年，我国全社会用电量累计 53 223 亿度，电价里一年"加收"的费用达 2 100 余亿元。仅按 6 793 亿度的居民生活用电量计算，这笔收费也达 270 多亿元。

在水费中也是如此。在江南水务、重庆水务等上市公司近年的公告中，其所在地水价包含南水北调基金、污水处理费等常规附加，公用事业"附加费"在每立方米 0.05 元至 0.1 元不等，一些地方还有垃圾费和省级专项费。

从 2008 年年末起，海南省在汽油销售环节中价外征收机动车辆通行"附加费"，2011 年后这一"附加费"已涨至每升 1.05 元。按海南省加油站行业"十二五"发展规划，到 2015 年，该省成品油销售量将达 250 万吨。那么仅"车辆通行附加费"一年收取可上 10 亿元。

此外，教育费附加还有没有存在的必要呢？

教育费附加是国家为扶持教育事业发展，计征用于教育的政府性基金。1986 年，国务院颁布《征收教育费附加的暂行规定》（国发〔1986〕50 号），从 1986 年 7 月起，以各单位和个人实际缴纳的增值税、营业税、消费税总额的 2% 计征。2005 年国务院《关于修改〈征收教育费附加的暂行规定〉的决定》规定，从 2005 年 10 月起，教育费附加率提高为 3%，分别与增值税、营业税、消费税同时缴纳。教育附加费作为专项收入，由教育部门统筹安排使用。根据 2011 年 1 月 8 日《国务院关于废止和修改部分行政法规的决定》，国务院对《征收教育费附加的暂行规定》进行了第三次修订。此外，一些地方政府为发展地方教育事业，还根据教育法的规定，开征了"地方教育附加费"。在 2015—2016 年"李炜光民营企业税负调研小组"的访谈过程中，有企业家就表示，企业已经依法足额缴纳了增值税或营业税，这两项税收本应用于公共支出或建设，但除此之外还要缴纳城建、教育等附加的公共支出税费，表明企业已经尽到了支持公用事业的责任，在此基础上再缴纳企业所得税就感觉不合理了。

这种"税上之税"该取消了。这样的财政才是市场经济的财政。要去掉计划经济的痕迹。如果说国有企业为主的时代，还可以理解，现在民营企业数量大增，再收就没有理由了。

西方学者认为，税收是一门拔鹅毛的科学，拔得最多而鹅不叫，因为，是在不知不觉中负担了。中国古代思想家认为，征税就像是从柳树上折柳枝、在菜地割韭菜，柳枝折得多、韭菜割得多，而柳树、韭菜还在生长。其实这些隐蔽在一度电一吨水中的水电费中的附加费，才是真正的"拔鹅毛""折柳枝""割韭菜"的艺术。

6. 财政性基金何去何从？

我认为，减负先从政府性基金开始。为什么各级政府各个部门都不愿意取消，宁可很少的钱也要保留？这涉及部门的利益。大家都知道积少成多、聚沙成塔的理财之道。

2012 年 7 月 7 日，《新京报》对我有一个对话式的采访，很能够说明一些问题。

新京报：从今年的预算报告看，全国政府性基金收入已接近 4 万亿元，规模很大。

叶青：其中 3 万亿元是卖地的钱，8 000 多亿元是中央和地方的，其中 3 000 多亿元是中央的。

今年"两会"，大家对政府性基金的意见很大，尽管基金现在只有 46 项，但负面影响很大，如果把这 46 项进行梳理，8 000 亿元至少可以减掉一半，一些带有国际惯例的保留下来，这种是很少的。一些合并到税收中，其他的都可以取消掉。

现在经济发展，财政税收收入大幅度增加了，中国到了"清费理税"的时候了，这样才能取信于民。

新京报：基金也有征收成本问题，有些基金一年征收得很少，这是否也很不合理？

叶青：为什么这么少还在征？有很重要的一个原因是部门利益，比如民航发展基金，基本上是五五分成，今年 218 亿元，五五分成民航部门可以留 100 多个亿，剩下的给机场。

以 2011 年中央政府性基金收入为例，实际收入少于 200 亿元的中央政府性基金大量存在。有的已经名存实亡，有的收入为零，有的不足 1 亿元，估计都难以覆盖其成本。

新京报：为什么取消基金这么难？

叶青：为什么都不愿意取消，宁可很少的钱也要保留？这涉及部门的利益，看看每一项基金，背后都有部门，他们不愿意取消。同时，取消了意味着在财政上要弥补这部分，财政部也不愿意。

新京报：中国目前税法只有少数有立法机关制定的法律作为依据，这几年税收法定的呼吁越来越多，如果先从取消政府性基金突破，是不是个可行的选择？

叶青：对，我认为减负应先从基金开始。先把46项基金理一下，哪些是有法律依据的，可以暂时保留，没有法律依据的就取消，对于有法律依据的，也要在今后修法的时候取消掉。

从目前来看，只要这些法律制度还存在，基金就不可能完全取消。有一些带有准公共性质的基金还是可以继续存在的，整体上基金要逐步减少，最好是最终可以取消。

取消掉基金，从财政预算中安排支出，这比征收基金更合算，监督也更到位。

一些基金应转化成税。基金如果是必要的，可以转化为税，税的管理、计划性、透明度都要比基金好得多。比如环保税。

新京报：取消基金的阻力之一在于有些部门会说基金取消了，但是相关的工作还得做，钱从哪里来？

叶青：这从每个部门的利益开始，比如机场建设费，如果200多亿元都取消的话，会有什么影响，要看看多少是用于机场建设的，要测算一年机场建设的投资是多少，比如有5 000个亿，那200亿元就没多大的作用，如果取消了会影响这方面的工作，就可以从预算支出中安排，这也不是很大的负担。

新京报：土地出让金占了政府性基金的大头，如果取消的话，有什么合适的方式？

叶青：这就是我们说的物业税（或者房地产税），用物业税（房地产税）取代土地出让金。通过征收物业税或财产税，用每年交税的方式代替。这样买房子时因为没有土地出让金比较便宜，但从购买环节转移到保有环节，一旦开征这个税，就可以取消土地出让金了。

新京报：可能大家会觉得基金改成税是换汤不换药。

叶青：不是这样。物业税或财产税作为税种，本身是合理的。

基金如果是必要的，可以转化为税，税的管理、计划性、透明度都要比基金好得多，而且是依法征税，基金就很不透明。现在确实有一些基金是国外的税，因为没有税，所以征了基金。

社会事业的发展

1. 高中逐步纳入义务教育

2008 年全国"两会"期间,《中国民族报》对我进行了采访,题目是《国家级贫困县的贫困高中生可否纳入义务教育的范围?》。文中提到:

"2008 年 3 月 7 日,教育部部长周济在参加全国人代会宁夏代表团分组审议时明确表示,目前不会考虑将义务教育时限延长到12 年,普通高中的规模也不会再扩大,国家对高中教育的发展重点将是职业教育。"

听到这个消息,一直在思考国家是否应该把义务教育时限延长到高中的全国人大代表、中南财经政法大学教授叶青似乎感到有些失望。"看了这个消息,我就没有停止过对这一问题的思考,我到过一些农村学校,高中生很艰难。"叶青说。

"目前,贫困高中生的家庭因学负债、因学致贫的现象相当严重,这在改革开放 30 年的今天是不应该出现的。"叶青说。

叶青介绍，据《全国教育事业发展统计公报》：2004 年全国普通高中招生 821.51 万人，在校生 2 220.37 万人。目前，我国还没有高中贫困学生的数据统计，但是根据 2004—2005 学年统计全国公办普通高校贫困家庭学生占在校生总数的 19% 的比例推算，2006 年前后我国贫困高中生的规模大概在 440 万之多，这个数字如今只会增不会减。

"就算贫困家庭勉强为孩子凑齐了学费，很大一部分学生为了减轻家里负担，省吃俭用，导致营养不良，因为涨价等各种原因，吃饭现在是农村高中生的一个大问题。"叶青对目前贫困高中生的营养问题表示了担忧。

"从人的一生经历来看，贫困地区农村高中生的 3 年可能是他们人生旅途中最沉重的 3 年，得不到多少帮助，生活简朴，升学压力大，又是长身体的时候，唯一的出路就是苦读，跳出农门。"叶青说。"此时他们最需要帮助，在农村贫困家庭中，能读到高中的一般都是有毅力、有悟性、有目标的学生，因为家庭经济困难，兄弟姐妹相让读书机会的例子比比皆是，有的甚至发生了悲剧。"

叶青已经递交了建议："启动义务教育覆盖高中的试点工作，把国家级贫困县的贫困高中生纳入义务教育的范围；实行贫困高中生的'两免一补'政策，确保每一个能够考上高中的贫困学生有学上、有饭吃；这项费用由中央财政、地方财政共同负担。"

确实，这些年来，我一直在思考——高中的财政支持政策。

高考无疑是天下"第一考"，很多人、很多家庭会因此而改变命运。在 1979 年我上大学时，班上来自于农村家庭的约占一半，至少四分之三是比较困难的，每个月不到 20 元的助学金，对他们很重要。我出生在一个中学老师的家庭，当时的助学金是每个月 11 元，欢欣鼓舞。我在武汉买了人生中的第一双猪皮鞋，记得也是 11 元。他们工作之后，都给家里、兄弟姐妹不同程度的帮助。高考也是高中三年的一个终结。而对中国的一些贫困家庭来说，如何度过这忙碌、高压、花钱的三年，不能不说是一个问题。

一个高中生一年究竟要花多少钱？2009 年长沙的一项调查发现，按月均生活费不足 200 元为标准，长沙市普高贫困生总数 1.97 万，约占总人数的 14%。省示范高中、城镇普高和农村高中学生每年分别需支付各种学习、生活费用 3 000—5 000 元不等，寄宿学生每年需支出 7 000—9 000 元不等。这样的开支，对于一个贫困生家庭来说，确实难以承受。因此，当地出台了《长沙市实行政府资助普通高中家庭经济困难学生实施办法》，经认定家庭经济困难的普高学生，资助标准为每人每学年 1 000 元。这与实际需求相差甚远，但有总比没有好。

国家教育主管部门也开始行动，从 2010 年秋季学期起，中央与地方共同设立国家助学金，用于资助普通高中在校生中的家庭经济困难学生，资助面约占全国普通高中在校生总数的 20%，平均资助标准为每生每年 1 500 元，在 1 000—3 000 元范围内确定。这些对大部分贫困高中生来说，还是不够的。

因此，要从根本上解决问题只有实行制度创新——把高中纳入国家义务教育计划。我当了十年的全国人大代表，其中有两年提"把高中纳入义务教育范畴"的建议，可惜教育部的答复都没有什么好消息。随着大学的扩招，现在农村能够考上高中的学生只要稍加努力，上大学、上大专是没有什么问题的。而对一部分贫困的农村家庭来说，有孩子上高中的三年，是负担最重的三年。

　　高考生需要精神激励，比如各地搞的"迎考百日誓师大会"的壮观场面，对贫困高考生来说，更需要体贴入微的关怀。当今，高考有越来越多的感人故事：爱心送考车队、高考日少开私家车公务车、建设工地停工、警察摩托车送准考证……但是，我在这里还是要讲一个更让人温暖的"四元钱"的故事。

　　从 2013 年的 4 月 8 日开始直至高考结束，武汉市江夏区 5 所高中的近 1 700 名高三住宿生下晚自习后可到学校食堂，免费领取一袋牛奶和两个肉包子（价值 4 元）的夜宵。这些住宿生大多来自农村，学习非常刻苦，进入高考冲刺阶段后，部分学生由于家庭经济不宽裕，饮食营养得不到保证。江夏区教育局按每生 100 元的标准，拨出专款 17 万元，用于这个免费营养夜宵计划。江夏一中、实验高中两所学校在此基础上配套出资 10 余万元，提高学生夜宵标准。

　　说实话，第一次在媒体上看到这个消息后，我禁不住热泪盈眶，马上把这种"正能量"发到微博，广而告之。从网民反馈的情况来看，能够这样做的地方并不多。很多高考的"过来人"无不感慨万分：江夏区教育局想得真是周到。

　　每年高考，我都会思考这充满仁爱的"四元钱"。首先，这是很容易做到的事情。一个月 17 万元，不就是一辆公车的价格吗？李克强总理在 2013 年 6 月 8 日环渤海省份经济工作座谈会上再次强调：压缩"三公"经费，保障民生支出。其次，四元对一般家庭来说不算什么，但是对正在长身体的农村高中孩子来说，无异于"雪中送炭"。城里的高考生有家庭呵护，各种营养品源源不断。但是，住校生就难有这些。江夏一中高三（2）班的刘同学来自农村，生活很节俭，每天生活费只有 13 元左右。可以吃到营养夜宵，她感到非常开心："学校这么关心我们，我学习的信心更足了！"让高考孩子不至于饿得睡不着，是成年人的一份责任。最后，"免费夜宵"会培养孩子的爱心。高中三年既是家长的"黑色三年"，也是孩子的"黑色三年"，最需要成年人的关爱，对他们健康人格的形成是一个至关重要的阶段。我至今还记得我1978年、1979年准备高考时，父母每天早晚准备的两杯浓香的"麦乳精"。要让孩子爱国，国先要爱他们。

经过邓飞等媒体人的努力，中国有了"免费午餐"的制度——在国家级贫困地区，中央财政以及民间人士给每个学生3元以上的"免费午餐"，湖北等地又在社会上筹措"希望厨房"——每个厨房3万元，让3元的"免费午餐"有个厨房来做。这个"希望厨房"工程由团省委主持，他们认为我是一个知名人士，就要我当"希望厨房社会监督人士"，我欣然接受。为了让"免费夜宵"能够常态化，在政府拨款之外，我建议：能否建立"免费高考夜宵爱心基金"，让充满爱心的企业家、社会各界人士也参与其中呢？

这个爱心故事还在继续。从2014年4月开始，武汉市江夏区5所高中的1 486名高三寄宿学生，每天可以享受价值4元的营养夜宵，花样品种增加了。比如，有的学生选了汉堡包和牛奶。一直持续到高考结束。江夏区教育局希望此举既能让学生补充营养，又能激发他们对高考的信心。全区高三寄宿学生营养夜宵所需的34万元经费，由区教育局和学校买单。2015年4月1日起，江夏区教育局继续为该区5所高中高三寄宿生提供免费营养夜宵，品种有牛奶、鸡蛋、面包等，每生每天夜宵标准5元（比前两年增加了1元），以关爱冲刺高考的住校孩子。该区共有高三寄宿生1 123人，免费夜宵投入资金达32.6万元。

免费夜宵，这不是教育部门非做不可的事情，但是，这种帮助是实实在在的，当 1 486 名疲惫的高三学生吃着政府提供的免费夜宵，踏踏实实地睡一个安稳觉的感觉，这恐怕不是其他衣食无忧的孩子所能够体会的吧。而 34 万元，也就是两辆公车的采购价格。当然，这不是简单的 34 万元的事情，在这 34 万元的背后，每天一定会有不少人在为他们忙碌。地方财政就是要多做这样一些雪中送炭的事情。

中国的高中不在义务教育的范围之内，各种学习、住宿费用会比较高。但是，各地在尝试一些高中生困难补助制度。对困难家庭来说，养一个高中生还是得咬咬牙。但是，高三学生毕竟是在长身体的时候。过去时常听到一些农村学生上大学之后生病的案例，大多是由于营养不良造成的。因此，当听到有消息说，朝鲜自 2013 年 4 月 1 日起，开始在全国范围内全面实行 12 年义务教育，即学前教育（幼儿园）1 年、小学 5 年、初中 3 年、高中 3 年时，心里难免有一点酸酸的感觉。

从 1948 年建国至今，朝鲜一直使教育事业走在其他一切工作的前面。经过几代人的探索和实践，已经建立起具有相当规模的学前教育、大中小学教育及成人教育系统，并实行了全日制教育、边学习边工作等各种教育形式。朝鲜教育政策具有强调共产主义政治思想教育和进行全面技术教育这两大基本特征。

一年制学前义务教育制度已实施近 40 年。朝鲜的义务教育制度经历了多次变革，1975 年 9 月 1 日起正式全面实施 10 年制高中义务教育和一年制学前义务教育制度，合称为普通 11 年制义务教育制度，即学前班 1 年、小学 4 年、初中 4 年和高中 2 年。主要进行社会主义思想教育，树立坚定的革命世界观，学习现代科学技术知识，并使学生掌握至少一门以上的技能。根据规定，学生在上学期间，一律免交学费，国家统一供给教科书、书包和校服等。对学生使用的文具，国家也实行较大的优惠，比如在平壤市的商店买一个笔记本需要 10 朝元，在学校只需 5 朝元。对家庭贫困者，国家还无偿提供一些基本的生活用品。

国家很早就通过了实施义务教育的法令，正常健康的学龄儿童必须接受教育。不让孩子上学，父母及监护人要依法受到处罚，是要坐牢的。小学毕业生不经考试，自动升入初中，完成初中课程后即可自动升入高中。朝鲜国民评价，在朝鲜最好的建筑和环境就是学校。虽然这种义务教育给目前尚处于经济困难的朝鲜增添了不少负担，但受益的却是老百姓和千千万万的中小学生。

义务教育起源于德国。宗教领袖马丁·路德是最早提出义务教育概念的人。改革胜利后，为使人们都有学习《圣经》的能力，路德颁布了义务教育法。1619 年，德国魏玛公国公布的学校法令规定：父母应送其 6—12 岁的子女入学，这是最早的义务教育。1717 年，普鲁士王国开始实施义务国民教育，是全世界第一个实施义务教育的国家。工业革命后，义务教育发挥着使人们掌握工业知识的任务，义务教育的时间也由最早的 3—6 个月，发展到 6 年，直至 9 年。

清朝末年，欧美各国以及亚洲的日本大都普遍实行了义务教育。清政府某些官员了解到这一情况后，便在 20 世纪初草拟清廷有关文件时使用了"义务教育""强迫教育"这样的词语。1903 年，清政府颁布了《奏定学堂章程》（旧称"癸卯学制"），是中国近代教育史上第一个以法令形式公布的并在全国推行过的学校教育体系。1912 年，民国临时政府教育部颁布了《学校系统令》，即《壬子学制》，也规定了"初等小学四年，为义务教育"。至此，从清末以来，拟议、酝酿了 10 余年的义务教育之事，终于被认定。1940 年 4 月，民国政府教育部制定《国民教育实施纲要》，规定国民教育分为义务教育和失学民众补习两部分，两者同时实施。1986 年 4 月 12 日第六届全国人民代表大会第四次会议通过的《中华人民共和国义务教育法》规定，国家实行九年制义务教育。

每年"两会"都有代表委员建议，中国大陆要实行十二年义务教育。全国政协委员伍中信认为，中国已有足够的财力来推行十二年制义务教育。而官方给出的答案是差时机，差经费，实行十二年义务教育不符合中国的国情。

是否实行十二年义务教育，很多学者也意见不一。云南省教育厅原厅长、国家副总督学罗崇敏建议缩短学制，实施十年义务教育（小学 5 年，初中 3 年，高中 2 年），让学生在最好的年龄阶段进入社会。著名企业家潘石屹曾建言将农村高中纳入十二年义务教育。2012 年媒体曝出深圳、东莞等地将推出十五年义务教育。而民盟中央常委副主席徐辉教授曾表示，现在基础教育的巩固率才只有91%，要花很大精力、财力和人力发展高中教育或普及学前教育，延长义务教育的条件还不具备。

因此，把义务教育扩大到幼儿园、高中，是多少年来我们全国人大代表、政协委员的期盼。但是，现在最为迫切的是，让农村孩子吃饱。因为即使是在义务教育阶段，贫困地区的学生营养午餐也不易保障。

这项活动不是针对所有的农村地区，而只是在国家级贫困县。其他地区只能是靠爱心人士的善款善行了。2014 年 3 月 28 日，阿里公益网站——天天正能量 39 期正能量评选出一等奖——艾尼瓦尔的故事：在新疆库车县牙哈镇，有这样一个小小的打馕店，店内只有夫妻两个打馕人，他们靠打馕生活，虽然日子过得不是多富裕，但是每天都接纳附近学校 130 多名离家较远、中午不能回家吃饭的学生吃饭。5 年间，夫妻俩已为学生免费送出了 10 万个馕，价值达到 20 万元。艾尼瓦尔的馕店就开在牙哈镇中学的斜对面。2009 年刚开店那阵子，看到学校里有些学生中午吃不上饭，有的只喝点水，艾尼瓦尔心里很难受。从那时开始每天把回不了家的学生叫到店里免费吃饭。

我查了一下，新疆 2012 年的国家级贫困县的名单是 27 个，库车县还真不是国家级贫困县。这个可以从以下的报道中得到验证：在库车学校寒冬送温暖活动中，地处城乡接合部的第五小学，针对午休时间短，部分学生家住老城、东城、伊西哈拉镇上比加克村 5—10 公里外，中午来不及回家，带凉饭、吃干馕的实际，学校从 2013 年 11 月 11 日起，开展"一杯热茶暖心、一碗热饭暖人"扶贫济困活动。学校采取校方出资一点、教职工捐助一点的办法，筹集资金 2 000 多元。腾出一个空教室，利用学校一套原有灶具，指定后勤人员负责采购食品，制定轮班做饭制度和每日食谱，每天安排两位老师利用课余时间义务做饭，确保贫困生吃饱吃好。在少数民族地区，城乡的贫困学生不少，在此我建议国家尽量把少数民族地区纳入免费午餐行动的范围。雪中送炭的钱花得是最值的。

好消息终于传来！

2015 年 10 月 29 日下午 6 点 30 分，我开车回家，听《中国之声》中播出党的十八届五中全会公报，其中说道："全会提出，坚持共享发展，必须坚持发展为了人民、发展依靠人民、发展成果由人民共享，作出更有效的制度安排，使全体人民在共建共享发展中有更多获得感，增强发展动力，增进人民团结，朝着共同富裕方向稳步前进。""提高教育质量，推动义务教育均衡发展，普及高中阶段教育，逐步分类推进中等职业教育免除学杂费，率先从建档立卡的家庭经济困难学生实施普通高中免除学杂费，实现家庭经济困难学生资助全覆盖"。我不由得心中一热，激动之情不亚于 2011 年 3 月 5 日听到公车改革的消息。这意味着贫困高中生开始纳入义务教育的范畴。"苦孩子"只要考上高中，就有机会考上大学。七年之后，即我 2008 年提出的建议终于被部分采纳。

2015 年 11 月 18 日，国务院总理李克强主持召开的国务院常务会议决定：一是从 2016 年春季学期开始，国家统一确定生均公用经费基准定额，对城乡义务教育学校（含民办学校）按不低于定额标准给予补助。适当提高寄宿制学校、规模较小学校补助水平。鼓励各地结合实际提高公用经费补助标准。二是从 2017 年春季学期开始，统一对城乡义务教育学生（含民办学校学生）免除学杂费、免费提供教科书、补助家庭经济困难寄宿生生活费。实施上述政策，由中央和地方统一分项目、按比例分担经费，2016 年、2017 年将新增财政投入 150 多亿元。

2016 年 8 月 16 日召开的国务院常务会议决定，从 2016 年秋季学期起，免除公办普通高中建档立卡家庭经济困难学生，包括非建档立卡家庭经济困难残疾学生的学杂费；对民办学校符合条件的学生，按照当地同类型公办学校标准给予补助，确保政策落到最贫困家庭的学子身上。据了解，学杂费与高中学校质量、地理位置等多种因素相关，各地在金额上会有一定差异，一般在我国农村地区，每年大概在 1 000 多元。有教育专家表示，这项政策使得国家对贫困生的资助范围覆盖到了高中阶段，覆盖面进一步扩大，这对高中阶段的贫困学生会有比较大的影响，解决了他们因贫困不能上学的问题，对于扶贫具有一定意义。

近些年来，中国多省区特别是西部十二省区，在义务教育"两免一补"的基础上，逐渐尝试在学前教育和高中（含中职）阶段实施免费教育。此前，西藏自治区从学前教育到高中（含中职），已经实施了包吃、包住、包学费的"三包"政策。内蒙古以及新疆南疆、甘肃甘南、云南红河、重庆渝中等地已实现（或部分实现）高中阶段免费教育。

2016 年过完年，到了开学季，青海省六个民族自治州所有学生和西宁、海东两市贫困家庭学生，受惠学前到高中阶段的十五年免费教育新政，这次免费范围扩大了，惠及更多人，特别是对读高中的贫困牧民的子女来说，减轻了负担。

除了青海，四川将在民族地区全面推行十五年免费教育，广西推行对建档立卡贫困户享受十五年免费教育的新政。陕西以及宁夏银川市、贵州福泉市也宣布将在 2016 年秋季实施（试点）高中免费教育政策。

近些年来，高中生的补贴也在逐年增加。教育部《教育规划纲要》中期评估报告显示[1]，《纲要》实施以来，我国学生资助工作得到大力发展，各学段资助政策逐步建立健全，资助学生规模较《纲要》实施前大幅增长。2010—2014 年，全国累计资助学前教育、义务教育、中职教育、普通高中、高等教育等各教育阶段学生（幼儿）达 4.1 亿人次（不包括义务教育免费教科书项目），年均资助 8 201.26 万人次，较 2009 年增长 25.8%，2006—2010 年，全国资助学生规模增长明显，2010 年之后总体规模基本稳定，2014 年超过 8 000 万人次。其中，普通高中家庭经济困难学生资助东部地区高于中西部地区。89 份普通高中学校调查问卷显示，家庭经济困难学生人数为 76 098 人，占在校生的比例为 28.33%，其中受助学生人数为 67 347 人，资助比例为 88.5%，未得到资助的家庭经济困难学生占困难学生总数的 11.5%，约占在校生的

1　《贫困生资助　让每个孩子都成才》，《光明日报》2015 年 12 月 10 日，http://news.gmw. cn/2015−12/10/content_18040001.htm。

3.26%。8 793份学生调查问卷显示，有317名学生在校未获得资助而是依靠亲友帮助或借债，资助缺口约为12.62%。3 538份家长调查问卷显示，有136份表示子女在校未得到资助而是依靠亲友帮助或借债，资助缺口约为13.73%。抽样数据显示，资助比例最高的为东部地区达96.68%，其次为中部地区达88.14%，最低为西部地区达86.21%。

2. 恢复与发展赛马产业

赛马产业是一个特殊的产业，官方、民间都难以界定。到底该不该发展？如何发展？据了解，自2004年以来，在每年的全国"两会"上，均有代表和委员提出大力开展速度赛马运动、发展赛马产业以及发行赛马彩票的提案和建议，国家相关部门对此给予积极回应，极大地推动了中国赛马运动及赛马彩票研发项目的进程。随着全国速度赛马运动的逐步发展，中国的马产业近年来也开始起步，新疆、内蒙古等地区为全国速度赛马运动的发展输送了大量的马匹、饲料、马具以及赛马人才。但由于中国目前的赛马产业市场规模有限，对整个马产业的规模影响还很不足；反过来，由于马产业发展的不足，也越来越影响到中国赛马和马术运动的发展。[1]看来这不是一个新问题。

时间到了2011年。在2011年全国"两会"上，包括我在内的多名全国人大代表和全国政协委员建议发展赛马产业。

我觉得，武汉作为拥有"米字形"高铁框架的"高铁城市"，最适合发展赛马产业。经过近一年的准备，在2011年3月的全国"两会"上，

---

1 徐金波：《中国现代马产业潜力巨大，代表建议以"彩"育马》，中国新闻网2011年3月12日，http://www.chinanews.com/cj/2011/03-12/2901889.shtml。

我建议启动体育赛马彩票试点发行，以此推动现代马产业的发展。马产业有传统马产业与现代马产业之分。传统马产业的主要特点是马匹以役用为主，主要包括农用、交通、军事和产品生产，等等。现代马产业的主要特点是马匹以非役用为主，主要包括赛马、马术、体育娱乐、旅游、健身等。现代马产业，以马匹使用功能的转变并产生巨大的社会效益和经济效益为特征，正在成为社会发展的主流产业。

现代马产业在经济发达国家都已得到了较好地发展，成为这些国家重要的经济增长点，提供大量的就业机会。从发展体育娱乐业的角度出发，发达国家发展马产业是没有中断过的。美国现代马产业在政府的引导下高速发展，马匹存栏数从几十万匹发展到今天的 900 多万匹，马匹品种多、价值高，以至于马产业成为该国的重要产业，为美国提供就业岗位 140 多万人，是美国就业人数最多的产业之一。澳大利亚马业是其第三大产业，仅次于羊毛业和煤炭业，提供了近 13 万个工作岗位，也是澳大利亚就业人数最多的产业之一。英国、德国、法国、日本、爱尔兰等国家，马业在 GDP 中均占有很高的份额，也提供了大量的就业机会。

中国自古就是养马大国，20 世纪 70 年代末，马匹存栏数达到近 1 200 万匹，但马匹数量呈现逐年下降之势，目前全国存栏马匹不足 500 万匹。与国外发达的现代马产业相比，依然处于传统马产业阶段。马匹价值低、从业人员少、马产业规模有限、经济和社会效益低下等，严重制约了中国马产业的升级和发展。事实上，中国人口众多，自然环境和气候适宜马匹的繁育、驯养和大型赛马赛事活动，爱好马文化和各种赛马活动的人口众多，发展现代马产业的基本条件与其他国家相比具有明显的比较优势，但长期以来马产业的潜能未能得到很好挖掘。

尽管中国近年来在马产业所涉及的一些行业和环节的发展建设和

人才培养方面作出了一定的努力，但远没有形成自己的产业链。全国人大代表、新疆博州州委书记史少林建议，国家出台具体政策，支持西部地区发挥比较优势，引进海外优质马种，发展本土纯血马繁育系统，并对现有马匹进行改良，建立本土马匹血统登记制度，最终与国际市场接轨，成为出口创汇的重要产业。鉴于发展现代马产业需要长期投入大量的人力、物力和财力，在当前市场需求不旺盛的情况下，可在综合交通和区位优势较好的城市，大力发展国家级的常态化速度赛马赛事，并以该赛事为依托，借鉴同类型的足球彩票、篮球彩票，发行赛马彩票。通过发行赛马彩票，扩大马业相关的内需，推动中国现代马产业链条的形成和壮大，促进西部地区育马业及关联产业的跨越式发展。

全国政协委员、武汉市政协原主席叶金生等政协委员也建议，尽快在湖北武汉启动赛马彩票试点发行工作，并做好试点和推广阶段的实施规划，分段实施、逐步推广。

由于公众的关心，使得"赛马新闻"也被"乌龙"了一把。2014年10月19日下午，新华视点官方微博引述参考消息网消息称，中国赛马会在北京成立，负责赛马运动和赛马行业在中国的推广和发展，将于2015年7月和10月分别在上海和北京举办首届国际赛马。后来有媒体证明这个消息属于假新闻。与体育有关的真新闻是：国务院印发的《关于加快发展体育产业促进体育消费的若干意见》中提出，营造重视体育、支持体育、参与体育的社会氛围，将全民健身上升为国家战略。

既然国家层面提出加快发展体育产业促进体育消费，其实不妨让我们畅想一下：假如某一天赛马运动真的重回内地，会带动哪些行业。首先，马彩的收入会更加丰富中国体育彩票，马彩的所有收益将归入国家财政、知名慈善机构和赛马产业，并再投资到当地相关建设。内地专业人士分析认为，发行马彩除了能带动育马业发展外，还能带动饲料种植业的发展，有助于解决部分农业问题；还可以促进马饲料加工、马具生产等行业，形成巨大的产业链，为内地经济发展注入新的动力。

作为一名湖北省直机关工作人员，一名提过大力发展赛马产业的前全国人大代表，我也希望假如有一天赛马业启动，有关部门能把中部的武汉作为马彩试点城市。

据地方史学者研究，在旧中国，有"跑马场"的城市只有两座，一座是拥有两个跑马场的上海，一座则是拥有三个跑马场的武汉。1926年至1935年间，三个跑马场往往同时开赛，那是汉口马场鼎盛时期。如今，位于武汉市金银湖地区的东方马城2003年正式投入使用。这座占地100多万平方米的巨型马场，目前依然是华中地区唯一按国际标准建造的赛马场。

近年来，准备发展马产业，尤其是赛马产业的地方也在逐年增多。比如，福建省平潭岛提出，打造两岸赛马产业。[1] 第十一届海峡旅游博览会上爆出消息：《平潭自贸区开启疯狂模式，欲投70亿建赛马体育竞技中心》。文中提到，在平潭综合实验区推出的9个旅游大项目里，赛马体育竞技中心预计投资70亿元，并争取国家体育总局支持发展马术竞技，发行赛马体育彩票，发展赛马体育竞技。平潭自贸区社会事业局文体处处长高云表示，在平潭自贸试验区负面清单允许的范围内，他们会积极推动相关项目的落地。这个设想源自平潭县政协委员李遵云2015年年初提交的一份《关于在平潭开设赛马竞猜文化业的提案》。

提案考察了英国博彩历史、台湾博彩业现状，并指出平潭自唐、

---

1 平潭网，2015-05-2816:25，http://www.mnw.cn/，《海峡都市报》电子版。

宋、元、明、清有近 1300 年牧马、养马历史，提出关于在平潭发展赛马竞猜文化业的建议与对策。李遵云认为，平潭地域狭小，产业底子薄，比较适合开发绿色低碳、环境型、高科技、文化含量高的产业。针对如何建设既具平潭传统历史文化特色，又有现代产业气息的"赛马竞猜文化产业"，提出具体措施：一是成立实验区赛马竞猜文化产业发展领导小组，专题研究该产业的定位与风险评估。要在考察国内外赛马竞猜、博彩业先进经验做法和文化创意产业成功经验的基础上，结合平潭历史的"牧马文化"和实验区产业发展的实际情况，对该产业的总体布局，可能出现的问题以及所涉及的相关法律法规方面问题和产生的社会效益、经济效益进行认真细致评估。二是在做好该产业前期的大量研究、论证、可行性分析工作的基础上，把赛马竞猜文化产业纳入实验区的产业总体规划，并对该产业所能带动和拉动的相关产业发展进行统筹考虑与设计。三是做好前期该产业的体制机制创新工作。要突破传统思路与模式，要敢吃"螃蟹"，敢为人先、敢行先试、充分利用实验区特殊的历史机遇与体制机制创新，实现实验区赛马竞猜文化产业的突破性进展。

2017 年 1 月 24 日，武汉商学院与武汉东西湖区签署合作框架协议，双方将在东西湖区建设一个千亩规模的新校区，中法国际马术学院有望落户于此。双方将在马产业方面开展深度合作，共建全国规模最大的马术学院，引进国际先进的马产业人才培养体系，助力武汉马产业发展。

3. 互联网 + 出租车

2015 年我写的《分配制度是出租车改革的关键》被评为民进中央

2015 年度参政议政成果二等奖。这一条信息转化自一篇刊登于 2015 年 1 月 15 日《环球时报》、后被 1 月 17 日《人民日报海外版》转载的文章：《破出租车难题可参考"襄阳模式"》。全文如下：

过去几天，全国多地出租车司机在"专车"软件与高额"份子钱"的双重压力下选择罢运，规模"堪称有史以来最大"。按照马克思政治经济学原理，社会再生产由 4 个环节组成：生产、流通、分配、消费。现在，生产和流通的扩大已不成问题，消费是个人行为，政府有时真的无可奈何，最难的莫过于理顺分配关系。当今中国，各个领域都不同程度存在分配不公的制度与规则。最近受到热议的出租车问题，就是一个典型案例。

首先，出租车公司"份子钱"制度杀伤力太大。早在笔者作为全国人大代表在北京开"两会"期间，代表委员就多次谈到出租车公司改革问题。不论你今天心情如何，身体如何，"份子钱"是不能饶的。但对出租车公司来说，其成本回收非常简单，就是确定每辆出租的"份子钱"。"份子钱"使得出租车司机成为很无奈的职业，没有基本工资、没有津贴、没有奖金，极为辛苦。

其次，出租车公司只赚不赔的"铁律"造就了一个特殊行业。办出租车公司，与办一般公司的经营规则大不一样。想办法多拿经营牌照，招聘司机，认车不认人，有车就有"份子钱"，其他就不用多考虑了。这不仅使得出租车公司只赚不赔，而且把风险都转嫁到出租车司机身上。因此，仅仅降低"份子钱"，而不改革出租车运营体制，是治标不治本。

最后，消费者的选择权得不到保障。很多人认为，"专车是一条大大的鲶鱼"。确实如此，当人们挤不上公交车，打不到普通出租车的时候，人们把目光投向了各种"专车"。半年前在与"滴滴打车"等公司交流时，笔者提出"专车"与车改并行，填补公车制度退出的空缺。[1] 没有想到仅半年的时间，"专车"的市场需求如此之大，公务、商务、私人出行等激发了"专车"市场。我们说，出租车是公共交通的一部分，而"专车"又是出租车市场新的补充力量。

对我国出租车行业的痼疾，大家的不满由来已久，此次一方面借全面深化改革的东风，另一方面携"专车"的冲击，再次讨论出租车体制改革，其背景已经与以前大不相同了。出租车体制改革的时机终于成熟了。不论怎么改，新的出租车管理体制要让管理公司、司机、消费者的利益最大化，要形成一种风险共担机制。现在这种只有出租车公司获利，其他方面受损的模式是不合理的。

作为例子，笔者所在的湖北就有"襄阳模式"，颇值得称道。襄阳市在出租车驾驶员的管理上，彻底改变挂靠、承包的传统做法，实行员工制管理。出租车由公交出租车公司统一购买、统一经营，对驾驶员进行公开招聘并签订劳动合同，驾驶员是名副其实的公司员工。同时实行工资式待遇。对招聘的出租车驾驶员，按照考核业绩发放工资，并同步落实"五险一金"，保障出租车驾

1　2017年1月初，杭州市机关公务用车服务中心与滴滴出行签订了出行服务协议。根据协议，滴滴将为杭州所辖13个区县的公务员提供公务出行及上下班通勤服务，为公务员提供多元化的交通出行选择。杭州市车改资深人士分析，新一轮车改中，杭州市政府用"互联网"思维，充分利用网约车平台解决公务出行需求，可以有效缩减公务人员交通出行的成本，提升行政运行效率。这个做法与杭州乃至中央车改提出的"市场化"原则完全相符，也为全国公车改革提供了一个新的样本。

驶员权益。考核依据是"互联网＋"的八大系统。针对出租车经营特点，制定了工资分配、安全管理、营运服务、车辆技术、员工管理等工作制度，将其工资收入与个人出勤、服务质量、安全状况、营运收入、燃料消耗、车辆维修和社会评价挂钩，考核兑现。这符合国际惯例，适应和谐社会，应该是一个方向。

此文具有一定的影响力，引起了央视《经济半小时》《南方周末》的深度采访。终于在"互联网＋出行"方面，在 2015 年下半年传来好消息。

2015 年 8 月 18 日，"首汽约车"在北京地区发出内测邀请。其内测软件上显示，这家公司是由首约科技（北京）有限公司实施开发运营"首汽集团旗下产品"。2015 年 9 月 16 日，"首汽约车"APP 正式推出，与市面现有专车不同，首汽约车车辆全部为政府许可的出租运营车辆，挂有北京出租车特有的"京 B"牌照，司机持有从业许可证件，无须交份儿钱，也无须管油和维修。首汽约车的最大优势，或许就是其国有背景，能够在符合政策方面做到令政府放心。由于当时中国禁止私家车开展商业运营，因此滴滴快车、Uber 接入私家车开展专车运营的模式，都存在违反政策规定的问题，所以经常可以看到各地政府约谈企业，查处专车的消息。首汽至少在北京依靠自身的车队和司机队伍，不会出现这样的问题。

自 2015 年 10 月 8 日，滴滴在上海拿到首家网络约车租车平台资质的牌照，专车在上海走向了"合法化"。

2015 年 11 月 28 日，上海强生出租汽车有限公司在上海宣布将在 2016 年加快传统巡游出租汽车的转型，积极发展约租（即大家所称的"专车"）业务，牵头组织和初步建成行业统一的约租车叫车平台。

强生出租隶属于上海久事（集团）有限公司，上海久事在 26 日刚
刚正式揭牌，由传统的全民所有制企业整体改制为国有独资公司，随后
很快公布了其"互联网＋"的改革计划：久事旗下的强生出租拥有约 1.3
万辆出租车。强生公司拿出了"两步走"改革方案，即到 2015 年年底前，
强生控股将推出包括驾驶员奖励计划、经营者与驾驶员收入增长同步联
动机制、驾驶员安全行车激励机制等在内的六大改革措施；2016 年将大
力发展约租车业务，并为学生、老人等特殊群体提供用车服务，同时将
牵头组织和建设行业统一的约租车平台。强生的运营公司已从 2012 年
的 13 家调整为 9 家，后方人员由 2011 年的 973 人减少到 673 人，希望
用电脑系统节约后台庞大的人力成本。

4. 建好"平民医院"

2006 年 2 月 27 日，《新京报》对我有一个专访，其中有一段对话：

新京报：参政议政以来，最满意的事是什么？

叶青：四年前我向民进湖北省委提交一份《像办希望工程一样
办平价医院》的信息，后来获中央统战部奖励。

新京报：最满意是因为获得奖励吗？

叶青：不是，是因为这一两年来，平价医院在一些地方逐渐兴
起，对弱势群体有帮助。

平价（民）医院的信息起源于我参加湖北省委统战部双月座谈会
关于卫生体制改革的发言。其实，有的地方的平价医院出现的比较早，
我只是利用各种平台加以推广。比如，《江南时报》2002 年 7 月 5 日就
有报道：南京市近 3 万名低保对象终于有了自己的医院——7 月 4 日，

首家惠民医院在南京市红十字医院挂牌，预计年内将为最低生活保障病人减免医药费约 470 万元。南京市当时已普遍落实了对下岗职工和 60 岁以上老人免收门诊挂号费的优惠政策；领取生活最低保障金的病人免收门诊挂号费和诊疗费，住院诊疗费和护理费减半收取，手术费和床位费减免 30%。有了惠民医院之后，就诊将享受 13 项优惠政策：免收普通门诊挂号费、门诊诊疗费、门诊注射费和住院诊疗费、床位费、检查费、治疗费、手术费、放射费减免 50%；已参加城镇职工基本医疗保险的特困病人，到惠民医院看病，所有均按一级医疗机构的起付线，定额标准和自付比例等规定执行；药品参加全市药品集中招标采购的，努力降低药品价格，药品零售价再下降 8%，让利于患者；因病致贫的特困病人视实际情况，将给予更大的医疗优惠。本着积极稳妥的原则，惠民医院筹建初期对援助对象实行费用限额管理，门诊病人年减免费用累计不超过 300 元，住院病人年减免费用累计不超过 2 000 元。按照南京市红十字医院 2001 年每个门诊病人平均收费 105 元，每个住院床日平均收费 234 元，以及预计一年一个人看两次门诊，15% 人住院一次测算，2002 年医院将对最低生活保障病人减免医药费预计 470 万元。

5. 发展中医药事业

2015 年无疑是"屠呦呦年"。

瑞典卡罗琳医学院 10 月 5 日在斯德哥尔摩宣布，将 2015 年诺贝尔生理学或医学奖授予中国女药学家屠呦呦，以及另外两名科学家威廉·坎贝尔和大村智，表彰他们在寄生虫疾病治疗研究方面取得的成就。这是中国科学家因为在中国本土进行的科学研究而首次获诺贝尔科学奖，是中国医学界迄今为止获得的最高奖项，也是中医药成果获得的最高奖项。2015年诺贝尔生理学或医学奖奖金共800万瑞典克朗（约合92万美元），屠呦呦获得奖金的一半，另外两名科学家将共享奖金的另一半。

20世纪六七十年代，在极为艰苦的科研条件下，屠呦呦团队与中国其他机构合作，经过艰苦卓绝的努力并从《肘后备急方》等中医药古典文献中获取灵感，先驱性地发现了青蒿素，开创了疟疾治疗新方法，全球数亿人因这种"中国神药"而受益。目前，以青蒿素为基础的复方药物已经成为疟疾的标准治疗药物，世界卫生组织将青蒿素和相关药剂列入其基本药品目录。

这让我想起了2007年3月，在请教了湖北中医药大学的专家之后，我提了一个建议：《让中医药走向世界》。

案由：作为中国的原创医学，中医药学的国际化早在唐宋时代就已经开始，日本、朝鲜半岛自觉派人学习中医药，并在本国落地生花，形成汉方医学和韩医学。据不完全统计，现在世界上已有120多个国家和地区设立了各种类型的中医诊所、学校、研究中心和中药贸易公司等中医药机构。采用中医药、针灸、推拿治疗疾病的人数已占世界总人口的1/3以上。自20世纪70年代以来，我国已为130多个国家和地区培训了数万名针灸专业人员和留学生，与40多个国家建立了政府间中医药学交流与合作关系。在中医药学对世界医学发展所作出的贡献中，其最独特的贡献是中医药学的完整理论体系及建立这个理论体系的认知方法。

进入21世纪，人类会更加关注生命，关注生态，关注人与自然的和谐。随着人类对生命探索的深入，对医学科学的认识也将发生质的飞跃。中医药学的发展，其意义远远不限于医学和生命科学本身，而是为人类文明作出了独特贡献。

因此，建议：

（1）加强中医药学文化对外交流与合作，让世界了解我国优秀的中医药学文化。

（2）加大国内对中医药学国际化复合型人才的培育，将其输出到国外专业从事国际化工作，同时还应给特殊优惠的政策，以吸引外国留学生来中国学习中医药学。

（3）加强与各国政府和大学的中医药学教育交流与合作，为世界各国和地区培养本土化的高层次中医药学人才，使中医药学现代化专业队伍呈现"国际化人才和人才国际化"的新局面。

在各方面的努力之下，中医药事业终于迎来了立法时代。国务院常务会议 2015 年 12 月 9 日通过《中医药法（草案）》，并提请全国人大常委会审议。[1] 之后，第十二届全国人大常委会第十八次会议初次审议了《中华人民共和国中医药法（草案）》。将《中华人民共和国中医药法（草案）》在中国人大网公布，向社会公开征求意见。草案一旦获得立法表决通过，中国将诞生第一部为传统中医药振兴而制定的国家法律。

据专家介绍，早在 1983 年就有对中医药进行立法的提议。中医药立法迟迟未出台，一个重要原因就在于：中医药和西医药是两个不同的知识理论和方法体系，而中医药的特色和优势没有得到比较明确和一致的认可。中医药出现的一个很大问题是，常常对于同一个疾病、同一个病人，用的中药却不一样，恐怕不是个体化，而是诊断、

1　章利新、王思北、吴晶：《中国为中医药振兴拟制首部国家法律》，2015 年 12 月 10 日，新华网，http://news.jcrb.com/jxsw/201512/t20151210_1573096.html。

治疗标准的问题。尽管我国有相关的中医药条例，但更多着眼于操作层面。"没有中医药的复兴，就没有中华传统文化的真正复兴。"这越来越成为一种共识。

2016 年 2 月 22 日，国务院发布《中医药发展战略规划纲要（2016—2030 年）》。

2016 年 12 月 6 日，国务院新闻办公室发布《中国的中医药》白皮书。白皮书显示：目前，中医药已传播到 183 个国家和地区，成为中国与世界各国开展人文交流、促进东西方文明交流互鉴的重要内容。

截至 2015 年年底，全国有中医类医院 3 966 所，其中民族医医院 253 所，中西医结合医院 446 所。中医类别执业（助理）医师 45.2 万人（含民族医医师、中西医结合医师）。全国有中医类门诊部、诊所 42 528 个，其中民族医门诊部、诊所 550 个，中西医结合门诊部、诊所 7 706 个。2015 年全国中医类医疗卫生机构总诊疗人次达 9.1 亿，全国中医类医疗卫生机构出院人数 2 691.5 万人。

在推进"健康中国"建设过程中，中医药在普及健康生活方式、"治未病"、重大疾病防治、康复以及完善健康保障方面都发挥着重要作用。

从里约奥运会、G20 杭州峰会以及在上海举行的全球健康促进大会等国际重大活动和会议中，都出现了中医药热。里约奥运会上，菲尔普斯肩膀上的火罐烙印被热议，有人把它叫做"中国印"。G20 期间，很多外宾和记者朋友寻访中医方面的服务。其实北京奥运会上就已有中医热，很多人寻求按摩、针灸服务。2016 年中国外文局对外传播研究中心开展了第四次中国国家形象全球调查，调查显示，中医药被认为是最具有代表性的中国元素。而在此前的 2012 年第一次调查中，中医药还没有进入前十名，可见国际社会对中医药的关注度显著上升。

6. 加强出生缺陷干预

近几年，婚检在中国经历了一个曲折的过程。

我国原来对准备结婚的男女双方进行有偿婚前医学检查，对降低新生儿缺陷率起到了重要作用。1990 年颁布及 2001 年修订的《中华人民共和国婚姻法》规定：患有医学上认为不应当结婚的疾病，禁止结婚。2001 年 6 月颁布实施的《中华人民共和国母婴保健法实施办法》，对婚前检查服务内容等提出要求。2001 年，中国实际参加婚检人数为 879 万人，检查出对婚姻有影响的传染病患者 14 万人。许多患者在被检之前，自己还不知道已身患疾病。强制婚检，不仅关乎婚姻家庭的幸福和下一代的健康成长，而且关乎整个民族的人口质量以及整个社会的和谐稳定，作为把握人口素质的第一关的"婚检"是十分必要的，且必须加以完善。

众所周知，新生婴儿的健康不仅是一个家庭的事情，更关乎一个国家未来的民族素质。2003 年 10 月，新《婚姻登记条例》正式实施。条例规定，不能把婚前健康检查作为结婚登记的前提条件。婚检不再作为强制规定，宣告了中国婚检制度从强制走向自愿。2003 年 8 月 8 日公布的《婚姻登记条例》，对 1994 年的婚姻登记管理条例进行了修改，内地居民办理结婚登记需要提交的有关证件中，不再包括"婚前医学检查证明"，这意味着强制婚检制度被取消。取消强制婚检，把是否婚检的选择权交给当事人，这是中国法律、法规尊重和保护公民基本人权的具体体现，但不再强制并不等同于婚检不重要。

因此，客观上造成全国婚检率的明显下降。以哈尔滨市为例，2003

年婚检率超过 80%，而 2004 年只有不到 1%。

在 2009 年的全国"两会"上，全国人大代表、云南大理白族自治州人民医院医保科科长王瑛建议应恢复"强制婚检"，以降低出生缺陷率。她说："农村地区由于妇幼保健知识缺乏，或受封建贞操观念的影响，以及医学条件的限制，老百姓没有钱或不愿花钱去搞婚检。许多城市的新人也没有充分认识到婚检的重要性，忽略了婚前医学检查。"

她告诉记者，强制婚检取消以后，出生缺陷率明显升高。我国每年有 80 万至 120 万缺陷儿出生，占全部出生人口的 4%—6%，缺陷病种有唇裂、多指、小耳和先天性脑积水等。有关资料显示，上海市 2000 年新生儿缺陷为 764 例，2007 年增加到了 1 653 例。新生儿缺陷病人增多，加大了家庭和社会的负担，也给患者生活带来严重影响。

因此，她强烈"建议国家恢复强制婚检，并且对常规检查项目实行免费。一些项目应具有针对性，只需要做心电图、胸片、肝胆 B 超以及艾滋病、肝炎和性病检测项目；对可疑人员需进行基因筛查或其他检查，可以考虑适当收费。此外，国家还应尽快全面启动出生缺陷干预工程"。

关于儿童出生缺陷的问题，我最有发言权。我的孩子是双胞胎，出生于 1989 年 6 月，大孩子出生时动用了产钳。孩子 7 个多月时，还不会站立，与老二有很大的不同。医生告知了我们一个痛苦的消息：重度脑瘫，如果一出生就来检查，并做按摩治疗，还有希望。现在可能十多岁就会"走"。这无异于晴天霹雳。我们进行了两年多的按摩治疗与吃郑州管城区脑病医院的一种药。但是，效果甚微。

因此，在 2009 年全国人大会的一次小组会上，我以我自己小孩的经历，呼吁建立国家级的出生缺陷干预制度。

在 2017 年 1 月 17 日，我 28 岁的大孩子离我们而去。我们为他举行了江葬。希望他短暂的一生能为中国出生缺陷干预制度的完善发出一个"声音"。

2016 年 3 月的全国"两会"上，全国人大代表、中国工程院院士程京认为，儿童出生缺陷率近年有所增加，应该立法恢复婚前检查，将新生儿缺陷筛查纳入医保。他说："从 1996 年至 2012 年，在国内医疗资源最好的北京，儿童出生缺陷率从千分之五攀升到千分之二十，其他地方更可想而知。"在全面放开二孩以前，中国新生儿出生缺陷率只有攀升没有下降，而在出生缺陷防控没有到位之前，现在全面放开二孩，预期将会有更多出生缺陷的孩子生下来。

程京代表建议，针对出生缺陷防控，国家应对出生缺陷实施精准医疗计划干预，由政府托底，将单基因病、染色体遗传疾病在孕前、产前或者是出生筛查的时候纳入医保。"这个建议我已经呼吁了四年，同时建议尽快立法恢复婚前检查。"他建议，应由政府主导，借助现代互联网、物联网技术，建立中国人健康样本库和大数据库，将个人标本遗传信息、个人体质分类数据、国药分子大数据、体检报告数据、移动健康监测数据等内容囊括进去，用"大数据"提供科技支撑。

作为残疾人的家长，我要感谢他。

"叶氏车改"

1. 到底有多少公车？

这是一个说不清楚的问题。

我的判断是"大公车 300 万"。所谓的"大公车"是指党政机关、国有企事业单位的公车，也就是纳税人养的公车。

2015 年年底公布的一些公车改革的消息证实了我的观点。

在国家发改委 2015 年 11 月 12 日上午召开的新闻发布会上，对于备受关注的地方公车改革问题，政研室主任、新闻发言人施子海做了介绍：已有 29 个省（区、市）上报车改方案，其中 27 个省（区、市）已批复。根据已批复的 27 个省（区、市）的统计，车改共涉及公务人员 772.9 万人，改革前公车总数是 163.3 万辆，改革取消 73.9 万辆，压减比例达 45.22%，需要安置司勤人员 56.9 万人。已批复方案的 29 个省份，共有参改公务人员 821.22 万人；改革前公车总数 170.26 万辆。

"163.3 万辆"，这个数字对我来说非常关键。27 个省市区公车总数

163 万辆，平均每个省 6 万辆。应该说这是一个极为保守的数字。[1] 就以此数为例，全国党政机关公车的大约数字在 190 万辆以上。加上国有企事业单位的公车，全国公车总数会在 250 万—300 万辆之间。

那么，每一辆公车的费用是多少？这里又有两个数字，一是国务院公布的车均经费，只包括公车的出行、保险、司机奖金等；二是公车的完整费用，即每年的折旧、出行、保险、司机工资奖金等。那么，每一辆车到底要花多少钱？ 2015 年 3 月 12 日的《新京报》上的一段对话回答了这个问题。

新京报：公车的使用成本有多大？

安徽铜陵市市委书记宋国权：2008 年测算的时候，每年一辆公车运行成本平均在 8.3 万元左右。现在成本几乎要翻一番，因为工资、燃油成本、维修费用、各种车辆保险都在增长。我们在 2010 年、2011 年测算的时候，平均一辆车的成本超过 10 万元，现在估计应该是在 13 万—14 万元。

就以"13 万"为例，假设全国党政机关、国有企事业单位（包括国有银行）的公车为 250 万辆，全国的公车经费就是 13 万乘以 250 万辆等于 3 250 亿元，超过 3 000 亿元这个数，何况这还是 2015 年的数字。2015 年离 2012 年 12 月 4 日提出"八项规定"已经有三年，大家都在说："八项规定"改变中国。因此，2012 年应该是中国公车私用、公车经费最高的一年。

当然，有的媒体的估计远大于这个数字。据中国之声《央广新闻》2013 年 4 月 13 日报道，目前中国公车数量超过 400 万辆，公车消费超

1　陕西省党政机关及参公单位涉改车辆共 52114 辆，http://sn.people.com.cn/n/2015/0529/c190223–25051997.html。

过 4 000 亿元，但仅 1/3 用于公务活动，有 1/3 是司机个人，还有 1/3 属于官员个人和家庭。[1] 所以说，公车经费一年 3 000 亿元是不过分的。通过公车改革，节约 1 000 亿元是没有困难的。

遗憾的是，官方的观点却是十分的乐观。[2]

2013 年 4 月 19 日的《人民日报》刊登文章：《澄清每年"三公"消费 9 千亿：系捕风捉影》。[3] 其中一段话是这样的：

"每年公车消费数千亿元？"

从 1 000 亿元到 4 000 亿元都不是官方来源。

天津财经大学教授李炜光认为，"司机补贴、私车公用或发放车补等，只要国家财政掏钱埋单都应该算作公车消费。"

"当前我国每年用在公车方面的费用约为 4 000 亿元左右。"湖北省统计局副局长叶青接受记者采访时表示。

"官方数据显示我国目前有 250 万辆公车，但我认为还要多一点，在 350 万辆左右。"叶青说。根据自身经历，叶青认为一辆公车每年的花费在 10 万元左右比较正常。"350 万辆公车乘以 10 万，再加上公车私用方面的成本，我觉得公车经费在 4 000 亿元左右。"

当记者进一步询问 250 万辆公车这一"官方数据"从何而来时，

1　人民网：《中国公车消费超 4000 亿，数量超过 400 万辆》，http://auto.china.com/dongtai/yejie/11012724/20130413/17776300.html。

2　2015 年 3 月 6 日上午，财政部长在记者会上就"许多省份政府削减'三公'经费都去哪了？"的问题表示："在'三公'经费的问题上，中央是代编地方预算，地方自己编预算，中央来作汇总，因此对'三公'经费的细节不太清楚。中央如果是 70 多亿，按 6 倍比例，地方就 400 多亿元。但只是估算，有人说 3 000 亿元，那是胡扯。"之所以得出这个结论，我觉得就是把司机等费用取消了，就好像是中国的公车都是无人驾驶的一样。

3　董文龙：《澄清每年"三公"消费 9 千亿：系捕风捉影》，《人民日报》2013 年 4 月 19 日，http://news.sina.com.cn/c/2013-04-19/034426871818.shtml。

他表示无法解释清楚。

另一种说法是每年公车消费为 3 000 亿元。

2006 年 3 月，全国政协委员、时任安徽省政协副主席、民盟安徽省委主委刘光复提交提案《培养公务员节约意识　建设节约型的公务机关》。其中谈及"有人测算，公车只有 1/3 为公务所用，1/3 为领导私事，1/3 为司机所用，这样算下来，每年公车私用达 2 000 多亿"。也就是说，每年公车消费 3 000 多亿元。

针对提案中的数据，记者采访了刘光复。据介绍，提案中涉及数字并非取自官方机构或是内部资料，而是通过整理研究各种报纸期刊以及网络信息资源所得出的数据，依据的材料包括：2003 年 3 月 8 日新华网刊发的《公车改革势在必行》，2005 年 9 月 26 日《中国产经新闻》刊发的《公务车改革只打雷不下雨　到底触动了谁的利益》，2005 年 9 月 29 日《经济参考报》刊发的《将公务车标准降到 10 万能治理车轮的腐败?》，2005 年 12 月 19 日《第一财经日报》刊发的《处长车补凭什么是农村教师工资的六倍》，2006 年 1 月 5 日《新京报》刊发的《公车也应逐步"小排量化"》。

上述报道均表示，公车消费每年在 3 000 亿元以上。2003 年的《公车改革势在必行》一文提到，"【第 0225 号提案】……到了 20 世纪 90 年代后期，我国约有 350 万辆公车，包括司勤人员在内耗用约 3 000 亿元人民币。"而其他报道都未指出统计数据的确切年份，模糊地称"目前"。

第 0225 号提案是当年的全国政协提案，提交者是南京师范大学原副校长陈凌孚，"这是当时民进江苏省委参政议政处提供的初稿。"陈凌孚说。记者随后联系参政议政处，工作人员称，"初稿是一位姓谢的会员写的",而材料来源是"在网上搜集的",具体情况因时间太久记不清楚了。

这份提案与颜玉华引用的政协提案内容完全一致,初步判断,颜玉华当年所引用的正是这一份提案。

还有一种说法是,我国每年公务用车消费支出超过 1 000 亿元。刊登于 2012 年 5 月 28 日《新华每日电讯》的《公车改革路在何方?》,文中提道:"据财政部 2011 年初公布的数据,目前我国每年公务用车购置费支出增长率在 20% 以上,年公务用车消费支出超过 1 000 亿元。"但该文作者告诉记者,文中数据不是本人采访得来,而是引用同事数据。也记不清楚引用哪位同事的报道,现在也找不到来源了。

我想,《人民日报》2013 年 4 月的这篇文章中对学者、代表、委员提供的公车数字的质疑,都会因为 2015 年 12 月发改委公布的 27 个省市公车数 163.3 万辆而不攻自破。而且,还差一个道歉。

我们在共同期待一个数字:中央机关公车 6 259 辆 + 地方公车(170.26 万辆 + 西藏、新疆、兵团)+ 国有企事业单位公车,公车的总数到底是多少?可以肯定的是 2012 年的全国公车数量肯定比这个数字大。现在的关键就是国有企事业单位的公车是多少?

说明中国公车经费真正数字的还有"每年公车购置费 800 亿"。[1] 据南方网报道,2010 年政府采购汽车金额攀升至 800 亿元,占总采购规模的 14%,平均年增速超 100 亿元。同时,超标购车等违规行为时有发生,"豪华公务车"更是频频被媒体和网友曝光。如媒体 2011 年 2 月报道的宁夏财政厅斥资近 900 万元一次性采购 25 辆豪华奥迪 A6,就曾一度引发社会热议。

---

1 《媒体称我国去年公车采购花费达 800 亿元》,《中国青年报》2011 年 11 月 17 日。

尽管自主品牌的车型大批进入政府采购目录，实际订单却没增多少。据媒体报道，众多走纯市场路线的自主品牌，如奇瑞、吉利、比亚迪等，很难在公务车采购倾斜中获得太多实利。以奇瑞为例，2009年奇瑞汽车在政府采购市场销售3 400余辆，只比2008年增长0.4%，仅占2009年政府采购总量的约2.3%。

公务用车使用自主品牌，是很多国家的通用做法：在韩国、日本，公务车一律使用自主品牌，日本天皇、首相和大臣的"座驾"都由丰田、日产等提供；在俄罗斯，官员若乘坐进口轿车出行会被认为"有损国体"；印度规定，政府各级官员都必须使用国产汽车；在德国，虽然政府没有明确要求把国产车作为公务用车的选购类型，但明文规定不准购买欧盟以外生产的车辆。

推行公车采购自主品牌，应从什么方面着手？和讯网的调查显示，36.2%的网友认为要从"法律法规"着手，29.8%的人认为是"民族责任感"，27.7%的人选择"监管力度"，4.3%的人认为是"公众监督"。

2. 车改是十大财政改革之一

30多年来，计划、商品与市场的关系引导着财政改革的深入。

"社会主义也可以搞市场经济"，这是邓小平于1979年11月26日在《社会主义也可以搞市场经济》一文中提出的重要论断。他指出："说市场经济只存在于资本主义社会，只有资本主义的市场经济，这肯定是不正确的。社会主义为什么不可以搞市场经济，这个不能说是资本主义。我们是计划经济为主，也结合市场经济，但这是社会主义的市场经济。虽然方法上基本上和资本主义社会的相似，但也有不同，是全民所有制之间的关系，当然也有同集体所有制之间的关系，也有同外国资本主义的关系，但是归根到底是社会主义的，是社会主义社会的。市场经济不能说只是资本主义的。市场经济，在封建社会时期就有了萌芽。社会主义也可以搞市场经济。同样地，学习资本主义国家的某些好东西，包括经营管理方法，也不等于实行资本主义。这是社会主义利用这种方法来发展社会生产力。把这当作方法，不会影响整个社会主义，不会重新回到资本主义。"

邓小平于 1992 年年初在南方谈话中进一步指出："计划多一点还是市场多一点，不是社会主义与资本主义的本质区别。计划经济不等于社会主义，资本主义也有计划；市场经济不等于资本主义，社会主义也有市场。计划和市场都是经济手段。"这就打破了过去那种说市场经济只存在于资本主义的观点，提出了计划和市场都是经济手段的重要论断。这既是对科学社会主义理论的杰出贡献，也是对马克思主义政治经济学理论的杰出贡献。

1993 年 11 月，党的十四届三中全会召开，大会通过了《中共中央关于建立社会主义市场经济体制若干问题的决定》，勾画出社会主义市场经济体制的基本框架，认为社会主义市场经济体制的基本框架由市场主体、市场体系、宏观调控体系、收入分配制度和社会保障制度"五大支柱"构成，并制定了总体实施规划。

相对于社会主义市场经济的概念，市场财政或者说公共财政的概念也提出来了。1994 年，邹传教主编的《市场财政学》一书中提出："公共财政就是国家满足社会公共需要而进行的社会集中性分配。"[1]可以说，

1　邹传教主编：《市场财政学》，山西经济出版社 1994 年版，序第 3 页。

公共财政就是建立在市场经济基础之上或者说是建立在市场经济体制之下的国家（或政府）财政，即"市场财政"。提出"市场财政"一词，其与"公共财政"一词不同意义在于："公共财政"是侧重财政的职能和功能即财政的"公共性"来定义；而"市场财政"则是侧重财政的经济基础和体制背景即财政的"经济实质"来定义。因此，公共财政理论和公共财政学，实际上就是市场财政学。

但是，"公共财政"得到官方的认可要晚得多。1998 年 12 月 15 日，全国财政工作会议召开，明确提出建立公共财政的基本框架，决策层做出了一个具有划时代意义的重要决定：构建中国的公共财政基本框架。会上时任中共中央政治局常委、国务院副总理李岚清代表中共中央明确提出："积极创造条件，逐步建立公共财政基本框架"，并且从那个时候起，作为中国财政改革与发展目标的明确定位，公共财政建设正式进入了政府部门的工作议程。

与此同时，学术界对"公共财政"的讨论也十分热烈。比如，认为公共财政是为市场提供"公共"服务并弥补市场失效的国家财政。[1]或者说是市场经济下的政府财政，它属于公共经济，这是其核心内容。"公共财政实质是市场经济财政。"[2]市场经济体制下的政府财政原理与计划经济体制下的国家财政是不同的。建立社会主义市场经济体制，就是要使市场机制在国家宏观调控下对资源配置起基础性作用。在市场经济体制下，社会资源和生产要素的重新组合一般都是通过市场机制来解决的，政府只在"市场失灵"的领域才介入。因此，市场机制客观上决定了政府及财政的职能范围。在这种全新的经济体制

1　张馨：《公共财政论纲》，经济科学出版社 1999 年版。
2　安体富：《论我国公共财政的构建》，《财政研究》1999 年第 6 期。

下，财政就其实质来说，实际上是一种"公共财政"。我们把在市场机制对资源配置起基础性作用基础上实行国家调节，即弥补市场缺陷的政府财政称为"市场财政"，也就是一般西方市场经济国家所说的"公共财政"。

既然有了社会主义市场经济与公共财政的基本理论，那么财政改革的方向就十分明确了。因此，我在当时不多的、主要听众是财税干部的公共财政改革讲演中，结合自己对财税问题的研究，提出了公共财政的十大改革内容[1]：完善分税制[2]、社会保障[3]、税费改革[4]、地方债发行[5]、

---

1 此为 2003 年 5 月 20 日我到湖北省统计局工作之前的系列研究成果。叶青：《试论财政主体的历史性——与马晓华同志商榷》，《财政研究资料》1985 年第 31 期。《近现代中国五大财政改革比较研究》，《财政研究资料》1997 年第 7 期。《当前推行积极财政政策的几个关键问题》，《广西财专学报》1999 年第 2 期。《色诺芬的公共财政思想及启示》，《财政研究》1999 年第 12 期。《公共福利：重商主义公共财政思想的精华》，《财政研究》2000 年第 9 期。《建立符合社会主义市场经济要求的公共财政框架》，《财会通讯》2002 年第 9 期。《否定之否定：人类社会公共财政发展的历史轨迹》，《财政研究》2002 年第 8 期。

2 叶青：《我国古代与民国分税制评析》，《湖北税务研究》1994 年第 10 期。《美日分税制的产生及对中国的影响》，《湖南税务》1995 年第 6 期。

3 叶青：《义仓税：中国历史上的"社会保障税"》，《税收研究资料》1996 年第 2 期。

4 叶青：《"税"的源流与变异》，《黑龙江财专学报》1993 年第 2 期。《国税流失与 94 新税制》，武汉工业大学出版社 1994 年版。《地方财政策通论》，中国财经出版社 1994 年版。《中央税理论与实践》，武汉大学出版社 1995 年版。《元代单双抽制：中国保护关税政策的起源》，《涉外税务》1996 年第 4 期。《中国税收征管理论与实践》，湖北科技出版社 1996 年版。《合理的地方税规模：理论标准与经验分析》，《财政研究》1998 年第 11 期。《费制改革论》，《华中师大学报》1998 年增刊。《理顺税、费、债的关系，确立合理的收入体系》，《湖北审计》1999 年第 4 期。《20 世纪中国"冗费"的演变》，《财贸经济》1999 年第 12 期。《试论我国根据地和计划经济时期的收费制度》，《税务研究》2000 年第 4 期。《电子商务的税收问题研究》，《2000 年国际税收理论研究会论文集》，中国税务出版社 2001 年版。《走出农村税费改革怪圈要靠制度创新》，《税务研究》2003 年第 7 期。

5 叶青：《公债体系应当独立——50 年代公债政策透视》，《中南财经大学学报》1993 年第 2 期。

国有资产管理、公车改革[1]、政府采购[2]、国库集中支付、部门预算、预算外资金管理改革。在 2015 年，也有专家提出了未来财政的十大改革[3]：（1）所有政府收入将纳入预算管理；（2）编制中长期预算将成为常态；（3）绩效预算从局部走向全面；（4）税收增长有所放缓；（5）税收制度将进行结构性调整，间接税下降，直接税上升；（6）税收管理更加重视个人；（7）各级政府的事权范围逐渐清晰；（8）分税制仍是划分各级收入的基本制度框架；（9）转移支付制度将成为分税制的有力支撑；（10）财政政策继续积极，PPP 将成为主流。

3. "叶氏车改" 诞生

我是 1991 年 12 月加入中国民主促进会的。大约在 2002 年的 1 月，为了给民主党派干部搭台阶，在党派的努力、中南财经政法大学的配合之下，我从中南财大财税学院外国财税教研室主任当上了大学的学科建设办公室主任、高教研究所所长。也就是说从生产队长一下子当上了县长。一年半之后到省统计局。实际上我并不想当官。"79 级"的大学生与 77、78 级一起，被称为"新三届"。毕业之后是分配工作的。毕业实习时在当时的湖北省沙市市财政局，看到财政干部整天忙忙碌碌的样子，萌生了"在大学当老师更好"的想法。于是，在实习结束之后全力准备参加"考研"。1983 年我很幸运地考上了本校的财政史硕士研究生，

1　叶青：《车改：一个不可推卸的历史责任》，《湖南财政与会计》2000 年第 7 期。

2　叶青：《政府采购制度源流探析——兼"政府集中采购"概念的使用》，《现代财经》2002 年第 4 期。

3　冯俏彬：《未来财政的十大改革》，《中国党政干部论坛》2015 年第 4 期。

师从吕调阳教授。研究生毕业时，有的同学去了财政部、国家税务总局，我还是留在大学研究中外财政比较。要知道，学习历史使人目光长远，也吸取到古代思想家的改革勇气与为民理想。没有想到，一个不想当官的、加入民主党派的人，居然还是当了官。能够实现自己的理论设想，当官也可以。

2003 年 5 月 19 日下午，学校的党委副书记对我说：明天送你去省统计局上班。其实我已经知道这个消息，一点都不激动。20 日上午，我如常上班。坐上了副书记的公车到了省委组织部，与省统计局的一位副局长接上了头。副书记走了，我坐上了省统计局的公车到了统计局。心里在想：离开了我热爱的大学，我今后的路会怎么样？是平坦还是坎坷！一切顺其自然吧！

在统计局的一间会议室里，见到了所有的副局级以上的干部，包括三个调查队的队长，当时局队是合一办公的。互相认识，这些是以后的同事。

之后再由一位人事处的副处长引领，到各处室与未来的部下见面。有的居然还认识我：嘿！你是那个解读"黄宗羲定律"的全国人大代表。他们的记忆真好。

回到办公室不到半个小时，车队的一位张师傅前来报到。自报家门，说是给我开车的。我吃惊不小：我也有"专车"了！当时车队的车不多，只有一把手局长是专车，其他的车都是谁开会、外出谁用。我是因为住在大学的小区，才挤出公车给我用。这种局面在 3 年之后就改变了，副局级干部逐步有了专车。

我很冷静地对师傅说：我不要车，我会进行公车改革。师傅带着疑惑的眼光出去了。我立马到了局长的办公室，提出了我到省统计局的第一个要求：公车改革。

局长说：怎么改？你说说。

我说：很简单，四句话——自购私车、一月500元、出武汉市实报实销、建议双轨过渡。

局长说：明天早上告诉你。

第二天早上，他对我说：就这么改。我很庆幸，遇到了一个开明的好局长。不是每一个部门、每一个局长都可以这么好说话的。我可以这么说：我为中国车改，没有浪费过半天的时间。"叶氏车改"进入了"又说又做"的模式。这也注定了我会成为一个"另类的官员"。

"叶氏车改"就这么诞生了。"叶氏车改"这个名称是受"温氏定律"启发而形成的[1]。而较早对"叶氏车改"展开报道的是《长江商报》。武汉的《长江商报》记者吴晶晶2009年7月24日独家推出公车改革系列报道之后[2]，引起了全国媒体的聚焦：人民网在7月30日刊发深度报道《"另类厅官"叶青的另类"叶氏车改"》。《新京报》除原文刊发"叶氏车改"方案外，更推出了《"叶氏车改"对公车预算具有指标价值》《"叶氏车改"的思路不妨一试》两篇评论。同时，《21世纪经济报道》、《北京法制晚报》、湖北人民广播电台等媒体也都在第一时间进行了跟踪报道，可见影响之大。

---

1 2003年11月21日，温家宝总理在中南海紫光阁接受《华盛顿邮报》总编唐尼的采访，他说：作为中国的总理，我感觉担子很重，工作难度很大，工作也做不完。13亿，是一个很大的数字，如果你用乘法来算，一个很小的问题，乘以13亿，都会变成一个大问题。如果你用除法的话，一个很大的总量，除以13亿，都会变成一个小的数目。这是许多外国人不容易理解的。此后被称为"温氏定律"。

2 吴晶晶：《叶青公车改革系列专题报道》，《长江商报》2009年8月3日，http://www.360doc.com/content/09/1205/17/155881_10433746.shtml。

在 2003 年，"一月补助 500" 是够的，当时 93 号汽油的油价是每升 2 元，当然，随着油价上涨，我的补贴上升到 1 000 元、1 200 元。"自购私车"让局长松了一口气，这也是换位思考的结果。试想一下，一个副局长整天开个公车，局长能不紧张吗？"出武汉市实报实销"，意味着我的"车改区"就是武汉市，实报实销已经有最大的节约——私车，没有司机的开销。"建议双轨过渡"就是允许两个并行的方案。因此，"叶氏车改"一年节约 10 万元左右，即车的折旧 2 万左右，司机经费 5 万元左右，保险、维修、油费 3 万元左右。这才是真正合规的"公车经费"，如果加上领导、司机的私用，则是一个"黑洞"。

回想一下，从 2003 年到现在，由于我开私车出差，也有不少与车改有关的笑话。

一是被当成司机。有一年到湖北的一个县级市开展统计法执法检查工作。一起去的处长是一个个子高大的西北汉子。当我把车停在市政府办公大楼门前、处长下车、我去停车时，发现市长已经拉着处长的手、把他当成我，走进了会议室。当我往里走的时候，门卫热情地说：司机都在喝茶。最后，市长在司机休息室把我找到。以后就有一个不成文的规定：要等我把车停好再下车。

有一次到一个县级市检查工作，按照以前的做法，市长在两县交界处来接。由于我们去了两辆车，一辆是我自己的"奔腾"，一辆是帕萨特。市长武断地认为，帕萨特上坐的肯定是副局长。当后面的司机说叶局长在前面时，又是一场"误会"。说明了"以车取人"是多么的不妥。

2013 年 3 月的全国"两会"期间，"湖北一厅官弃公车骑自行车到省政府被警卫拦在门口"。我这个"老代表"被"炒"了一把。我的出行理念可以概括为"3510": 3公里左右走路; 5公里左右骑自行车; 10公里左右开车或者坐地铁。我上下班开私家车, 18公里25分钟。如果骑车, 得一个多小时了。但每次去省政府省委大院开会, 都会骑车, 权当着锻炼身体了。到这些地方开会, 武警拦下是肯定的。一般是我自己主动停下自行车, 拿出通行证、会议通知, 武警看过之后再进去, 千万不能硬冲。于是乎, 有的地方在2015年的车改中, 增加了一个过渡性的规定: 到有武警站岗的大院开会, 可以用车接送。我就担心他们所拿到的车补真的花不出去了。我的最新建议是, 武警只在副省级以上干部上班的大楼门口站岗, 大院门口改为保安站岗, 这样出租车就可以进去了。这条建议要被采纳, 看来还要过几年。

二是"叶氏车改"半月两丢自行车。2013年11月28日、12月14日, 我把自行车锁在洪山广场地铁站, 从武昌到位于汉口的省委党校参加学习班。结果连续丢了两辆自行车。11月29日, 我在微博中回答网友的关心时说: 丢车不要紧, 只要政府能够建立地铁站自行车免费保管系统, 也值。次日我又提出建议, 多途径支持自行车出行。政府要加强公共场所市民财产安全保护措施, 如在地铁站口划定停自行车区, 加装栏杆, 便于锁车; 在这些公共场所加装监控设施, 既有利于破案, 也能起到威慑作用; 城市的公共自行车站点设置, 也要跟上地铁的发展。这里还要提一个建议: 到党校学习的学员尽量用公共交通工具。在武汉, 省委党校在汉口青年路地铁站附近, 市委党校在汉口长港路地铁站附近, 而且, 武汉的三大火车站都与地铁连接。但是, 党校学员还是习惯于车接车送。这是很花钱的。因此, 我多次给党校的领导建议: 给学员开财政学、传统文化的课程, 如果每个学员在学习结束之后都学会了坐地铁到火车站, 再坐高铁动车回家, 党校的教育就成功了。

我的"叶氏车改"也给我带来许多的骂声，形成了"远骂近吵"的格局。对于车改，有人总结为官员中"赞成的95%，反对的5%"，不过这"5%"影响力大多了。

有一天在办公室上班，我接到一个来自于哈尔滨的电话，他是单位的司机，车改后到一家公司开车。他说，有一位女干部，车改后自己买车自己开，结果出了车祸。都是你这个车改闹的。我对他说，开车要认真，否则专业司机也会出事。

我时常被一群有车坐的官员围在中间争辩车改的事情，回答他们的问题。有一种"舌战群儒"的感觉。记得一次在县城调研，我坐在中巴车的引擎盖上与同车人辩论。在凤凰卫视《一虎一席谈》节目中，与几位官员嘉宾的争论，国人有目共睹。在中央电视台《对话》栏目中，也过了一把争辩的瘾[1]。

叶青与他的车改实验（2012 年 4 月 15 日）

最让人受不了的是，匿名者在微信上指名道姓地攻击我。比如说：你出差，都是要当地统计局用公款把你的车加满油。我在微信上回答说："叶氏车改"中已经明确，出武汉市实报实销，在出差过程中加油不是很正常嘛？加油费在省局报销与当地统计局出，与我又有什么关系呢？

一个人的车改十年（2013 年 3 月 24 日）

---

1 来自央视网视频《首席夜话》（2012 年 4 月 15 日），《叶青与他的车改实验》，http://tv.cntv.cn/video/C29504/c5262d57fe1a4fd7a0b252393185dca2。央视网《对话》（2013 年 3 月 24 日），《一个人的车改十年》，http://tv.cntv.cn/video/C10316/bfa9dc89020c417e9a8101337aaf3a04。

4. 年年提车改的官员代表

由于我是民进湖北省副主委，2003 年 3 月，我荣幸地当选第十届全国人大代表。主要提"全国审计系统归人大"的建议，也征集了 30 位全国人大代表的签名。但是，大会议案组告诉我，我的议案由于涉及修改《宪法》，需要 500 名全国人大代表签名才行。我立马同意改为代表建议。2004 年 3 月再到北京开会时，我已经是"官员代表"了，我开始提公车改革建议。以这种身份提公车改革，自然比"学者代表""党派代表"有效，自己革自己的命大家才会信。此后，几乎年年提，达 9 年之久。

财政部的杂志《中国财政》2012 年第 23 期发表文章：【两会之声】车改之路上执着的"谏"客——访全国人大代表叶青。[1]

其中一段是："十年磨一'谏'。"实录如下：

"屁股坐着一座楼"，这是百姓对一些官员"坐骑"带来沉重财政负担的一种讽刺。不合理的公车消费是行政管理的一个黑洞，也是滋生腐败的温床之一，多年来，推进公务车改革的呼声不绝于耳。

在这些呼声中，来自叶青代表的最为执着和强烈："中国车改 20 年，其中，我研究车改 10 年，呼吁车改 10 年。"

叶青代表对车改的关注始于 1993 年。这一年，广东省东莞沙田镇先于全国取消了领导干部公务用车，改发交通补贴。虽是小

1　李永佩：《两会之声：车改之路上执着的"谏"客——访全国人大代表叶青》，《中国财政》2012 年第 12 期。

范围改革，却让研究财政学的叶青产生了兴趣。随着我国社会快速转型，政府也面临行政成本日益增高的问题，他意识到车改会成为一个有益于社会变革的举措。1998 年，黑龙江省大庆市车改后的一些新现象令他颇为触动。车改后，大庆的处级干部去省城开会通常都是拼车，车费 AA 制分摊。而如果没有车改，"县里一个科长去省城开会，单开一部车，大家都觉得很正常。"此后，他陆续发表有关车改的言论并在论文中表示"中国要进行的十大财政改革当中，车改是肯定要到来的"。

关注车改十年后，岗位的转变令他对车改不再停留在理论阐述阶段。2003 年 3 月 5 日，还是大学教师的叶青在北京参加第十届全国人民代表大会，只以财政学教授的身份开始呼吁车改。2003 年 5 月 20 日，身为中国民主促进会会员的他从中南财经政法大学教师岗位转任湖北省统计局副局长，一上任就"炒"掉了局里给他配的司机，自购私车上下班，开始实践他的"叶氏车改"。通过自己的试验，他发现一年可以为单位节约 8 万元的公车开支。

2004 年 3 月，叶青以官员身份第一次在全国"两会"上将身体力行后的车改经验写成建议提交大会。"会上讨论不多，会后反馈较少，当时大家对车改似乎有些回避。"后来他找到了问题的原因，那时候关注车改的代表和委员太少了。

2005 年，他再次提交了车改的相关建议，当年还有其他 4 位代表提交类似建议，国家发改委一并给予了回复，但他认为，他们的建议没有得到足够的重视。

2006 年，一位人大代表将自己拍摄的一些地方政府豪华办公楼照片带到大会现场进行展览，产生了巨大的反响。他受到启发，决定把公车改革放到降低政府行政成本的大议案里，提出管控"六公"的概念，即控制"公车、公游、公宴、公楼、公礼、公品"，引发了代表们的讨论。但会后的反馈依然没有达到他的预期。从这一年开始，他开始写"代表叶青的博客"，至今未停。一年时间内贴出近400篇博文，其中关于车改的专门论述有16篇，他希望发出更大的声音，以期引起社会的广泛关注。2010年2月至今又写微博，凡是遇到公车的内容，他都会写上去，扩大了车改的影响。

2007年，他再次提交车改建议，却依然没有得到任何回音。有人还曾替他担心，怕会影响他以后的提拔，但他却觉得能够推动车改比他自己的升迁更重要。

2008年，当他再次提出改革现行公车制度的建议大概三个月后，忽然接到了中纪委的电话，表示会积极考虑他的车改建议。当时中纪委正在为公车改革事宜寻找抓手，而他当年的建议中提出了"公车改革试验区"的设计，建议在不同经济发展程度的地区做实验，以便总结经验，再上升为区域政策。这一意见得到了中纪委的肯定。

2009年，他第6次"上书"——继续呼吁设立"公车改革试验区"，率先启动公车采购、使用改革试点。他认为，现在我国有上海浦东、天津滨海、成都、重庆、武汉、长沙、深圳7大试验区，这些新区或者试验区在进行改革试验时，不妨设置一个"公车改革试验区"。

2010年"两会"上，他又提出公车改革要最终广泛地推行须依赖于中央出台方向性的政策，建议尽快出台《公车改革指导意见》。

2011 年，他已是第 8 次将车改建议带到"两会"，并增加了以公务员工资中的"地区补贴"的 20%—30% 作为交通补贴，公车加装 GPS、使用专用车牌以方便社会各界监督公车私用等新内容。也就是在这一年的温总理的《政府工作报告》中第一次出现了"积极推进公车改革"的字眼，他不由得一阵狂喜：终于触及公车改革了。

2012 年"两会"上，政府工作报告再一次提到"车改"，叶青代表也在建议中充实了一些新的内容。一是应明确界定公车概念，除了警车、垃圾环卫车、公立医院救护车外，公车应包括党政机关、财政拨款的事业单位、公检法的一部分车，凡是用公共资源购买、付费的车都应纳入公车改革范围。二是一辆车每年最少耗用三万元司机费，司机费也应统一囊括到公车费用中。三是车改方案最重要的一点是国家层面制定交通补助的上下限，且补助应细化到正科副科、正处副处、正厅副厅，然后各省再根据财政情况确定具体的数额，但是不要突破上下限。四是希望公车改革当年能够出现几个试点。可以由国务院公布几个部委，各个省选一两个地级市做试点，一步步改进。他认为，最终的公车改革应该以货币化为主，社会化为辅，即平时给官员发车补，上下班都由官员自己解决，有接待任务时再去租车，"一个租车公司就能满足一大批单位的需求，而不像现在养这么多车，浪费。"

从 2004 年建议的"石沉大海"，到 2011 年、2012 年连续两年写入政府工作报告，叶青代表以自己的执着与坚定，诠释着人大代表对人民的责任，以及对国家的忠诚。

不论何时，只要提及公车改革，免不了我要争论一番。即使是在

"两会"期间也是如此。对于车改，公务员代表与非公务员代表就有很大的差别。除了我之外，主张车改的官员代表不多。而非官员代表大都主张车改。2011 年 3 月的全国"两会"上，《政府工作报告》第一次提出公车改革。一位《中国财经报》的记者把我的"叶氏车改"带到广西代表团的餐桌上讨论，结果是一片反对之声。[1]反对的主要理由就是待遇论与安全论。公车作为官员的一种待遇，谁都难以割舍。专业司机开车是比较安全一些，但是也不尽然，出问题的常常是老司机。现在来看，这些观点是多么的冠冕堂皇。完全不把公车私用所带来的浪费放在眼里。如果真正是以人为本，就不会说出这样那样反对车改的理由。

我知道很难，所以我年年提、年年做。2013 年，我已经不是全国人大代表，只是湖北省政协常委、人口资源环境委员会副主任。我的提案仍然是"加快湖北公车改革的建议"。

5. 车改之路

中国的公车改革历程是值得回顾的。

---

[1] 《中国财经报》2011 年 3 月 23 日有一篇报道这样写道："在广西代表团驻地的代表餐厅，当记者一抛出公车改革的话题，立刻引发了同桌代表们的热烈讨论。一位不愿透露姓名的代表直指叶青所说的公车改革两大阻碍，即待遇论和安全论。'公务员工资不高，事业单位工资则更低'。这位代表表示，以公务员目前的工资水平，即使有补贴，养车也不现实。他还表示：'领导工作压力那么大，有些领导年龄与健康状况都不宜自行驾车。'此外，他还担心补贴可能造成官员'可去可不去的就不去'的心态，导致不作为。'不同的工作有不同的需要，像安监部门 24 小时都需要专车，因为遇有突发事件，必须第一时间抵达现场处理。'全国人大代表、中共广西玉林×××表示。全国人大代表、广西壮族自治区政协副主席×××则表示，现在并非汽车短缺的年代，而且大部分官员有这个自律能力。'全区面积 23 万多公里，与广东、湖南、云南、贵州 4 省接壤，路况复杂，路途遥远，配置太低的车或自驾确实不安全。'×××认为安全是大问题。"

1993 年，广东省东莞市沙田镇开始车改，拿车补，取消公车。

1994 年，中共中央办公厅、国务院办公厅联合发布《关于中央党政机关汽车配备和使用管理的规定》。

1997 年，广东省开始公车改革试点。

1998 年 9 月，国家启动部分中央机关的车改试点，并同时在浙江、江苏、北京、湖南、重庆等地试点。

2003 年，全国政协委员关于公车改革的提案再次引发群众热议，由此出现了 2004 年前后的全国性公车改革高峰，北京、广东等地试点公车货币化改革。

2004 年，中国印发《中央国家机关公务用车编制和配备标准的规定》的通知。

2005 年，杭州、北京等地公车改革相继搁浅。

2009 年 7 月，经过近 7 年的酝酿和试点，杭州正式启动市级机关公车改革，市局（副厅）级以下干部一律取消专车，并向公务员发放公车改革补贴，补贴根据级别分 9 档，最低每月 300 元，局级干部每月 2 600 元。

2010 年年初，昆明在市内四个辖区试点公车改革，实行党政机关公务用车专用卡定额包干管理。

2010 年 3 月，针对公车改革遭遇的难题，民革中央提交了《如何破解公车改革之困局》的提案，建议厅级以下官员全部取消专车，再次引发热议。

2011 年 3 月 5 日，《政府工作报告》第一次提到公车改革。在布置 2011 年工作中，有"（十）加强廉政建设和反腐败工作"。"规范公务用车配备管理并积极推进公务用车制度改革。"在此文之后有一句话发人深思：

"每一个公务员都要真正成为人民的公仆。"从 2015 年的车改情况来看，确实，车改之后才有可能成为公仆。

我知道《政府工作报告》中有"车改"这一条消息，还有一个故事：每年开各级"两会"，最辛苦的就是记者。每次开大会，记者会早早地冒着寒冷到人民大会堂门口排队，目的是早一点看到《政府工作报告》。这一天，一位记者到会场后居然在 30 多页的《政府工作报告》中找到了"积极推进公务用车制度改革"这一排字。在 8 点 45 分左右，我收到这位我已经记不得名字的记者的短信："叶代表：你快看看报告的第 × 页，上面有公车改革"。我一看，果然如此。眼泪夺眶而出：十多年的呼吁第一次写进了《政府工作报告》，能不高兴吗？因此，我是含着眼泪唱完国歌的。我要衷心感谢这位记者朋友。《政府工作报告》提到了车改，但是并没有真正的行动。

2011 年 11 月 19 日，工业和信息化部等三部门联合发文，进一步降低党政机关公务用车的采购价格，明确要求排气量不超过 1.8 升，价格不超过 18 万元，被称为"双 18"。这比之前的标准降了 2 万元。同年 11 月 21 日，国务院法制办公布《机关事务管理条例（征求意见稿）》，管理条例规定"县级以上人民政府应当推进公务用车社会化改革"。

2012 年 3 月的《政府工作报告》再次提及公车改革。在报告的"2012 年工作总体部署"部分提到："更加注重勤俭节约，严格控制'三公经费'，大力精简会议和文件，深化公务用车制度改革，进一步降低行政成本。"但是，最终依然是没有动作。

2012 年 11 月 23 日，财政部、监察部和审计署三部门联合印发《中央金融企业负责人职务消费管理暂行办法》，进一步明确中央金融企业负责人职务消费的 12 项禁止性规定，包括：超标准购买公务车辆等。

2013 年 11 月 25 日公布的《党政机关厉行节约反对浪费条例》中提到了完整的车改方案。这个车改方案确确实实来之不易，有必要完整地毫不保留地告知于读者。

第五章　公务用车

第二十五条　坚持社会化、市场化方向，改革公务用车制度，合理有效配置公务用车资源，创新公务交通分类提供方式，保障公务出行，降低行政成本，建立符合国情的新型公务用车制度。

改革公务用车实物配给方式，取消一般公务用车，保留必要的执法执勤、机要通信、应急和特种专业技术用车及按规定配备的其他车辆。普通公务出行由公务人员自主选择，实行社会化提供。取消的一般公务用车，采取公开招标、拍卖等方式公开处置。

适度发放公务交通补贴，不得以车改补贴的名义变相发放福利。

第二十六条　党政机关应当从严配备实行定向化保障的公务用车，不得以特殊用途等理由变相超编制、超标准配备公务用车，不得以任何方式换用、借用、占用下属单位或者其他单位和个人的车辆，不得接受企事业单位和个人赠送的车辆。

严格按规定配备专车，不得擅自扩大专车配备范围或者变相配备专车。

从严控制执法执勤用车的配备范围、编制和标准。执法执勤用车配备应当严格限制在一线执法执勤岗位，机关内部管理和后勤岗位以及机关所属事业单位一律不得配备。

第二十七条　公务用车实行政府集中采购，应当选用国产汽车，优先选用新能源汽车。

公务用车严格按照规定年限更新，已到更新年限尚能继续使用的应当继续使用，不得因领导干部职务晋升、调任等原因提前更新。

公务用车保险、维修、加油等实行政府采购，降低运行成本。

第二十八条　除涉及国家安全、侦查办案等有保密要求的特殊工作用车外，执法执勤用车应当喷涂明显的统一标识。

第二十九条　根据公务活动需要，严格按规定使用公务用车，严禁以任何理由挪用或者固定给个人使用执法执勤、机要通信等公务用车，领导干部亲属和身边工作人员不得因私使用配备给领导干部的公务用车。

2014年3月的《政府工作报告》中提及"公车改革"。在2014年的工作安排中，报告提到："各级政府必须厉行节约，反对浪费，坚持过紧日子。要严格执行'约法三章'：政府性楼堂馆所一律不得新建和改扩建，财政供养人员总量只减不增，'三公'经费只减不增。启动公务用车制度改革。"这让好多人充满期待，包括我在内。

2014年7月16日，《中央和国家机关公务用车制度改革方案》和《关于全面推进公务用车制度改革的指导意见》正式发布，中国公车改革全面推开。

根据方案，2014年年底前，中央和国家机关应力争基本完成公车改革；2015年年底前，基本完成地方党政机关公车改革；用2年至3年时间，公车改革全面完成。原则上各级党政机关（包括党委、人大、政府、政协、审判、检察机关、各民主党派和工商联，参照公务员法管理的人民团体、群众团体、事业单位）全部参加改革。事业单位、国有企业和国有金融企业，具体办法另行制定。中央和国家机关在编在岗司局级及以下工作人员和地方地厅级及以下工作人员原则上参加车改。方案规定，取消一般公务用车，保留必要的执法执勤、机要通信、应急、特种专业技术用车和按规定配备的其他车辆。中央和国家机关每个单位可保留 5 辆以内机要通信、应急用车。对于取消的车辆，要制定处置办法，公开招标评估、拍卖机构，通过公开拍卖等方式公开处置。处置后的收入，扣除有关税费后全部上缴中央国库。事业单位、国有企业和国有金融企业车辆处置收入，按国家有关财务管理制度执行。

2014 年 9 月 1 日，中共中央办公厅、国务院办公厅召开全国公务用车制度改革电视电话会议，部署全面推进公务用车制度改革。会议强调，全面推进公务用车制度改革，要坚持社会化、市场化方向，做到应改尽改；坚持多措并举，分类保障公务出行；坚持从严从紧，扎紧编实公务用车制度笼子；坚持合理合规，妥善处理各方利益关系；坚持统一政策，因地制宜分步推进改革。各地各部门要严格按照统一部署，吃透政策精神，健全工作机制，加强督导检查，做好宣传引导，使各项改革举措落实到位，确保按时圆满完成改革任务。

到 2014 年 12 月底，134 个部门实施方案获批，年底完成车辆封存停驶、发放公务交通补贴等工作；2015 年上半年，又分两批完成了其他 6 个部门实施方案的审批。据统计，中央和国家机关 140 个部门共取消车辆 3 868 辆，保留符合条件的 2 391 辆，取消的占 62%。各部门涉改公务人员 49 355 人，公务交通补贴标准按司局级每人每月 1 300 元、处级 800 元、科级及以下 500 元执行。初步测算，中央和国家机关车改节支率为 10.5%。国家发改委新闻发言人施子海曾表示，这只是根据直接节约支出测算的节支率，如果考虑到司勤人员的相关支出、车位的建设及其他潜在费用，节支率比 10.5% 还会有所提高。

这里需要强调的是，国务院以及各级政府公布的公车经费都是"小口径的"，都是把购车费用（按照年计算则体现为折旧）、司机费用、私用费用排除在外，导致大众认为，中国的公车经费非常低。似乎中国的公车都是从天上掉下来的，也都是"无人驾驶"的，而且领导、司机都是没有一次私用的。这种假设是不存在的。尽管我几乎在每次媒体采访中都呼吁增加公车真实的费用，都没有什么效果。从中央车改结果来看，车改之前的公车总数为 6 300 辆左右，按照财政部长的算法，地方公车车辆是中央机关公车数乘以 6，不到 40 万辆。实际上仅 27 个省市区就有 163.3 万辆。

中央车改办负责人介绍，封存停驶的车辆移交后，达到报废年限的进行解体，其余的公开拍卖。中央机关举办了 26 场拍卖会，据初步统计，共 2 672 辆车拍出，总成交价 15 665.95 万元，平均溢价率 65.15%。涉改司勤人员也进行了妥善安置。据统计，中央和国家机关本级车改共有涉改司勤人员 2 126 人，其中提前离岗 136 人，解除合同 265 人，清理清退退休返聘人员 50 人，内部安置 1 675 人。安置工作平稳有序。一场惊心动魄的中央机关车改已基本完成。

2015 年最为关键的是地方的车改。由于人多车多，难度更大。

在地方车改中，陕西省是比较积极的。2014 年 7 月 12 日，中办、国办印发公车改革方案，中央及国家机关公车改革全面启动。陕西省委书记赵正永、省长娄勤俭对这项公众关注的改革给予高度关注，多次批示、询问、督促车改进展。7 月 28 日，在陕西省委十二届五次全会上，赵正永对陕西车改提出时间表，"要确保年底前省级党政机关率先完成"。

一周后（8 月 4 日），陕西公车制度改革领导小组办公室组建。经过 3 个月调研、会商，并报请中央车改办同意，11 月 14 日，《陕西省省级机关公务用车制度改革实施方案》正式在全省印发。至 12 月 31 日，省级机关涉改单位拟取消的 2 082 辆公车全部封存停驶。车改后，全省一般公务用车保留数不得超过编制数的 30%，全省参改单位取消公车 25 585 辆。

紧随其后的是广东。2014 年 12 月，广东省委全面深化改革领导小组第五次会议审议通过了《广东省全面推进公务用车制度改革总体方案》，并报国家发改委。根据最终《方案》，广东车改坚持贯彻中央有关部署，坚持全省整体节支率和省直机关节支率原则上达到 7%，确保平稳衔接，按照先省本级后市县镇的原则分级分类推进。2015 年年底完成全省公务用车制度改革，其中省直机关公车改革在 2015 年 6 月底前完成，各地级以上市、各县（市、区）于 9 月底前完成，乡镇于 12 月底前完成。

陕西车改行动迅速、高效，与广东省一起成为首批获得中央车改办批复方案的两个省份。安徽省在 7 月初出台了公务用车制度改革总体方案，明确 8 月底前完成省直机关和参公事业单位改革任务。该方案印发至安徽多个省直政府部门以及各地政府，但并未对外公开车改方案。安徽一些地级市已对照该方案制订地方车改方案。安徽省直机关在 8 月底前完成车改后，省直机关公务员在 9 月份领到第一份车补。

7 月 24 日，湖北省委办公厅、省政府办公厅召开全省车改电视电话会议，联合下发《湖北省公务用车制度改革总体方案》。这标志着湖北省公车改革进入实施阶段。据测算，湖北省、市、县各级车改后的公车数量将压缩 51%，年公务交通总支出比车改前减少数亿元。根据方案，湖北参与公车改革的机构包括全省各级党政机关。垂直管理系统驻地方单位按照属地化原则，与驻在地公车改革同步推进。湖北省 8 月前基本完成省级党政机关公车改革，年底前基本完成市、县、乡级公车改革，适时启动其他事业单位、国有企业和国有金融企业公车改革，用两年左右时间全面完成改革。我是在 8 月拿到车补的——1 690 元，由"叶氏车改"每月 1 200 元过渡到全国车改的 1 690 元。

截至 2015 年 12 月，除西藏、新疆和新疆生产建设兵团按计划放宽进度要求以外，全国 29 个省份车改方案均已上报，中央车改领导小组分六批全部审核批复。12 月 15 日之前，陕西省已完成省本级车改，地市改革全面推开。北京、天津、江苏、安徽、湖北、广东、贵州等省份已基本完成省级机关车改，正在向地市推进。2015 年年底，近 20 个省份完成省级机关车改。

已批复方案的 29 个省份，共有参改公务人员 821.22 万人；改革前公车总数 170.26 万辆，取消 77.58 万辆，压减 45.57%；共需安置司勤人员 58.48 万人。平均节支率 7.88%，其中省本级平均达 11.07%，均高于 7% 的预期目标。车改前，账面上的"公务用车运行维护费"只是"冰山一角"，公车实际费用往往在各种专项经费中列支，车改节约的就是账面上看不见的"沉没成本"。如果综合测算司勤人员养老、医疗、办公用房等支出，车改实际节支率还将有较大提高。中央车改办认为，车改的节约是"制度性节约"，通过改革公务出行方式，从制度上确保公车真正用于公务，切实防止公车私用。实现的是真正的节约、根本上的节约，且越到地方越明显。

随着四川、内蒙古和重庆相继公布公车改革方案和公车补贴标准，到 2015 年 12 月 15 日为止，共有 13 个省市自治区公布了公车改革方案。

重庆市：厅局级、处级和科级及以下每月车补标准上限分别为

1 690 元、1 040 元和 650 元。

陕西省：正厅局级补贴 1 690 元、副厅局级 1 500 元、正处级 1 040 元、副处级 950 元、正科级 650 元、副科级 600 元、科级以下 550 元。

广东省：正厅级 1 690 元、副厅级 1 500 元、正处级 1 000 元、副处级 800 元、正科级 600 元、副科级 450 元、科员 300 元、科员以下 250 元。

湖北省：厅局级 1 690 元、县处级 1 040 元、乡科级 650 元、科员及以下 450 元。

安徽省：正厅级 1 690 元、副厅级 1 600 元、正处级 1 000 元、副处级 900 元、科级及以下 550 元。

山东省：厅局级正职 1 690 元、厅局级副职 1 560 元，县处级正职 1 040 元、县处级副职 960 元，乡科级正职 650 元、乡科级副职 600 元，科员办事员和机关工勤编制人员 500 元。

广西壮族自治区：厅级 1 950 元／月，处级 1 200 元／月，科级 750 元／月，科员及以下 650 元／月。

贵州省：厅级每人每月 1 950 元，处级每人每月 1 200 元，科级每人每月 750 元，科员及以下每人每月 500 元。

四川省：厅局级 1 690 元／月，县团级是 1 040 元／月，科级 650 元／月，科员 500 元／月，公勤人员 300 元／月。

内蒙古自治区：正厅级每人每月 1 950 元，副厅级每人每月 1 800 元，正处级每人每月 1 200 元，副处级每人每月 1 050 元，正科级每人每月 750 元，副科级每人每月 600 元，科员及以下每人每月 450 元。

云南省：厅局级每人每月 1 950 元，处级 1 200 元，科级及以下 750 元，机关工勤人员 650 元。

湖南省：省级党政机关厅级 1 690 元 / 月、处级 1 040 元 / 月、科级 650 元 / 月、科员及以下 550 元 / 月。

江西省：厅局级 1 690 元，处级 1 040 元，科级 650 元，科员及以下 500 元。

2016 年，国有企事业单位的车改无疑是重头戏。早在 2014 年 7 月，《关于全面推进公务用车制度改革的指导意见》出台，其中明确用两到三年时间完成包括事业单位、国企和国有金融企业在内的公车改革。针对国企公车如何改革，上述文件并没给出明确方案。到了 2015 年中旬，国务院批转了发改委《关于 2015 年深化经济体制改革重点工作的意见》。《意见》中明确规定，将启动国有企事业单位公务用车制度改革。国家行政学院教授竹立家表示，目前国企和事业单位的公车保有量高于机关行政单位，这一领域若全面推行车改，削减公务车总量将更多，节约资金也会更多。对于这个观点，我并不赞成。随着 30 年来国有企事业的不断改革，国有企事业单位的数量在减少，公车应该不会超过党政机关。

根据中央公务用车制度改革领导小组办公室负责人的介绍，中央企事业单位车改方案 2015 年年内公布，争取 2016 年年底基本完成。在中央和国家机关本级车改启动的同时，中央企事业单位车改方案也一直在研究当中。中央事业单位和企业车改实施意见分别由国管局和国资委牵头制定，2015 年年底已分别形成征求意见稿，并广泛征求意见。在充分听取反馈意见的基础上，中央车改办将尽快完善两份改革方案，经中央车改领导小组批准后印发执行。

据统计，中央企事业单位车改涉及一级预算的中央直属事业单位 10 余家，中央和国家机关部门所属的各级事业单位 1 万家左右，国资委管理的中央企业 100 多家，还有数十家中央金融企业及各部委管理的中央企业。这些数字表明，竹教授的担心是有道理的。

可见，事业单位和国有企业车改涉及面更广，情况更为复杂，应分类施策，但节约开支和应改尽改是必要前提。企事业单位车改一定要避免将车改补贴标准福利化和发放范围扩大化的倾向。企事业单位的工作性质和行政机关有很大差别，涉及公务出行的人员范围有限。推进改革首先要按规定严格确定涉改人员范围，改革后也不是像机关车改那样统一发放公务交通补贴，而是要根据各单位实际，采取报销公务交通费用、发放公务交通补贴等不同方式。同时，要确保正常工作不受影响，必要的医疗救护、新闻转播、科学考察、技术勘察、检疫检测、环卫清洁等特定功能的特种专业技术用车将得到保留。

国有企业的车辆有多少？需要解剖麻雀。五粮液集团就是一个国企车改的先行者。2014 年 1 月，五粮液集团启动公车改革。在 2 月份完成公车改革。五粮液集团公司、五粮液股份公司旗下的公车有 500 余辆，豪车不少，其中有悍马越野车。五粮液集团公车改革分两次完成，公务车拍卖只是第一步，首批有 343 辆公车被拍卖，吸引了 1 700 多人报名参与竞买。

五粮液集团公司车改在四川国企中尚属首例。车改后，该集团将保留生产必需用车、生活用车、特种车和少量接待用车，合计约 200 辆左右。中层以上干部公务用车全部取消，每月或将享受 800 元至 2 500 元不等的用车补贴。公车改革、拍卖不仅有利于国有资产保值增值，使国有资产得到回收，还能每年为公司节省开支 1 500 多万元。

6. 停车也有故事

对于公车的识别，大多数民众还是不清楚的，只有部分人知道从车牌中看是否是公车。如果有的公车挂民用车改，公众监督就无能为力了。

公车不仅在外出中会受到监督，就是停车用空调也会被监督。记得有一年在北京开全国人大会议期间，在人民大会堂停车场上，一个香港的记者观察得很细。他说，为什么大使馆的车都熄火了，而我们官员的公车司机却开着空调在车里面睡觉？其实，只要仔细一观察，公车司机开空调在车里睡觉的不少见。我一直建议，各单位要有司机休息室，这样也可以减少雾霾。因为"怠速三分钟就相当于一公里的油耗"。¹

因此，关于停车要不要熄火这个问题，在 2013 年 10 月 24 日的《北

---

1 专家认可这种观点。汽车学专业上的说法是节气门开度最小时，发动机保持在最低转速的工况。这个定义的意思包括了车子在各个挡位保持油门最小行驶时的工况。而我们一般所说的怠速工况是指挂上空挡，车子原地不动，发动机保持最低转速工作的工况。怠速也耗油，此时发动机转动主要维持空调压缩机、水泵油泵、飞轮的运转等，假如此时离合器出于结合状态(没有踩离合器踏板)，那么发动机还要带动变速箱输入轴的齿轮等零件的运转。所以，发动机怠速也是要耗油的。当转速较高时，所需要克服的动能越大，所以根据能量守恒，所消耗的油是越多的，这是理所应当的。而在低转速的时候耗油也挺大。这是因为在低转速的时候发动机的进气量也很低，燃油燃烧不充分，而且机械部件 (如气门、活塞)的运动能量损失较大，发动机整体的机械效率很低，所以耗油很大。那既然发动机怠速耗油这么大，那有没有大到"怠速三分钟就相当于一公里的油耗"的这种程度？开过车的人都有数，怠速工况的耗油大概是 1—2L 每小时，折合到三分钟大概是 0.1—0.2L。一般汽车的油耗大概是每公里 10L 左右，折合到每公里大概 0.1L。所以，怠速三分钟的油耗确实相当于一公里的油耗，所以这句话还真有一定道理。怠速比想象中更耗油。

京市大气污染防治条例(草案修改稿)》听证会上就展开了激烈的争论。[1]
第 81 条规定:"鼓励环保驾驶,减少机动车污染排放。在不影响车辆正
常行驶的地段,提倡机动车驾驶员在停车 3 分钟以上时熄灭发动机。"
这一规定是否合理、可行?市环保局就听证事项进行了简要说明,建议
改为强制规定。9 位发言的代表并无一人明确反对该规定,但不管是"强
烈支持派"还是"抱有隐忧派",都就是否强制、如何执法等细节问题
提出意见。

代表总体同意怠速污染。听证代表、空军指挥学院退休教师李小
溪一发言就表明态度:"我对停车熄火这事已经观察了好几年。众所周
知,北京的大气污染已经严重到了非重视不可、非解决不可的程度,而
最主要的污染源就是汽车尾气污染。现在 81 条倡导的条款非常必要,
但还远远不够,要有惩罚措施"。她援引数据支持自己:2.0 排量的汽车
重新启动一次,耗油 1 毫升,怠速 5 秒钟,就要耗油 1.1 毫升,怠速耗
油远远超过熄火重启。同样,怠速排放的污染量也不可小视。

北京市环保局机动车排放管理处处长李昆生提供了一组测算数据:
一辆国 II 标准的小客车,每秒排放一氧化碳约 11 毫克,碳氢化合物 3.7
毫克,氮氧化合物 0.3 毫克,怠速 3 分钟排出的污染物是 2.7 克。如全
市有 10 万辆国 II 标准车,每天怠速 3 分钟以上排污 270 公斤,一年近
100 吨;如果是 100 万辆车,至少排污 1000 吨。李昆生称,经相关科研
机构研究,这些污染物含几百种有毒有害物质,而且低空排放都在人们
的呼吸带上,对人体健康造成比较直接的危害。实际上国 I 至国 V 车,
都会排放相应污染物,只不过是大小多少的问题。

1　潘之望:《北京环保局建议"停车熄火"强制执行并设罚则》,《京华时报》2013 年 10 月 25 日,
　　http://news.xinhuanet.com/fortune/2013–10/25/c_125596666.htm。

9 位代表的共同建议是：停车熄火从公车"开刀"。

李小溪代表发言时向公车"开炮"，痛批一些司机停车不熄火，开着空调等领导，担心领导上车时觉得车里温度不够舒适；有的是自己贪图空调舒适，长时间待在车里。"这些现象也源于公车的油耗是公家埋单，不用个人掏钱。"

来自国家民委研究室的退休干部黄飞、来自中国人民大学的教授周珂以及杨燕秋、李凤芝等多位代表也建议，这一规定应从公车开始实行。即第 81 条增加处罚内容，先从公车开始严管和处罚。李小溪认为拿公车"开刀"具有可行性，首先北京公车数量较大，出驶率比较高；停车不熄火的现象，公车远甚于私车。此外公车便于控制管理。在治理北京大气污染方面，公车也理应率先垂范，负有更大的责任，为社会车辆作出表率。目前对私车主要还是进行提倡和劝导，以后条件成熟时再加强执法力度。

一位名为"少军"的读者在《人民日报》上发表文章《等人的公车当熄火》[1]，相当的尖锐。"近日到某机关开会，看到门口有部分公车司机，开着空调在等领导。而此时距会议结束，至少还得 1 个小时。向司机们打听，对于这种现象，他们多抱持'见怪不怪'的态度，这不禁让人揪心。汽车长时间怠速运转，无疑会耗费更多油料，也会因为燃料的不完全燃烧，排放更多污染物。无论是从降低公车运行维护费，还是从保护环境的角度来看，公车使用者都有义务科学、合理地使用公车，不能因为费用无须自己出，或者领导不在意就可以忽略，甚至无视这种完全可以避免的过度消耗。'坚持从严从简，勤俭办一切事业，降低公务活动

---

1 《人民日报》2016 年 1 月 5 日。

成本.' 厉行节约，反对浪费，需要落实到工作中的每一个细节。不仅仅是领导干部，司勤人员也应严格要求自己，通过加强环保意识来提升个人修养。从小事着眼，从细微处改变，'公车长时间停车当熄火'，才会成为越来越多人的共识。"可见，在老百姓眼里，这不是小事情。

在 2012 年 12 月 4 日"八项规定"严格执行之前，公车私用不仅在国内很猖獗，甚至都私用到了邻国——老挝。2011 年 10 月 4 日，有网友在老挝首都万象意外发现了一辆牌照是云 E84547 的吉普车，其车身上喷有"农业执法"字样。该网友拍下照片并传到网上，随即引来质疑：中国公务执法车为何出现在境外？究竟是"跨国执法"，还是公车私用？

经查，驾驶云 E84547 车辆的赵朝魏是楚雄州农业局执法支队支队长，此次出境未向楚雄州农业局领导报告，属个人行为；云 E84547 车属楚雄州南华县农业局，楚雄州农业局不知晓赵朝魏借用该车的情况，属公车私用。10 月 8 日，中共云南省楚雄彝族自治州委外宣办、楚雄州政府新闻办联合通报，驾驶人赵朝魏已被免职。

谈到监督"公车私用"，不得不提及两位监督公车私用的高手——吕建福、区少坤。与他们的勇敢行为相比，我的"叶氏车改"只是小事一桩。

——"专拍哥"吕建福的故事 [1]。吕建福是我的好朋友，多次在公车改革的电视节目中碰面。他是河南电视台的一名摄像记者。他拍的是开着公车干私活的"领导"，被称为"专拍哥"。老吕第一次拍摄特权车是在 2007 年，在郑州市太康路和人民路交叉口附近，一辆悬挂豫 O 牌

---

1 资料来自 http://baike.baidu.com/view/2121927.htm。

照的车辆在单行道上逆行，碰到一辆公交车后停在路上不走。交警过来后，豫 O 牌照司机还和交警吵架，发现这一幕后，老吕非常气愤，把这辆特权车的车牌号用相机拍下，并拍摄了视频，放到了网上，短短 1 天内就有上万的点击率。这件事当时在郑州很轰动，事发后第三天"豫 O"牌照公车所在单位的相关领导就向老吕要走了视频原带，第五天该单位就向老吕通报了处罚意见：司机以及所在部门的相关责任人一共处罚了 5 个。

从此，老吕利用私人时间，在河南各处拍摄了数千张公车私用、违规驾驶与停放的照片——景区里的市委、市政府专用车、饭馆旁的医疗车、公园里的税务车，还有放学时候亮着警灯接孩子的警车，然后把视频放到互联网上去。因此被处理的公务员就有几十个。吕建福并不是国内第一个曝光特权车的市民，但相比于"偷着拍的"和"离老远拍的"，老吕是第一个扛着"大个儿摄像机"堵着车门拍的。提起"特权车"，老吕的嘴里就迸出俩字："不公！"这种感觉来源于他的职业。因为长期在电视台跑民生，他交了很多交警朋友，并耳闻目睹了街头"特权车"的种种丑态。老吕并没有能力去改变这一切，他形容自己是"有心杀敌，无力回天"。直到 2007 年，"周老虎"事件红极一时，他突然间意识到，"原来互联网这东西，是能让'官老爷'认错的！"打那以后，他彻底走上"职业化"的"打私"道路（打击公车私用）——他胯下骑一小摩托；掌中一索尼摄像机，始终保持镜头盖打开状态；肩背一黑包重达 30 斤，包内装有带子 10 来盘、电池 3 块、奥林巴斯照相机 1 个、IBM 笔记本 1 台；兜里还揣着 3G 网卡，保证随拍随传。在他的镜头下，那些特权车司机的嘴脸毫发毕现。有人直接就骂"滚你 × 蛋"，有人会直接打人。他曾经被特权车司机打过，被人拉拉扯扯更是不计其数。为了防止公车司机拉扯头发，他干脆剃光头。在郑州这座城市里，吕建福的事流传甚广，饭店旁的保安、火车站附近的商贩甚至胡同里卖报纸的老妇，都是他的线人，有时候，老吕的小摩托开过路边摊，前筐里就能多出几瓶矿泉水。

他创建了"专拍公务车"QQ 群和微博，每当政府出台一项整治公车的举措，他也都第一时间在自己的博客、QQ 空间和微博上发布。这一点我们是相似的。他的努力没有白费。2010 年 7 月底，河南省公安厅发布消息，即日起在全省范围内取消公安车牌号段"豫 O"，郑州市政府也在同一时间做出决定，取消政府专用车牌号段"豫 AAA"。在这次行动中，时任河南省委书记卢展工第一个带头更换了自己的"豫O"号牌。罚款的修改权限被收到了省公安厅；公车私用的特权车将实行"直接扣牌制"；郑州市管城区区长助理的公务车，因为违规驾驶被查没……交警圈里也流传起了"百姓有事找交警，交警有事找吕哥"的口头禅。

当然，也不是所有人都理解老吕。"倔得像头驴！"老吕的妻子曾跺着脚抱怨他。这仿佛给了他某种启发，把自己的 QQ 状态改成了"我就是一头不知疲倦的驴，为了一个目标，一直在行走"。他的摄像机被摔坏过四五次；还接到过"杀你全家"的死亡威胁；他甚至从不敢跟自己的孩子一起出门。

——"区伯"区少坤的故事。[1] 区少坤比我大十岁，与我有过电话联系，未曾谋面。但是，我会隔三岔五地看到他发的微博、微信，佩服他的勇敢。他曾在广州市海珠区当农贸市场管理员，2000 年下岗，后

---

1 资料来自 http://baike.baidu.com/view/7021335.htm?fromId=8284019。

住进了政府提供的保障房，每月领取 480 元的低保金。因多次举报政府部门等失职行为深受广大民众所喜爱，但也侵犯了某些人的利益，曾多次被人以暴力威胁，甚至围殴踢打，致其多次住院。由于多次在大街上拍照，检举公车私用，区少坤很快便为广州人所熟知，被亲切地称为"区伯"。

区伯是一名"公车私用监督达人"。数年前的一件事强烈地刺激了他。一天傍晚，生病住院的区伯正在人行道上散步，忽听身后"嘟、嘟"喇叭作响。扭头一看，按喇叭的是辆警车，驾驶员还身穿制服，正要停在人行道旁的酒店门口。"公车私用！"他立马反应过来，不仅不避让，还用手机拨了 110。一周后，广州市荔湾区公安分局有关负责人来电："区少坤吗？经查，你的举报属实，已对当事民警作出处理，谢谢您的监督！"

首战告捷后，区伯才认真打量起"公车私用"这头"巨兽"来。"一查不得了！国家一年的'三公'消费（指公务人员因公出国（境）经费、公务车购置及运行费，公务招待费）据说有 9 000 个亿。其中，公车消费占了最大头。2011 年，广州公车保有量至少 20 万辆，平均养一辆公车，每年至少要花 2.5 万元（未计入司机费用）。"他指着媒体公开披露的数据，连连摇头。"2.5 万，这够多少贫困山区的小孩子上学、吃饭、买鞋穿？"

这些年来，曝光了 200 多辆涉嫌私用的公车，微博粉丝超过 10 万。有人为他叫好，说他是社会上不可多得的"啄木鸟"。有人提出质疑，认为他是"搏出位"。区伯在两年内 5 次因监督公车接受治疗。还发生过"长沙事件"。在监督过程中，被监督者会威胁他，甚至"下手"是难免的。但他依然我行我素，就算是对违规的军车亦是如此。2013 年 2

月，区伯在街头上看到军人用军车载着女性，就直接斥责，更亮出自己的身份："你动我一下试试，我就是广州区伯，我就是监督'公车私用'的广州区伯。"

7. 如何适应车改?

从 2011 年到 2015 年，大多数官员经历了"反对车改——抵制车改——适应车改"的过程。

在 2011 年到 2013 年，主要表现在反对车改上。反对车改的理由很多，我觉得主要有三个方面，一是"待遇论"。一个官员，从科员到科长、处长，再到厅级，十分不容易。在中央机关，副部级才有车；在省直机关，副厅级才有车；在地级市，处级以上才有车；在县级，科级才有车；在集体经济条件好的村，村长也有车。曾经的"村长"论坛上，是豪车云集。[1] 在不同级别政府机关工作的官员，好不容易做到一个"有车坐"的级别，焉能放弃"公车的福利"。如果任由公车私用发展下去，可以毫不夸张地说：当你的级别达到可以使用一辆公车时，你的家里一年就相当于增加了 10 万元的收入。

二是"安全论"。领导在车上要思考问题、要休息，开车就不安全了。有专门司机，确实安全、舒适。但是要知道每个坐公车的官员都需要这种"安全感"，那么财政代价是多少?

三是"面子论"。公车不一定是高档车，但是，即使坐旧的公车，

---

1 陈浩杰：《全国"村长"论坛豪车云集》，《半岛都市报》2011 年 10 月 24 日。在山东临沂市召开的第 11 届全国"村长"论坛演变成近似豪车展。奔驰、宝马、劳斯莱斯、雷克萨斯等豪车随处可见，车牌号则有"888""666""777""999"。"这不是车展，却比车展更牛。"

也是一种很有面子的事情。有的官员坐着公车衣锦还乡，村里的老板即使是豪车，也不一定有官员"牛"。车改之后，官员失去了"公车与公车司机"的优越感。如果官员也和老板一样，购置豪车，又担心纪委上门，只能买部过得去的车。有人对我说，车改最大的意义在于政治上的革新。很有道理。车改就是要破除"面子观念"，由"父母官"变成"公仆"。连地铁都不愿意坐的官员，怎么会成为"公仆"呢？

在 2013 年到 2014 年 7 月，是处于"抵制车改"的阶段。当中央机关车改补贴是"5 813"、地方只增加 30%—50% 之后，很多官员觉得很失望：车补太少了，不想出差了。尤其是一些车改的先行先试区域，有的地方（比如温州）处级干部的车补高达 3 100 元，而统一车改之后，只有 1 040 元。所以，我说车改的阻力也来自车改区。

自 2015 年 7 月以来，越来越多的官员拿了车补，参与到车改之中，逐步适应了车改的"新常态"。在广东省直机关车改六个月之后，记者进行了深度采访，反映出官员出行方式发生了很大的变化。[1]一是住得近的，步行当作锻炼。省工商行政管理局的一名副厅级领导介绍，自从单位配的小车被收回后，因为住地离单位不远，就选择步行上下班。另外，自己也有私家车，如果当天要到别的地方开会，也会选择开车前往。平时有晚饭后慢步走的习惯，已经坚持多年，步行上下班就当成是锻炼身体。该领导所在单位位于天河区繁华地段，早晚高峰时段道路特别拥堵，步行常常还快过开车。二是住得远，学用打车软件。一名年纪相对较大的副厅级领导已习惯搭乘地铁、的士上下班。因为的士比较难等，他还跟同事学会了用优步手机软件叫专车。为了出行更加方便，他

---

1 《广州车改后官员现状：有领导干部学用打车软件》，中国新闻网 2015 年 8 月 30 日，http://finance.sina.com.cn/china/20150830/133723119340.shtml。

还准备去学车。据他观察，虽然多数领导干部有私车，但是，最近一次去省委开会，却发现不少人是坐的士和专车过来的，因为进省委大院是要通行证的，如果没有提前沟通登记，根本进不去，周围又很难停车。三是有车族，自驾更方便。"现在上下班主要是自己开车。"省商务厅的一名副厅长介绍，其实自己一直有驾照，近些年来因为单位有配车，自驾机会比较少。公车收回后，这位副厅长慢慢提高了驾车技术，开始自己驾车上下班。省水库移民工作局的一名领导透露，身边同事主要是自己开车上下班。针对目前有部分领导干部的"车改不适"现象，该领导认为，慢慢大家都会适应的，按他自己的个人经验，其实开私车更方便。四是个别干部暂难适应。有个别领导干部表示，目前还在适应之中。一名不愿透露工作单位和姓名的省直机关领导说，自己多年养成在车上看文件或准备发言材料的习惯，现在单位配的轿车被收回了，"到现在还在调整之中。如果未来还不适应，就要想想采用其他的交通方式了。"希望大家的这种"适应期"更短一些。

8. 车改之后仍然需要监督

2015 年年末，"八项规定改变中国"成为中国的流行语。从这句话来看，也可以说明"三公"经费控制与老百姓的期盼。但是，不论管理得多么严密，总是会有漏洞，"公车私用"仍然存在，甚至会出现新的方式。有一位记者在北京使用"滴滴打车"预约"顺风车"，不料车主竟开着所在单位的公车前来"拉活"。在中央八项规定出台三周年之际，如此"奇遇"令人哭笑不得。因此，滴滴出行就有义务把各种"公车"排除在数据库之外。

　　三年来，作风建设成绩斐然，党风政风社风民风为之一新，人民群众切实感受到方方面面的变化。但不可否认的是，不正之风具有顽固性、反复性，"不能"和"不想"的问题还远未解决。

　　中国纪检监察学院针对在校学员的调研结果显示，当前绝大多数地区严格落实中央八项规定精神，但有40.9%的学员表示，所在地区和部门"出现反弹苗头"，7.2%的学员表示"出现一定反弹"，0.4%的学员表示"反弹现象严重"。学员还表示，国有企业和县级以下基层组织"四风"问题反弹苗头相对突出。

　　调研结果显示，公车私用和公款吃喝依然痼疾难改，分别有22.1%和17.7%的学员认为当地存在此类问题。其余依次是违规发放福利津贴、违规收送礼品、大办婚丧嫁娶、公款国内旅游、公款出境旅游、违规建楼堂馆所，占比分别为10.6%、7.9%、5.9%、3.1%、2.3%和1.5%。无独有偶，从2015年1月到11月全国查处违反八项规定精神问题汇总数据来看，违规配备使用公车问题同样居于"首位"，共有7 924起，占比24.7%。其后四位依次是违规发放津补贴或福利、大办婚丧喜庆、违规收送礼品礼金和违规公款吃喝，分别占到19.4%、14.3%、13.9%和12.5%。查处问题数的"前五名"，正好也是调研报告中学员反映最多的五个方面。这五个方面的典型案例，在各地各部门通报中更是不胜枚举。例如，教育部近期通报的4所高校违纪案例中，"公车""吃喝""婚宴"等"关键词"均有提及。

　　2015年，武汉市纪委驰而不息地纠正"四风"，推进作风建设常态化。全市共查处违反中央八项规定精神问题574个，处理976人，其中局级干部11人，处级干部201人；给予党纪政纪处分629人，工作力度在全省名列前茅。

在"五一"、抗战胜利纪念日期间，武汉市纪委发现了几百个公车私用问题线索，通过整治和问责，到"十一"期间仅发现了3台公车私用。可以说，2015年是一个公车私用的转折年。武汉市纪委借助市公安交管局"天眼系统"，对部分重点单位公车进行全程跟踪监控，全年共查处公车私用案件166起，追责247人，有效遏制了公车私用。这是武汉市纪委深入开展"6+3"整治的缩影。自2015年以来，武汉市纪委将机关内部食堂违规公款消费、违规发放津补贴、违规配备使用公车等6项专项整治工作，以及基层"小官巨腐"等3项专项治理，纳入工作重点，取得一定成效。

当然，公车改革还要注意公平性。

作为"车改第一人"，我经常收到一些车改方面的信件。我也会转交这些建议。比如，《在车改过程中"同工同补"的建议》就是一例。

我收到一封来自广西柳州市县机关事业编制人员的信件，信中提及，相当一部分事业编制人员，与公务员编制人员做一样的工作，而没有一样的车补的事情。这种不公平的状况亟须改变。全文如下：

尊敬的叶青教授：

您好！我们是近些年从各个全国性媒体的报道采访中了解您的。您是全国人大代表，也是一位学者型的官员和敢于、善于为老百姓发声的人，为表示尊重，请允许我们称呼您的职称而非官职。

叶教授，这次给您来信，主要是想就您多年呼吁的公车改革问题向您反映一些基层的实际情况，并也想通过您能引起国家有关部门甚至高层的重视。如您所知，从今年1月起，包括我们广西在内的各地机关公车改革基本都开始实施了，我们广西各地公务员和参公人员的不同标准的车补从今年1月起开始发放，而我们这群人，作为部分在市县基层机关单位工作的事业编制人员，我们感到很不公平、很不合理，也很寒心和委屈。叶教授，虽然您在湖北工作，但想必各省区市各地基层的情况您也做过一些调研，也知道和了解一些实际情况。像我们广西的各县市机关单位，由于公务员编制的限制，导致部分岗位或工作任务需要相当一部分事业编制人员通过诸如长期借调的方式任职和完成，更有少部分人员还在政府部门担任着实职，比如我们广西柳州市各城区教育局的部分局长和大部分的副局长都是事业编制人员而非公务员也非参公人员，这种情况在我们市县基层机关是普遍存在的，有的地方机关单位事业编制人员甚至还超过了公务员。原因嘛就是基层机关的确需要这么多的人员来完成各种各样的工作任务而公务员的编制又不足。其实从内心讲，我们这些同志不愿意到机关工作的，因为身份比较尴尬，但一来这是组织的决定安排，几乎每个人都身不由己；二来以前没有公车改革，公务员和事业编人员只是领工资的渠道不同而已。但现在情况完全不同了，公务员包括从来不需要外出公干的内勤人员和工勤人员都可以领取不同标准的车补，而我们则由于身份的关系，是既无公车用于外出办事，也无补贴可领，单位也不把事业编制人员整体清退回去，还要求继续外出办事、公务。我们实在是想不通，也很愤懑，天底下哪有这么霸道和欺负人的。和领导提吧，说是中央的顶层设计，他们也爱莫能助。而如果把事业编制同志都清退回去，估计许多基层机关也基本运转不动了。

我们认为，再好的顶层设计，它总应该有个统筹兼顾的考虑吧，再好的顶层设计它也要讲实事求是吧。我们想，像我们广西各县市基层机关工作的事业编制人员的情况在叶教授所在的湖北乃至全国其他地方肯定也是普遍存在的。如果解决不好，其直接结果，一是严重挫伤这部分同志工作积极性；二是人为在基层机关制造矛盾和隔阂。总之，这些都是很不利于工作，也不利于团结和谐的。

恳请叶教授能在百忙中关注我们所反映的问题，来信不当之处请海涵，谢谢您！

广西部分市县机关事业编人员

2016 年 1 月 27 日

如果以上反映的情况是真实的话，我建议应该一视同仁、"同工同补"。首先是尽量压缩事业编制人员，其次是"同工同补"。既然这部分事业编制人员是事业发展所需要的，那么，他们的一切待遇都应该一致。如果这部分车补无法从当地财政经费中解决，就应该视同工资的一部分，从自筹经费中予以解决。否则会形成新的不公平。

2016 年 9 月 5 日，民进中央下发通知对 2016 年第一批参政议政成果进行表彰，我执笔的《应在车改过程中"同工同补"》的建议经民进中央《民进信息》采用后，被全国政协采用。获民进中央 2016 年第一批参政议政成果三等奖。

湖北省直机关实施车改后，最初存在部分领导干部领了车补，却依旧享受着公车接送有武警站岗的省委大院、省政府大院、东湖宾馆。2016 年 5 月起，这一现象被明令禁止，逐渐有干部开始驾驶私车前来开会。从这件事的转变，能很形象地看到政策落地的现实过程。私车开来却停放不便，一些干部担心被交警贴单，只能请警卫通融将车停入院内。私车不能驶入的规定越来越松动，终于在 6 月初传来消息，上报参会者私车车牌号后，可以直接进入省政府大院。省政府大门的一侧安装了显示屏，上面有进出的车号。车号对上了，就不会受阻。但是，令人费解的是，每次到省政府大院开会，还是有公车在接送，"叶氏车改"有时倍感糊涂。

降低行政支出

1. 支出分类与监督

有国家就有财政，有财政就有财政支出，因为政府机器要运转，就需要财政经费。马克思说："税收是喂养政府的奶娘。"没有税收，政府就长不大甚至饿死。这也说明了财政支出对政府的重要性。

对问题的分析，往往从分类开始。将财政支出的内容进行合理的归纳，以便准确反映和科学分析支出活动的性质、结构、规模以及支出的效益和产生的时间，很有必要。分类方法有下列五种：

（1）按经济性质分类

按照财政支出与经济活动的关系，可以将财政支出分为生产性支出和非生产性支出。生产性支出指与社会物质生产直接相关的支出，如支持农村生产支出、农业部门基金支出、企业挖潜改造支出等；非生产性支出指与社会物质生产无直接关系的支出，如国防支出、武装警察部队支出、文教卫生事业支出、抚恤和社会福利救济支出等。

按照财政支出是否能直接得到等价的补偿进行分类，可以把财政支出分为购买性支出和转移性支出。购买性支出又称消耗性支出，是指政府购买商品和劳务，包括购买进行日常政务活动所需要的或者进行政府投资所需要的各种物品和劳务的支出，即由社会消费性支出和财政投资性支出组成。它是政府的市场性再分配活动，对社会生产和就业的直接影响较大，执行资源配置的能力较强。由于在市场上遵循定价交换的原则，因此，购买性支出体现的财政活动对政府能形成较强的效益约束，对与购买性支出发生关系的微观经济主体的预算约束是硬的。转移性支出是指政府按照一定方式，将一部分财政资金无偿地、单方面转移给居民和其他受益者，主要由社会保障支出和财政补贴组成。它是政府的非市场性再分配活动，对收入分配的直接影响较大，执行收入分配的职能较强。

（2）按最终用途分类

从静态的价值构成上看，财政支出分为补偿性支出、积累性支出与消费性支出。补偿性支出主要是对在生产过程中固定资产的耗费部分进行弥补的支出，如挖潜改造资金。积累性支出指最终用于社会扩大再生产和增加社会储备的支出，如基本建设支出、工业交通部门基金支出、企业挖潜改造支出等，这部分支出是社会扩大再生产的保证；消费支出指用于社会福利救济费等，这部分支出对提高整个社会的物质文化生活水平起着重大的作用。

从动态的再生产角度考察，则可分为投资性支出和消费性支出。

（3）按国家职能关系分类

财政支出的安排是为了实现国家的各项职能，可以分为：

①经济建设费支出，包括基本建设支出、流动资金支出、地质勘

探支出、国家物资储备支出、工业交通部门基金支出、商贸部门基金支出等。

②社会文教费支出，包括科学事业费和卫生事业费支出等。

③行政管理费支出，包括公检法支出、武警部队支出等。

④其他支出，包括国防支出、债务支出、政策性补贴支出等。

（4）按预算收支科目分类

将财政支出分为一般预算支出、基金预算支出、专用基金支出、资金调拨支出和财政周转金支出。财政总预算会计对财政支出的核算按国家预算支出科目分类。

（5）按财政支出产生效益的时间分类

财政支出可以分为经常性支出和资本性支出。经常性支出是维持公共部门正常运转或保障人们基本生活所必需的支出，主要包括人员经费、公用经费和社会保障支出。特点是它的消耗会使社会直接受益或当期受益，直接构成了当期公共物品的成本，按照公平原则中当期公共物品受益与当期公共物品成本相对应的原则，经常性支出的弥补方式是税收。资本性支出是用于购买或生产使用年限在一年以上的耐久品所需的支出，它们耗费的结果将形成供一年以上的长期使用的固定资产。它的补偿方式有两种：一是税收，二是国债。

在2009年的广州"两会"上就有代表提出，预算支出列表在医疗卫生类下分列"医疗卫生管理事务5 571万元，医疗服务支出34 253万元"，这当然无从审议，而如果"医疗服务支出"写成买10台CT机花了多少钱、盖一座医院大楼花了多少钱，代表们就很清楚了。这里代表的要求，其实就是把预算改为按经济分类。

媒体注意到，在2013年的广州"两会"上，广州市质监局一份一闪而逝、只存在了一个晚上的"三公"经费支出预算表中，就有按照经济分类的表格，如番禺区质监局、广州市标准化研究院的"三公"经费预算中，全都详细列出了公务接待标准、预计接待人数、公务用车数量以及每辆车每月的花费，包括燃料费、维修费、保险费、路桥费等，还列出了因公出国人数、平均每人预计花费的数额等。可惜，这份预算很快被一个新版本代替，消失的 10 页是一份完整的表格：财政拨款安排"三公"经费支出预算表。但这已经说明，预算按经济分类是完全可以做到的。

作为预算公开的先锋，广州在酝酿一场预决算按经济分类的深刻革命。当全体人大代表都能轻而易举地看懂预算，预算监督才不会走过场，审查预算报告也才具约束效力。

因此，《广州市人民代表大会审查批准监督预算办法》在 2014 年 2 月召开的广州市"两会"上表决。这个《办法》中最引人注目的是一条看上去颇为专业的表述："部门决算草案应当按照经济分类编报支出。"

这就引出一个问题：支出功能分类与经济分类的主要区别是什么？

支出功能分类与支出经济分类，是从不同侧面、以不同方式反映政府支出活动。支出功能分类主要反映政府的职能，说明政府在做什么，支出经济分类则是在支出功能分类明确反映政府职能活动的基础上，明细地反映政府的钱究竟是怎么花出去的，是付了人员工资、会议费还是买了办公设备等。二者既是相对独立的体系，又相互联系。现在的预算报告难以看懂，是因为资金使用是按功能分类的，只是概述预算资金用于哪个社会功能领域，比如教育、社会保障和就业、文化体育等；如果改为按经济分类，列出使用的方式，比如工资、福利支出、公务接待费、取暖费、物业管理费等，谁还会看不懂呢？

《广州市人民代表大会审查批准监督预算办法》最终在 2014 年 2 月 22 日广州市第十四届人民代表大会第四次会议上通过修订。部门决算草案按照经济分类编报支出，就能让花钱的结果得到有力的监督。

财政部在 2013 年教育、科学、技术等七个重点支出细化公开到项级科目的基础上，2014 年除涉密内容外，中央部门预算全部公开到支出功能分类的项级科目，也就意味着目前已经按照功能分类的最底层科目公开，这也体现出了中央打造阳光财政的力度和决心。财政部表示，下一步将进一步细化部门预决算公开内容，除公开到功能分类的项级科目外，还要逐步将部门预决算公开到基本支出和项目支出，积极研究将部门决算按经济分类公开。

2014 年 4 月 21 日提交十二届全国人大常委会第八次会议审议的预算法修正案草案三审稿对政府预算编制作出更加细化的要求。

修正案草案第 32 条提出，"政府收支分类科目应当按其保障功能分类分为类、款、项，按其经济性质分类分为类、款"。预算编制越细化，就越有利于接受监督。在此前的预算法草案审议和征求意见过程中，有关预算应按经济分类的呼声不断，也受到了社会各界的高度关注。

因此，政府支出按功能分类，主要反映政府的各项职能活动，显示的是政府的钱"干了什么"，起到了什么样的社会作用。以"教育"为例，类、款、项三级结构对应为"教育"——"普通教育"——"小学教育"，反映出政府为完成教育职能在"普通教育"中用于"小学教育"这个具体方面的支出费用是多少。

对政府支出按经济性质进行分类，则是反映政府各项支出的具体用途，比如教育经费中分别有多少用于教师工作、房屋建设、教学设备、修缮等，这种分类更能一目了然地分清"钱花到哪儿去了"。财政支出按经济分类主要包括类和款两级，类主要包括工资福利、商品和服务支出、转移支付，基本建设支出等；款是对类的细化，如房屋建筑物构建、大型修缮等。按经济分类，一般社会公众会比较有感觉，可以直观地理解钱是怎么花的。比如说多少钱用于教育，大家就会感觉很笼统，但按经济分类，多少钱给教师发工资，多少钱用于购买教学设施，这样就很清楚，也比较容易判断这些钱花得合不合理。

2015 年 3 月 5 日，中央和地方预算草案提交全国人代会。为让代表有更充分的时间审查预算报告，审议时间多了半天。作为新《预算法》实施后的第一个预算报告年份，各级政府要公布全口径预决算，各单位部门的收支预决算也要全部公开。首次全部细化到公开支出功能分类"项"级科目，并首次按照预算法的要求，按照经济分类科目公开基本支出，包括工资福利支出、基本建设支出等。被提及多年的"经济分类科目"，终于"修成正果"，在预算报告中得到具体的体现。

2015 年预算报告还指出，加大盘活财政存量资金力度，清理结转结余资金，将盘活的财政资金重点投向民生改善、公共服务和基础设施等领域。同时，加大预算统筹力度，将政府性基金预算中地方教育附加等 11 项基金收支列入一般公共预算；进一步提高中央国有资本经营预算调入一般公共预算的比例，调入一般公共预算用于保障和改善民生支出 230 亿元，比上年增加 46 亿元。

为了进一步加强中央对地方专项转移支付管理，提高财政资金使用的规范性、安全性和有效性，依据《中华人民共和国预算法》等法律法规和国务院规定，财政部重新制定了《中央对地方专项转移支付管理办法》。其中，第 20 条规定"财政部应当在全国人民代表大会批准年度预算草案后 20 日内向社会公开专项转移支付分地区、分项目情况，涉及国家秘密的内容除外"。因此，2016 年 1 月湖北省人代会上，首次公布了各县市转移支付的基本情况。2017 年的湖北省人代会上继续公布。

2. 行政支出的比例

所有对"三公"浪费的批评，最终都集中在行政经费占财政支出的比重之中。这是一个十分敏感的数字。1978—2006 年，财政支出中用于行政管理的费用规模增长 143 倍，年均增长 19.4%，远高于同期年均 10% 左右的 GDP 增速，也超过年均 13% 左右的财政支出增速。行政管理费占财政总支出的比重从 1978 年的 4.71% 上升到 2006 年的 18.73%。据中新网报道，中国行政成本高居世界第一。国外的行政管理费占财政收入的比例不到十分之一。改革开放 30 多年成果多多，但是，行政成本过高成为一个负产品。这个问题值得深入研究。

中国高企的"三公"经费长期被世人所诟病。然而"三公"经费只是政府行政成本的冰山一角，臃肿的机构、数量庞大的行政人员、低效的机制都在使行政成本急剧增加。20 世纪 90 年代以来，中国政府运行的显性成本占财政支出的总比重几乎都在 10% 以上，而且大部分年份增速超过 15%，远远高于同期 GDP 的增长增速。因此，对行政经费的改革有两大任务，一是压缩总数；二是改革审批体制，简政放权。前者的效果是很有效的。君不见，只要一管控"三公"，各财政单位的年终就突击花钱。这在 2014 年年底是一个典型。

2015 年 6 月 28 日，刘家义审计长在第十二届全国人大常委会第十五次会议上作的《国务院关于 2014 年度中央预算执行和其他财政收支的审计工作报告》中指出，从审计情况看，由于相关规定未及时修改、统筹管理力度不够，各级财政均有大量资金结存未用。至 2014 年年底，抽查的 22 个中央部门有存量资金 1 495.08 亿元，18 个省本级财政有存量资金 1.19 万亿元。至 2015 年 2 月底，上述中央部门按财政部要求应统筹安排的存量资金盘活 97.86 亿元；18 个省应清理由中央统筹的专项结转资金上缴 1 800 多万元。影响存量资金盘活的因素主要有：

——预算中有专项用途的收入较多，按现行管理办法不能统筹安排。2014 年纳入一般公共预算管理但有专项用途的收入有 6 257.25 亿元（占 9.7%），如车辆购置税收入连年结转，在不断扩大支出范围的情况下，年底仍结转 39.69 亿元；政府性基金预算年底结转 720.1 亿元（相当于当年收入的 17.53%）。

——法定挂钩事项支出预算刚性增长，资金闲置量大。如中央本级科技支出至 2014 年年底在财政部累计结转 426 亿元，超过一半结转 5 年以上；中央部门存量资金近一半是教育和科技资金。同时，这种挂钩事项"一刀切"的做法还造成区域间的不平衡。

——一些改革措施或工作部署推进滞后，影响项目资金的有效使用。至 2014 年年底，14 个省 2009 年以来筹集的创业投资基金中有 397.56 亿元（占 84%）结存未用，其中 4 个省从未支用；17 个省 82 个未完工的"十二五"重金属污染综合防治项目中，有 21 个已停建或未开工，19 个进度远滞后于计划，中央财政安排 11 个省的专项资金有 3.38 亿元（占 11%）结存两年以上。

——财政专户清理不到位，大量资金结存。地方财政存量资金清理范围未包括财政专户，18 个省本级财政专户存量资金至 2015 年 2 月底有 2 145.69 亿元，其中 600 多亿元结存超过 2 年。重点抽查的 9 个省本级在 141 个银行网点开设专户 175 个，其中 35 个应取消；专户资金规模相当于同期国库存款余额的 35%，其中 4 个省本级还虚列支出将国库资金 667.08 亿元转入财政专户。

中国政府并未公布过行政成本数据，但一般认为，财政支出中的"行政管理费"（2007 年前）或"一般公共服务支出"（2007 年后）大致等同于行政成本和管理费用。一直以来，中国行政管理费用占财政总支出的比重上升迅猛，1990 年时占 9.83%，到 2006 年增长至 18.73%，期间在 2004 年曾达到过最高的 19.38%。而绝对数值上，2006 年的行政管理费达 7 571 亿元，已增长为 1990 年的 18.2 倍。从历年统计数据计算结果看，行政管理费不仅规模大而且增速快，其增速超过全国财政支出和 GDP，基本维持在 20%，最高曾达 24.8%。

从 2007 年开始，全国财政预算实施了政府收支分类改革，现行预算报告中的"一般公共服务"大致相当于 2006 年及以前的"行政管理费"，但是又不能完全对应。因为一般公共服务之外，现有的 23 个支出大类中教育、科技、医疗卫生、社保、环保等支出中仍然含有事务性支出，即行政费用。所以 2007 年之后的一般公共服务支出相比之前的行政管理费低了不少。但是在政府结构和效能没有太大变化的前提下，改变统计方法并不会对实际行政成本造成太大影响。

对比经合组织国家（世界主要发达国家），其行政支出占财政支出的比重普遍要低于中国。2010 年的数据显示，各国基本都能控制在 15% 以下，而超过 16% 的均属深陷严重财政危机、处境艰难的国家。各国的政府效能也可由行政成本反映出来，过高的行政成本往往导致政府效能低下。世界银行对全球 215 个政府的治理能力的评估显示，中国政府的效能仅列全球第 93 位。

3. 从"三公"到"六公"

2006 年的全国"两会"上，一位人大代表将自己拍摄的一些地方政府豪华办公楼照片带到大会现场进行展览，产生了巨大的反响。我深受启发，决定把公车改革放到降低政府行政成本的建议中，提出管控"六公"的概念，即控制"公车、公游、公宴、公楼、公礼、公品"，引发了代表们的讨论。但会后的反馈依然没有达到我的预期。也就是从这一年开始，在人民网的邀请之下，我开始与 14 位代表、委员一起开博客，即"代表叶青的博客"，十年过去了，至今未停。一年的时间内贴出近 400 篇博文，其中关于车改的专门论述有 16 篇，我希望发出更大的声音，以期引起社会的广泛关注。其中关于"六公"博客点击率最高，获得当年的一等奖。2010 年 2 月底至今又在写微博，凡是遇到公车的内容，我都会写上去，扩大了车改的影响。对于微博，我一度是拒绝的。记得在 2010 年的 2 月底，我正在民进省委会开会，接到一个新浪工作人员的电话：叶代表，在我们新浪开微博吧。我说：我要打理博客，确实没有时间。电话挂断之后的半个小时，接到一个短信：叶代表，你可以像发短信一样发微博。写博客很是麻烦，要有网络、电脑，而微博却这么方便。我立马激动起来，成为了一个微博爱好者。现在的方法是，每当我的文章发表，就会把未被编辑斧正的原稿发在博客上。

2015 年 1 月 7 日 8 点 50 分，我怀着忐忑的心情第一次走进了一个很有象征性的会议室——湖北省省委第一会议室。与其他五位"大 V"一起，参加了由省委书记等四位常委参加的湖北省网络界代表人士座谈会。原来在通知上说，每个人发言控制在 8 分钟。结果书记要求大家放开来谈，而且不断地插话交流，开成了一个新春座谈会。平均每个人的发言有半个小时，从 9 点开到 12 点 15 分。四位常委居然一再表示，学到很多。说实话，要不是我这种"大 V"的身份，我可能一辈子都进不了这种会议室。

这件事虽然是发生在 2016 年年初，但其根源绝对是在 2015 年 5 月 18 日的中央统战工作会议。在 2015 年，对于民主党派、无党派、民营企业家、网络界人士来说，绝对是不平凡的一年。这一年的统战工作会议，不仅改了名字，由"全国统战工作会议"改为"中央统战工作会议"，而且统战对象增加了三个：海外归国人员、新媒体中的代表性人士和新一代民营企业家。

在这三类人中，留学人员自 2000 年起就纳入统战工作范围，此次成为着力点。企业家不论年老年少，迟早都是统战对象。因此，"要加强和改善对新媒体中的代表性人士的工作"，是一个全新的提法。这让我等"自媒体人"松了一口气。

对于什么是"新媒体中的代表性人士"，中央统战部有一个界定，即分为自媒体从业人员与意见领袖。也就是新媒体内容的提供者与管理者。5 月以来，各种类型、各种级别的新媒体代表性人士培训班与见面会不断出现。我把 2015 年的中央统战工作会议界定为"新统战思想"的起点，新统战思想与反腐败、全面深化改革、传统文化一起，构成治国理政的四大支柱。

我如此关心这件事，也是由于"十年自媒体之路修成正果"。至今四大平台（新浪、腾讯、人民微博、微信）上的粉丝超过 500 万。写正能量的微博微信，一方面可以使自己加深对某些问题的认识，完善自己的思路，自己是受益者；另一方面，也可以传播一些创新性的观点。以

"微博之力使企业家提高创新之能","拔一毛而利天下",何乐而不为！2015 年年底,《人民日报》、新浪微博把我评为"全国十大党政官员微博",就是一种鼓励。官员实名微博微信,可能会带来一些麻烦。但是,与一条重要的资讯给企业家带来的启发相比,个人的损失又算得了什么！好在意见领袖已成为统战对象了。希望中国上上下下的官员要明白这一点,不要把发实名微博的官员当做另类。

在我看来,"六公"就是降低行政成本的重点与抓手。

——公车:30 多年来出现了经济越发展、公车越浪费的"公车怪圈"。在当时,最有效的是限制公车的使用。公车可以采用换统一公车车牌的办法,区别私车、公车,加以限制。这种区分成本最低、效果最好。从长远来看,要进行彻底的公车改革。而且,中纪委、财政部要当作很重要的事来做。我建议设立"公车改革试验区"。车改这件事,终于在 2011 年提出,2014 年、2015 年、2016 年分步骤完成。

——公宴:过度的公款接待,造成了极大的浪费,也损伤了身体。因此,有代表委员提出禁止高价烟、禁酒令。这样可以节约医疗费。公务接待的改革,有利于身体健康,净化风气。我在政府机关十多年,过去时常是找个理由就吃饭。

——公游:公费旅游引起社会的强烈反应。急需严格控制出国的人数与次数。在国外的风景名胜区,中国人占多数。

——公礼:公款送礼也成为不良风气,也是高价香烟的出路之一。要严格、坚决制止。今年你送礼给我,明年我要送你更好的礼,循环往复,以致无穷。

——公品:新的办公用品名目繁多、花样百出,休闲用品、健身用品都在其列,电脑定时成批换新,空调到期就购新的。在有的地方,健身卡也成为办公费用（如深圳的"争议支出"——疗养费用）。**1** 要加大控制力度。

——公楼：很多地方的政府及各个部门的办公楼成为当地最豪华、最宏伟、最耀眼、最气派的楼宇。还包括各种培训中心、招待所等。要严格控制。我建议应该合建办公楼、取消单位的培训中心等。

据有关数据显示，仅上述"六公"近年来每年都不低于 15 000 亿元。如果能节约三分之一，那将是 5 000 亿元，相当于正常年度一年的中央投资支出。因此，建议各级政府把降低行政成本放到新的高度，落到实处。各级人大要把监督行政支出作为重点。一项一项地改革，总会有办法的。人民不满意的事情，就是下一步改革的重点。

在 2012 年 12 月"八项规定"公布之后，也有一些地方的民主党派提出整治"六公"问题。

比如，在 2014 年 2 月的海南"两会"上，民建海南省委向政协会议提交了《关于坚持不懈狠抓公款浪费行为的建议》**2**，痛斥了"三公浪费"带来的危害，并提出五项整治建议。他们提出："在治理公款浪费方面，目前社会关注还停留在公务接待、公务用车、公费出国这'三公'方面"，当下应该把注意力从"三公"延伸扩展到"六公"，即加上楼堂馆所、公务礼品与办公用品。这样才能实现在治理公款浪费方面 360 度无死角。

《建议》认为，强化民主监督制度和加强有效严惩制度是一切改革

---

1 2009 年 2 月 28 日，深圳市建设局网站贴出一份公告，题为《2009 年度在职局处级干部疗养方式说明》，是由深圳市麒麟山疗养院发给全市各职能局的。公告显示，深圳市目前在职局级干部和处级干部可以享受包括足疗、按摩在内的疗养待遇，局级干部标准是 4000 元 / 人·年，处级干部是 2100 元 / 人·年。

2 民建海南省委：《禁止三公浪费，三公扩展到六公》。人民网 2014 年 2 月 10 日，http://news.ifeng.com/gundong/detail_2014_02/10/33663642_0.shtml。

的根本。要遏制"三公浪费"现象，一方面，要建立和完善严格的监督机制，增加公务开支的透明度，加强群众监督，严肃财经纪律；另一方面，要使公款消费受到法律规范和约束。对于那些将公款作为自己享乐"专用资金"的官员，要依法以"挥霍浪费罪"追究其刑事责任，使"三公浪费"入罪。早日出台《公款使用法》，对公款吃喝者实施严格的追责机制，不仅决定官员的仕途，还有可能让官员因嘴上腐败而犯罪。整治以公款吃喝为首的"三公浪费"问题，并将其纳入《刑法》范畴，增设"挥霍浪费罪"。目前很多官员不敢用公款大吃大喝了，但是找企业埋单，照样大吃大喝，许多企业有苦难言，在社会中造成很坏的影响。

为此，民建海南省委提出五点建议：（1）建议制定《公款使用法》，严禁大吃大喝；（2）发扬我国的优良传统，鼓励勤俭节约。反对大操大办、大吃大喝；（3）对公务用车、办公用房、会议活动进行规范，切实做到勤俭节约，反对大吃大喝；（4）反对公车浪费，建立新型公务用车制度；（5）严禁到企业去大吃大喝，一经发现，视同公款大吃大喝同罪。这些建议比我的建议具体。

4."三个一千亿"

中国历史到了 2013 年，车改梦圆，在今后的日子，我还将为两个千亿梦想而发声。一是整治政府楼堂馆所，拍卖公务宾馆，一年能节约 1 000 亿。二是为企业家讲课，让企业家创富 1 000 亿。

近几年来，各级代表委员、各种媒体对公务宾馆的奢华与浪费意见极大，但是，有效的整治方法也不多。我的建议是像拍卖公车一样，拍卖公务宾馆。

媒体报道，星级酒店、度假村、山庄、培训基地……在国内很多地区，坐落着各色政府"公馆"。2014 年，记者调查发现，深圳市一些党政机关、事业单位和国有企业占据当地最美海岸线，20 多处别墅式培训中心、培训基地异化成海滨会所。有些专门供内部接待，有些给员工发放消费券。群众认为，类似的培训中心已经成为当前扫除奢靡之风的死角。如深圳市国税局占公共海滩建起拥有 16 栋别墅的度假村，且涉嫌虚开发票。尽管深圳市国税局回应称，该基地为自收自支单位的经营单位，没有占用公共海滩，也没有发现虚开发票的行为，但依然没有消除外界的质疑。

在深圳大鹏新区溪涌海滩片区，占地面积达 200 多亩的悦榕湾工人度假村最为惹眼。度假村为深圳市总工会干部培训中心，性质为深圳市总工会下属企业。记者调查了解到，度假村 C1 栋专门用于接待深圳市总工会领导及员工，其余 10 多栋别墅全部对外经营。

记者实地走访发现，包括深圳市地税局、深圳市规土委、工商银行等多个党政机关、企事业单位"圈占"深圳海岸线，建起了 20 多处培训中心。

由于历史原因，这些为政府部门设置的休闲度假场所比比皆是。几乎各个财大气粗的部门都有。在此讲一个故事。我 2013 年 5 月 20 日到省统计局任副局长，天气越来越热。有一天我问局长：我们统计局的避暑之处在哪里？局长说，我们什么都没有。于是我知道了度假村与部门权力的关系。省统计系统一年的培训不少，我们一般是在经济型酒店召开培训会，很是节约。

在改革开放初期，在特定的历史时期，政府"公馆"也是公开的。30 年前，国内很多景区需要开发，但苦于找不到投资，只能依靠财权比较大的政府部门开发山庄、度假村、宾馆。门槛很低，甚至不花钱就能拿到地。比如，远在北京的财政部，在湖北咸宁九宫山都有财政部干部培训中心。位于武汉的中南财经大学当时是财政部部属院校，就交给中南财经大学来建设管理。后来由于管理成本过高，大学也负担不起，就交给咸宁市财政局，市财政局又交给通山县财政局打理。最终卖给一家旅游公司。

随着三年来中央"八项规定"的严格执行，对于政府"公馆"的整治力度也随之加大。2014年6月下旬，国务院法制办发布《楼堂馆所建设管理条例（征求意见稿）》，拟以立法形式禁止党政机关以任何名义建设包括培训中心在内的各类具有接待功能的设施或场所。在节俭成风的现在，各个部门的宾馆不再成为大吃大喝的场所，老是拖着又没有经济效益，是一种浪费。因此，强烈建议拍卖"公馆"。

给企业家"讲课"有多种方式，2006年开始写博客，以及后来的微博微信，上面写的内容，无一不是正能量。2016年1月17日起，在《湖北日报》新媒体"动向新闻"（现在改为"湖北日报"）的"思想"栏目中，开设了"大V叶青"，使得"一日一文"成为习惯，已经超过一年的时间，相当于"一日一课"。有的企业家对我说，每天晚上最后一件事就是读你的微信。因此，文章、博客、微博、微信、讲座、采访等，都是传递我的思路的方式。我觉得这就是在互联网上为人民服务。让企业家创富1 000亿。

5. 公务用餐和住宿的改革

2012年3月的全国"两会"上，我提出了"关于推进公务用餐和公务住宿改革的建议"，希望我国能取消领导干部直接报销权。

主要内容如下：

一、公务用餐和公务住宿改革的紧迫性和重大历史意义

中国经济发展突飞猛进，整个社会也随之发生翻天覆地的变化。但同时，也出现了难以根除的社会顽疾，如"三公"难以遏制现象，它不仅使国家财政背上沉重负担，也引起国民的不满，成为历届党和政府党风廉政建设最为关注、最为头疼的大事。从 2011 年的国家部委公布的"三公"经费数字就足以看出治理"三公"的紧迫性和必要性，它是党风廉政建设的一个迫切的重大课题。

公务用餐接待和公务出差是"三公"的两个重要组成部分，曾经就有文章测算全国全年的用酒量：每年喝一个"西湖"。**1** 因此，我们足以看出其严重性。对于公务用餐接待和公务出差，国家各级党政部门

---

1 《喝酒：全国每年喝干一个西湖》，《京华时报》2002 年 2 月 11 日。文中提到：时逢佳节，卫生部部长张文康提示公众，酒精对身体的害处显而易见。作为一个医疗界内的资深专家，他表示，过量饮酒对神经系统、心血管系统都是有害的。 张文康在一次讲话中说，每年全国消费的酒量，相当于一个西湖。他还引用了两个数字：我国的重点工业企业生产白酒 1 000 万吨以上，啤酒生产量近 3 000 万吨。《大量饮酒伤身还会患上食道癌》：据调查，在中国，每年喝掉的白酒，就相当于喝干一个杭州西湖，http://online.xywy.com/shidaoai/sdadby/94108.html。《中国白酒原罪起底：中国人一年喝掉一个青海湖》，http://money.2500sz.com/lc/cjyw/2012/12/14/1795243.shtml。文中提到："'一年喝掉一个西湖'那是 N 年前的计算。中国白酒行业协会的一位副会长告诉《时代周报》记者，中国人喝白酒，早就是一年喝掉一个青海湖。正因为拥有如此众多的擅饮者，才使这次的塑化剂事件，再次让白酒和整个白酒行业，站在了风口浪尖上。"在此有一个问题要澄清一下：这一建议来自于陕西的一位网友，我觉得很好，就略加修改予以提交。在这位网友的建议中提到："据调查，公务员一年喝酒喝掉一个西湖。"后来才知道，这是不完整的表述，正确的表述应该是全体国民一年喝酒喝掉一个西湖。因此，我在 2012 年的最后一次全国人大会议上给公务员队伍"抹黑"了。我表示迟到的歉意！《叶青：全国政府机关每年喝掉一个"西湖"》，http://news.chengdu.cn/topic/2012–03/12/content_907336.htm?node=2980。"标题党"的兄弟们厉害！

多年来一直研究制定各种政策办法予以规范和治理。但从目前的效果看，成效不容乐观，胡吃乱喝、铺张浪费讲排场、虚报冒领国家资金丑恶现象层出不穷，令人触目惊心！党中央国务院历时多年对"三公"的久治不愈，让不少人感到了上述顽疾是难治绝症，丧失了治理的决心和信心！

中国一直实行"单位报销制"，即从过去至今，单位的公务接待餐饮费用报销、公务出差产生的餐饮和住宿费用报销均由所在单位的领导审签，然后再到核算中心报销（或在单位设立财务处报销）。对于这种报销制，我们很清楚它的弊端：只能管制单位的一般干部职工，根本无法管制单位负责人的胡乱报销、虚报冒领，对单位负责人的财务监管出现权力真空。对于获得权力的负责人，可谓"一人得道，鸡犬升天"，不但自己可以肆意支配、挥霍无度，就连其非从事公务的亲属、朋友的餐饮、打车费都可在自己所掌管的单位报销。

二、公务用餐和住宿改革

"单位报销制"是将"单位公务用餐接待、公务出差住宿"活动主体与"单位公务用餐接待、公务出差住宿"活动费用报销客体系于一体，消费与支付于一身，这一弊端是产生巨额财政公务开支的根本原因。

因此，要针对这一问题进行公务报销制度改革。经深入研究，可以发现"企业报销制"将最大限度地遏制公务用餐和公务出差乱花费现象，树立起清正廉洁的党政机关、事业团体的形象。

"企业报销制"是将"单位公务用餐接待、公务出差住宿"活动的主体与"单位公务用餐接待、公务出差住宿"费用报销的客体进行剥离，实现消费活动主体与支付客体的独立两条线，从而彻底遏制和杜绝消费活动主体单位领导的胡乱报销、虚报冒领、超标准大吃大喝现象。公务用餐、公务出差住宿实行"企业报销制",是让公务活动在阳光下进行的执政方式体现!

"企业报销制"简单来说就是:行政单位在饭店、酒店企业用餐、住宿后,饭店、酒店企业凭公务用餐管理系统、公务住宿管理系统记录税票到公务接待管理机构申请报销,经公务接待管理机构审核同意后,向所申请的饭店、酒店企业核发消费资金。

因此,建立的公务接待管理机构实为政府的公务支出费用(餐费、住宿费)监管机构和代理政府财会部门支付消费资金的综合体。实行"企业报销制"后,各级行政单位领导干部只能进行消费活动行为,而不染指支付报销行为。

如何具体实施"企业报销制"?

(一)建立适应现代反腐和治理公务接待、公务出差的机构

建立中、省、市、县四级公务接待管理机构(较大的乡镇也可建立公务接待管理机构),四级机构是与时俱进的、与现代社会同步发展更新的垂直管理系统,专职于公务用餐和公务出差住宿管理,省、市、县公务接待管理机构不受同级政府领导,不参与同级政府的任何工作任务考核,机构建设经费和办公经费均由上级垂直管理机构拨付,人事任命调动垂直管理。因为只有在机构建设上实现不受同级政府的约束,各级公务接待管理机构的工作才不会受影响和制约。不实现上述垂直管理,某些政府中的领导就可能以公务接待管理机构所请示经费"暂时紧张需等待、安排的任务未落实"等借口变相要求同级公务接待管理机构徇私枉法、变相疏通,甚至凭借行政领导权打击报复,给公务接待管理机构的工作带来相当大的负面影响和制约。

(二)建立公务用餐管理信息系统和公务出差管理信息系统,实行

消费"刷卡制"

通过研究发现，利用现代信息技术研发监管软件，建立"消费刷卡"的公务用餐管理信息系统和公务住宿管理信息系统，将使借公务之名行领导私人之实、虚报冒领套取国家公务经费、超标准大吃大喝现象得到明显的遏制。

（三）建立公务餐饮费用和公务出差费用财政预算托管制

"刷卡制"消费施行后，若执行企业（饭店、宾馆）到具有管辖权的公务接待管理机构申请出具同意报销证明后，持同意报销证明到财务报销单位（财会核算中心、消费活动主体单位财务室）报销，就存在可人为做假证的漏洞。因此，必须建立公费财政预算托管制：驻县（区）各级行政单位的年度预算公费（餐饮、住宿）划拨到所驻县（区）公务接待管理机构，县（区）公务接待管理机构应企业（饭店、宾馆）申请，利用公务用餐或公务出差住宿信息管理系统核实后，对企业（饭店、宾馆）申请予以报销。

（四）建立公费（餐饮、住宿）差额县（区）财政储备金

这一储备金用于少数部门年度公费财政支出不足时提取使用，它主要用于解决驻县（区）各级行政单位公费支出超出年初预算问题，超额部分由县（区）财政在年初预算时应予列入预算。

提取使用"公费（餐饮、住宿）差额县（区）财政储备金"报销的单位，其提取使用的公费报销资金额度要年终计入其"消费比"计算。

（五）配合建立必要的"消费比"惩罚制度

实行"企业报销制"后，有两种现象须得到整治。一是各级领导干部看手上没有报销权了，捞不到好处，就组织人员持公务用餐卡、公务住宿卡进行肆意挥霍浪费。二是为了超标准接待上级或超标准自行吃

喝，领导可能就组织实施以"多次的低消费换少次高消费"，例如：民政局的公务用餐标准为最高50元/人，为了吃一次5个人1 000元的大餐，就组织5个人吃20次200元的小餐，但与饭店企业结账时要求以最高的标准结，即每次250元，实际每次余下的50元与饭店企业私下做账，以换取一次1 000元的超标准大餐。要有效遏制这两种现象，必须建立科学的惩罚制。

经研究发现，利用"消费比"建立惩罚制度最科学，即对一个县（区）内的所有驻县区各级行政部门，计算他们各自的年终总计消费资金额度与年初年度预算资金额的比值，然后由小到大顺序进行排序，对排在最后的几个单位进行惩罚。

在软件开发方面，公务用餐管理系统和公务出差住宿管理系统均不在本年度内进行即时的"消费比"单位排序，仅在下一年度的1月1日进行"消费比"单位排序。此种做法的好处在于：防止一些单位因掌握所在辖区各单位随时的消费情况而引起的不节俭消费、突击消费和公务接待管理机构人员当"内鬼"引起的人为故意浪费。比如，若实行即时"消费比"排序，某个单位本可以不进行的消费，但在即时得知本单位"消费比"排序在全辖区靠前时，产生"只要消费排名不排到最后"心理，从而进行浪费消费。

在"公务卡"的研究与运用方面，武汉的财政干部还作出了贡献。[1]全力推动国库集中收付制度，杜绝了假公济私的小金库；精心设计公务卡，让公款消费报销无法夹带私货，被国务院、中纪委在全国推广……53岁的唐金山是武汉市财政局国库处调研员，过去的10年里，他组织

---

[1] 《唐金山让公款报销无法夹带私货》，《武汉晚报》2016年11月16日。

完成 10 多项重大财政和国库制度改革及系统建设，多项属全国首创。

2001 年年底，财政部在全国推广国库集中支付制度，来杜绝"小金库"带来的腐败。然而，推行 3 年收效甚微。2004 年 5 月，唐金山临危受命，作为分管总预算会计的负责人，组织设计完成了国库集中支付流程，年内实现市直 536 家预算单位全面上线运行，使武汉市成为全国首个按照财政部标准实行国库集中支付改革的城市，也是全国实行最彻底的城市。2005 年，唐金山带领团队成员精心设计，在全国首创"往来收入零余额账户"，成功解决了单位收款问题。2006 年，他成功设计了"公务卡"，实现了公务卡支付报销与国库支付系统的无缝对接，最大限度地方便了单位用款。多家中央级媒体对公务卡的"武汉模式"强力推介。国务院、中纪委提出在全国推行公务卡制度。

6. 司机经费不计入"公车经费"

自从 2014 年 3 月 5 日上午，《政府工作报告》中提出"启动公务用车制度改革"之后，各种媒体采访就不少，仿佛回到了当年在北京当人大代表的岁月。但是，有的采访有一点出入，比如说，一年的公车经费在 15 万—20 万之间。这与我的说法不一致。

我的原意是这样的——叶氏车改：自购私车，一月 1200（最初 500 元），出武汉市实报实销，一年可以节约 8 万元，加上统计局给我的补贴 14 400 元（1 200 乘以 12），一辆公车假定不私用，最少都要 10 万一年。如果领导私用、司机私用，恐怕就要在 15 万左右。可能达到 20 万一年的也有，但是不会是高比例的。如果车改，以杭州为例，全国就可以节约 800 亿—1 000 亿元。

在此，我想说的是另外一件事儿：自从国务院公布"三公"经费至今，各级"三公"的公车经费中，就没有司机的经费。所以，总是说中央机关一辆车的平均开支在 3 万—5 万元之间。如果各级政府都是这样公布的，"三公"中的公车费用就没有什么价值可言。我经常对媒体说，难道我们的公车都是无人驾驶的吗？从"三公"经费公布的一开始，我就一直质疑这个问题，可惜没有丝毫的改变，也没有任何人给我解释。

我不知道，为什么国务院会犯这样一个莫名其妙的错误?!

这样的"三公"数据的公布，很容易导致以下问题：一是导致公车经费极度不真实。养一辆公车，可能就是 3 万—5 万，但是，养一个公车司机，也不是一个小数字。如果把每一辆车都加上一个司机的经费，那么公车经费就要增加一倍。我自己搞车改，真实地感受到，真正节约的就是司机的费用，因为，购车费、保险费、维修费等，都是刚性支出，只要买车就要花这些钱。节约的就是一名司机的钱。二是不能反映公车经费的完整性。公车经费只考虑物质性的开支，不提人力资本，也会破坏"三公"经费的完整性。不完整的公车经费公布了又有什么意义呢？三是公车司机经费哪里去了？有的人给我解释说，司机的经费都算到行政支出中了，不好算到"三公"之中。我要弱弱地问一句：公车、公务接待、公务出国不都是从各个项目中"挖掘"出来的吗？为什么不把公车司机经费也挖出来呢？四是难以让老百姓接受。在不考虑司机费用的基础上，公车经费已经占到"三公"经费的 2/3，如果加上司机的经费，可能会占到 3/4 以上，这也反映了公车改革的必要性。其实，老百姓不知道公车经费中没有司机经费，已经对公车改革很有期待了，如果知道司机经费不在其中，可能会更有意见。如果大家都知道了公车经费的真实数字，会更加认识到公车改革的必要性。

真心希望李克强总理能够关注这个问题，新的一届政府能把公车司机经费真实地公布出来，不要人为地降低"三公"数额。因为，不说不等于不存在。

7. "行政如治家"

按 2011 年 5 月初国务院常务会议部署和全国人大要求，中央各部门要公开"三公"经费。而直到 7 月 19 日上午 11 点，只有超过 30 个中央部门公开了"三公"经费，离 98 个中央部门公开还相差甚远。与此同时，地方政府的"三公"公开也受到各界的期待。北京"三公"账单已确定在 21 日公开，而山东、江西则表示业已准备公开。我治财政学多年，2003 年又到政府机关工作，一直有一个想法："行政如治家"，在家里能做到的在办公室也一定能做到。有些人在家里会很注意"随手关灯"，在办公室却嫌麻烦，为什么？"公费。"

2009 年、2011 年在中国财政史上是具有里程碑意义的年份，中国的公共财政，由第一个阶段按公共财政要求编制预算，迈向第二个阶段的公开公共预算。2009 年财政部首次公开了 4 张预算表：中央财政收入、中央财政支出、中央本级支出、中央对地方税收返还和转移支付等。2010 年，12 张表全部公开，包括公共财政预算、政府性基金预算和国有资本经营预算。98 个中央部门中有 75 个公开了部门预算。在地方也有 18 个省（区、市）公开了本地区公共财政预算和政府性基金预算。2011 年要求 98 个中央部门按规定公开部门预算外，还要公开"三公"经费。估计其余中央机关也会很快公开"三公"，实在不好意思拖到月底。相对于繁杂但不明细的部门预算来说，"三公"数字要好懂得多，问题也最多，大家诟病也最多。围绕"三公"能做的有三件事：一是公开；二是分析；三是完善。

首先，要继续公开。我认为，中央机关公开"三公"绝不能止于公开，之后的目的至少有两个：

一是在中央机关公开"三公"的榜样力量推动下，地方"三公"公开才是重点，才是一个更大的数字，老百姓希望看到从中央机关、省级、市级、县级、乡镇街道级的完整"三公"数字。有的人匡算，从上到下的"三公"花费是 9000 亿元，我希望各级政府用数字来更正这种说法。

二是希望看到国有企业的"三公"数字。此次公开的"三公"口径是世界上最小的"三公"口径，是再也不能少的"三公"数字，我们希望下一步要把国有企业的"三公"数字公开。中国的国有企业名为企业，实为"准政府"。而且如广东等地也把国有企业的车辆纳入公车范畴。国企的"三公"浪费已到了让老百姓难以容忍的地步，有的公司领导享用天价酒，有的公司 300 多个处级干部享用拿公款办好车牌、保险的"私车"。类似问题不胜枚举，不公开行吗？

其次，要分析数据。此次"三公"问题的讨论又证明了一点：网民是最智慧的。对已公开的 30 多个部门的数字，大家已提出了不少有价值的分析角度。

一是人均"三公"消费数字的部门比较。2011 年是中科院的人均"三公"消费数最高，约为 4 610 元，农业部人均为 2 542 元，最低的则为交通部，人均 1 941 元。过低的数字马上引起网民热议，有的说：那些没有资格享受"三公"的庞大人群是"被三公"了。看来简单平均还是不行。那么能否找出享受"三公"比较多的群体——科级及科级以上的人员的数量，再求"三公"平均数呢？我相信网民会找得出来。

二是"三公"数字的年度分析。在要求零增长的情况下，为什么还会增加？增加的理由有没有说服力？

三是细化到人均公车费、人均出国费、人均招待费的部门比较，这也是有杀伤力的数字。各部门一排队，什么都清楚了。

四是还可以像审计署那样细化到"车均费用5.41万元"的程度。

五是要分析中央机关的"三公"总量中，哪些是必要的，哪些是不必要的。我们知道有个说法：公车领导办公事1/3，领导办私事1/3，司机办私事1/3。还有就是"三公"数字与"假发票"的关系。2010年审计署抽查发现，56个中央部门已报销的29 000多张可疑发票中有5 170张为虚假发票，列支金额高达1.42亿元，虚假发票总量占抽查发票的17.61%。

总之，"三公"数字公开之后，纵向、横向分析的任务就交给学者、记者、网民了。这样才能体现纳税人在缴税义务之外，还有监督税款使用的权利。我相信：各级政府、国有企事业单位如果能把"三公"问题处理好，做好其他工作是没有问题的。

2016年是国有企事业单位的"车改年"。到底国有企事业单位有多少公车，又是一个有争议的问题。一所大学、一所大医院的公车数量，可能会与一个小型的省直机关的公车差不多。那就要看：中国有多少大学与医院？

再次，要建设法规。希望通过2011年第一次"三公"公开，能完善制度与法规，最终以法规制度来约束公务人员的"三公"消费。

一是"三公"公开要由国务院要求走向法律约束。既然已经可以从各部门预算中抓取"三公"数据，财政部编一个"三公"预决算表即可。

据我分析，旧《预算法》没有授权财政部公开部门预算和"三公"数字，财政部只能公布全国的预决算数字。因此，《预算法》修改应增加部门预算与"三公"公开的内容，实现从制度要求走向法律约束。除了《预算法》的基本规定之外，国务院还应制定部门预算暨"三公"公开管理办法。

二是"三公"公开是对部门预算公开的补充。从香港部门预算公开情况来看，由于部门预算公布到类、款、项、目四级，我们可以很容易从中了解到一些"三公"数据，没有必要再为之专门公开。相比之下，内地城市部门预算的特点是"含糊"和"肤浅"。2011年全国"两会"期间，部分北京市机关公布了部门预算，比如人力社保局机关车辆更新127万元，就看得很清楚。据媒体报道，这竟然是北京首次公布买车的数据。而既然部门预算不清晰，就必须专门从部门预算中挑出"三公"予以公布，就像我们的财政支出，还要专门挑出"三农"与民生的数据加以说明与强调。

三是部门预算与"三公"公开应统一格式。从部门预算来看，财政部最为详细；从"三公"来看，审计署、农业部最为详细。这说明一个问题：各个部门都是根据自己的理解或需要来公开的，公布的深度与广度都不一样，使老百姓看过之后有喜有怒、褒贬不一。要改变这种不该出现的局面，最简单的办法就是统一格式、统一口径、统一说明、统一公布时间。

四是统一口径非常关键。大家对各部委"三公"消费普遍存在质疑，原因在于"三公"口径。以公务接待费为例，财政部的数字一出来就遭质疑，网民说：在北京，财政部会请谁吃饭，还不都是别人埋单。外事接待经费如何处理？民政部、商务部与众不同，单独列出。再以公车为例，此前北京公开了公车数量，但采取的是最小口径：截至 2010 年年底，北京市党政机关、全额拨款事业单位公务用车实有数为 62 026 辆。这个数字立刻引起公众质疑。而广东有关方面曾指出，公务车是指党政机关、事业单位、社会团体、国有股占 50% 以上国有企业、中央直属和外省驻粤单位购买的公用小汽车，类型包括旅行车、小轿车、吉普车和微型厢式车等。按此口径计算，北京的公车又有多少呢？因此，公布"三公"时口径不仅要统一，而且宜大不宜小，口径大了，更符合实事求是的原则，老百姓也会觉得数字更加可信。不能将一些真实信息隐藏在压缩的数字之中。

"透明钱柜"

1. 预算法的 20 年

预算法是财政发展到一定历史阶段的产物。预算法的产生起源于17世纪末的英国"光荣革命"**1**，使财政从"王室预算"转变为"国家预算"。世界上的许多国家如西班牙、泰国等国制定有专门的《预算法》；日本、智利等国则在《财政法》中规定预算问题；美国虽然没有专门的《预算法》，但年度预算一经议会通过即成为法律，具有普遍约束力。

中国清宣统二年（1910 年）开始试办预算。次年 9 月钦定的《十九信条》**2**中的第十四条规定：本年度之预算，未经国会议决，不得适用

---

1 光荣革命，英文：Glorious Revolution，1688 年，英国资产阶级和新贵族发动的推翻詹姆斯二世的统治、防止天主教复辟的非暴力政变。这场革命没有流血，因此，历史学家将其称为"光荣革命"。1689 年英国议会通过了限制王权的《权利法案》，国王统而不治，国家权力由君主转移到议会。君主立宪制政体即起源于这次光荣革命。

2 指 1911 年（宣统三年）11 月清政府为对抗武昌起义而颁布的《宪法重大信条十九条》。武昌起义爆发，清朝贵族为保持其垂亡的封建皇朝，玩弄立宪骗局，宣布实行责任内阁制，皇族不得为总理大臣，皇室经费听由国会决议，皇帝权限和皇室大典由宪法规定，但仍规定皇位世袭，不受侵犯。皇帝有权任命总理和国务大臣，海陆军直接由皇帝统帅。对人民的权利只字未提。

前年度预算；又预算案内之岁出，预算案所无者，不得为非常财政之处分。

1913 年北洋政府拟定的《天坛宪法草案》¹ 中设有专章，对国家预算的收支、编审、执行程序和决算作了规定。其后，国民政府统治期间，颁布了《预算法》和《决算法》。

中华人民共和国成立时，新的预算法规同时产生。1949 年 9 月通过的《中国人民政治协商会议共同纲领》² 中规定：建立国家预算、决算制度，划分中央和地方的财政范围。1951 年 8 月 19 日，政务院颁布了《预算决算暂行条例》，规定了国家预算和决算程序。

1978 年以后，预算法制得到加强，国家颁布了一系列预算法规，有效地保证了预算活动的顺利进行。如，1991 年公布了《国家预算管理条例》。

随着社会主义市场经济体制和公共财政体制的建立和完善，当时

1　《天坛宪法草案》是 1913 年颁发的一部宪法草案。内容主要讲述了袁世凯为加强其专制统治，曾派人向起草委员会提出"大总统有任命国务员及驻外公使之权，无得议会同意之必要"，"大总统得参议院同意，有众议院解散权"等，起草委员会内虽有袁世凯的党徒，但国民党人占有明显优势，他们坚决反对袁世凯干涉宪法起草，力图维护制宪工作的神圣尊严，将来人逐回。10 月中旬，宪法草案脱稿，共 10 章 113 条。

2　1949 年 9 月 29 日，中国人民政治协商会议第一届全体会议选举了中央人民政府委员会，宣告了中华人民共和国的成立，并且通过了起临时宪法作用的《中国人民政治协商会议共同纲领》。《共同纲领》除序言外，分为总纲、政权机关、军事制度、经济政策、文化教育政策、民族政策、外交政策共 7 章 60 条。它肯定了人民革命的胜利成果，宣告了封建主义和官僚资本主义在中国统治的结束和人民民主共和国的建立，规定了新中国的国体和政体。由于它所规定的是国家制度和社会制度的基本原则及各项基本政策，并且由于它是由代行全国人民代表大会职权的中国人民政治协商会议制定的，因此，尽管它还不是一部正式的宪法，但不管从内容还是从法律效力上看都具有国家宪法的特征，起了临时宪法的作用。它的许多基本原则在制定 1954 年《宪法》时都得到了确认和进一步发展，因而在我国宪政史上有着重要的历史意义。

的预算法已不能完全适应形势发展的要求，有必要修改完善。以下为近20年预算法的修订历程：

——1994年3月，随着新一轮财税改革的推进，第八届全国人大二次会议上，新《预算法》审议通过。

——1995年1月1日，《预算法》正式实施。内容涉及预算的编制、审查、批准、执行、调整、决算和监督以及其他预算管理活动。由于关系着对政府每一笔支出的分配和监督，其对经济和社会的健康发展有着"牵一发而动全身"的作用。但由于当时立法技术及各界对预算制度的了解还十分有限，导致《预算法》的制定并不完善、存在明显缺陷，在实施不久就暴露出许多问题，早在20世纪90年代就有修法的动议。

——2004年，《预算法》修改正式纳入十届人大立法规划。全国人大成立预算法修订领导小组和起草小组，成员单位包括财政部、国家发改委、审计署等。由于各部门意见不统一等原因，此次修订最终搁置。

——2006年，人大主导起草的《预算法（修订草案）》第一稿初步形成。虽未正式公布，但曾向相关部门、研究机构等征求过意见。这一稿曾借鉴了世界上许多国家预算制度的经验，强调人大对预算的审批和监督权，不过在财政部的强烈抵制下，这一稿最终被束之高阁。

——2007年，财政部部长办公会议审议通过文件，提出把预算法修订纳入第十一届全国人大立法计划，具体由全国人大常委会预工委组成预算法修订起草组负责起草，财政部是起草组成员单位之一。

——2008年，十一届全国人大常委会将修改预算法列入立法规划，由全国人大常委会预工委和财政部共同起草。

——2009 年 2 月，全国人大常委会预工委、财政部共同领衔，国家发改委、审计署和央行等 15 个部门组成预算法修订领导小组。由早年长期在财政系统工作、时任全国人大常委会预工委主任的高强任起草组组长，时任财政部党组副书记、副部长廖晓军出任副组长，放弃前一版本，另起炉灶重启预算法修订。此时财政部已是修法的主导者。全国人大常委会预工委、财政部在广泛调查研究，认真总结预算法实施经验的基础上，起草了预算法修正案草案（征求意见稿）。国务院法制办将征求意见稿送有关方面进一步征求意见，根据反馈意见，会同有关部门对征求意见稿作了进一步修改，形成了《中华人民共和国预算法修正案（草案）》。

——2010 年年初，在财政部累计超过三十个建议稿的基础上，终于艰难地形成了一份各方均能接受的"修正案"初稿。7 月，第二稿终于完成起草，由全国人大常委会办公厅送国务院办公厅征求意见。按照当年全国人大常委会立法计划，该草案将在当年 8 月提交审议，并在 10 月和 12 月进行二审和三审后，提交 2011 年 3 月"两会"上表决。

——2011 年 11 月，国务院第 181 次常务会议讨论通过了预算法修正案（草案），并于 12 月提交全国人大常委会进行了初审。谢旭人又代表国务院和财政部向人大作了预算法修订的报告，随后草案提交全国人大常委会一审，但当时并未向社会公开。此时距 2004 年启动预算法修订已有七年之久。

——2011 年 12 月 31 日，十一届全国人大常委会第 24 次会议初次审议预算法修正案草案，这次审议没有对外公开。会后，全国人大常委会法工委将草案印发各省（区、市）、中央有关部门征求意见。全国人大法律委员会、财经委员会和全国人大常委会法工委、预工委联合召开座谈会，听取有关部门和专家的意见。全国人大法律委员会、全国人大常委会法工委还到广西、四川、广东等地调研。在此基础上形成了预算法修正案草案（草案二次审议稿），并提交全国人大常委会第 27 次会议进行再次审议。

——2012 年 6 月，十一届全国人大常委会第 27 次会议二次审议预算法修正案草案。随后，草案通过全国人大网向社会公开征求意见，吸引了 1.9 万人参与，征集到 33 万条意见，其中 3.4 万条提出了具体修改意见，打破了全国人大立法史上单项立法征求意见数纪录。足见社会各界对这一法案的关注。二审稿公开征求意见之后，由于社会各界对预算法如何修改争论不休，修改工作曾有两年杳无音讯。草案二次审议稿对预算法的修改，主要体现在增强预算的完整性、科学性和透明度；健全财政管理体制；规范财政转移支付制度；增强预算执行的规范性；完善预算审查监督的规定以及规范预算调整等几个方面。社会各界及专家学者讨论的焦点问题主要集中在三个方面：

一是地方政府该不该有发债权？对于地方政府发债权，预算法修正案草案二审稿调整为"除法律和国务院另有规定外，地方政府不得发行地方政府债券"。地方财政还是应该有相对独立性，比如，在严格限定条件的前提下，有条件地赋予地方政府发债等财政权，地方政府在保证风险不大的情况下，可以发行地方债务。按一般的社会治理原则，赋予地方政府多少事权，就应该同时赋予多少财权。就此而言，地方政府应该有包括债务融资在内的财政调节权。但不可忽视的是，如果给予地方政府发债权，可能会给下一届政府留下难以弥补的债务"窟窿"，造成政务困难。

二是人大如何加强对预算的监督？管好政府钱袋子，最重要的就是监督体系。因此，在二审稿基础上，还是应该从立法层面加大预算监督，特别是人大监督，明确全国人民代表大会可以授权人大常委会，审查、监督预算编制和预算执行。不论是原《预算法》还是《预算法》修正案，都没有提及一个重要内容"人大不批准预算怎么办"。在美国，如果议会不批准预算，那么政府连工资都发不出来。所以，立法还是应该对"人大不批准预算"做出规定。这样，人大监督才会落到实处。

三是预算公开如何法制化？原《预算法》并没有对预算公开做出规定，但修正案明确规定，经人大审议通过的预算、预算调整、决算，应及时向社会公开，并规定了负责公开的责任部门。而且，政府"三公公开"和行政经费公开的力度也明显加大。但是，我国财政支出预算体系分为"类""款""项""目"四个级别，公开的程度只到了"款"这一级别。因此，明确预算公开的具体层级和内容，比如要求公开到"项"和"目"，如此才能达到预算监督的目的，清晰呈现出政府开支账单。

此外，专家对以下问题也展开了充分的讨论。

一是"立法宗旨"未改受关注。预算法的立法宗旨是沿用20世纪80年代的预算管理条例，这是以政府管理内部事务为准则的思路和理念。立法宗旨应强化财政预算对政府的约束，完善政府预算的编制、审批和执行，体现出立法机关和公民如何监督财政行为。立法宗旨之所以只字未改，很大的原因是政府部门在主导起草修正案草案。财政部的权力过大，如果预算法由政府部门起草，预算监督会被异化。

二是政府超收支出应规范。根据预算法，所有的政府收入和支出都应该纳入预算，但政府超收收入的支出部分，预算法修正案草案规定得很模糊。法定支出应有预算，政府不能不经人大审批自己安排支出，冲减赤字的"赤字"一般已由政府安排了债务来偿还，如果用超收收入来冲减赤字，那已安排债务怎么办？因此，政府超收部分的支出并不是经过备案就可以的，怎么审批，怎么使用，应有规定。

三是力主取消财政专户。依照预算法修订草案，有预算收入上缴义务的部门和单位，应当依照法律、行政法规和国务院的规定，将应当上缴的预算资金上缴国库和依法设立的财政专户。与之前只能上缴国库相比，草案增加了"财政专户"。不少学者建议，公款应存放在国库单一账户，由央行统一管理，消除财政专户。财政专户是由政府财政部门设置的，没有经过立法机关授权，立法机关、审批部门和央行国库无法实施有效监督。国库单一账户应设在央行，预算法修订中应明确，所有账户的资金流动都须报立法机关。

——2013 年 8 月，原定三审的预算法修正案草案"缺席"十二届全国人大常委会四次会议，三审延期。直到 2013 年年底，中共十八届三中全会对全面深化改革做出总体部署，人们看到了重启这一法案修改的重要契机。直到 2014 年，随着深化财税改革工作的启动，《预算法》的修订才又再次高速运转起来。

——2014 年 4 月 21 日，十二届全国人大常委会第八次会议三次审议预算法修正案草案。

——2014 年 8 月 25 日，预算法修正案草案提请十二届全国人大常委会第十次会议进行第四次审议。

——2014 年 8 月 31 日，十二届全国人大常委会第十次会议审议通过预算法修正案草案。新《预算法》将于 2015 年 1 月 1 日起施行。

2. 预算报告反对票升至第一

2012 年 3 月 14 日上午 10 时许，北京人民大会堂，十一届全国人大五次会议闭幕大会，伴随着全国人大常委会委员长吴邦国一声"通过"，《2011 年中央和地方预算执行情况与 2012 年中央和地方预算的决议（草案）》以赞成 2 291 票，反对 438 票，弃权 131 票，未按表决器 12 票，创下了未投赞成票比例 20.2% 的历史新高，并首次超过最高人民法院工作报告的 429 张反对票和最高人民检察院工作报告的 393 张反对票，成为本次人代会获得反对票最高的报告。

如此之高的不赞成比例，足以反映全国人大代表对当时预算的不满程度。一个分配财政资金的报告，获得最高的反对票，也是难以理解的。

《财经》记者曾经就此问题采访我，我的解释是各级财政部门对代表建议不够重视的必然结果。后来有机会遇到财政部的大小官员，我建议他们要高度重视代表委员的建议，部长司长到各省市区出差，不妨请提过建议的代表委员一起开个座谈会。后来还真是采纳了我的这个建议。我自己就参加过一次由财政部一位司长在武汉主持的全国人大代表座谈会。因此，2013 年和 2014 年的"反对票王"又还给了两高。2013 年预算报告以 509 张反对票排在倒数第二，2014 年预算报告以 293 张反对票排在倒数第三。

此外，预算报告难懂[1]，预算审议频遭冷场[2]，也是原因。比如，2012年3月7日下午3时，湖北省人大代表小组会议准时开始，按议程要求审查预算报告。我长期关注预算问题，我说我是学财政学的，因此要谈预算和"三公"问题。我对预算报告提了四点意见：民生支出要千方百计增加；科研支出没有体现政府工作报告中以企业研发为中心的思路；应把行政支出放在附加材料重点支出中，让大家可以一目了然；要压缩政府性基金，如取消机场建设费，不要片面理解"取之于民"。整场审查，也只有五六位代表发言。其他代表要么不出声，要么就是继续谈政府工作报告的修改。尤其是有中央领导到小组或代表团听会的时候，几乎所有代表都会联系本地实际谈《政府工作报告》。

在投票前，我就预测2012年预算报告的反对票会创历史新高。之所以作出这个判断，是因为我和很多代表都感到，政府虽然在预算报告的编制上逐年改进，但对人大审议的态度却越来越敷衍，还给审议预算报告设置了一些程序性的障碍，代表们提的意见往往是"提了也白提"，这就使得代表对审议预算的兴趣越来越低。

我第一次作为全国人大代表走进人民大会堂是在2003年，那时的财政部部长会在人大全体会议上把预算报告在大会上宣读一遍，所有

---

1 2017年1月26日，财政部公布了2016年财政收支情况。随后，有媒体用支出减去收入计算，报道称2016年我国财政赤字比预算安排的2.18万亿元目标超出6000多亿元。对此，财政部有关负责人回应称：财政赤字不是一般公共预算收入与一般公共预算支出简单相减得出的结果，还要考虑使用预算稳定调节基金、从政府性基金预算和国有资本经营预算调入资金、动用结转结余资金等因素，而这些资金实际来源于以前年度财政收入，不能再在2016年收支情况中重复列入一般公共预算收入。因此，财政部认为，2016年我国财政赤字与预算目标持平。

2 王毕强、郑猛：《预算报告反对票创历史记录　预算审议频遭冷场》，《财经》2012年3月26日，http://finance.sina.com.cn/china/20120326/144311679589.shtml。

代表委员会跟着财政部部长在会场上看一遍预算报告。尽管 2003 年和 2004 年的预算报告还没有图表，通篇只是一个数字接着一个数字，很枯燥，但代表们由于在全体会上跟着财政部部长看了一遍报告，至少会对报告内容有一个印象，因此，在那两年的预算审议中，代表们还是能提出一些有针对性的意见。从 2005 年开始，人大会议就取消了财政部部长读报告的环节。

因此，我几乎每年都会向人大建议，恢复在全体会议上由财政部部长向全体代表委员宣读一遍预算报告的议程。提出这个建议的并不止我一名人大代表，但是都没有被国务院和全国人大采纳。理由是，不在全体会议上由财政部部长读预算报告、有发改委主任读计划报告，可以节省半天时间，这样能够节省会议经费。有些钱是不能省的。预算报告从读到不读，是一个很大的退步。因为人大代表、政协委员往往是在 3 月 5 日开会当天才能拿到预算报告，人大的会议日程安排得非常紧凑，很多代表在 7 日下午分组审议预算报告前，根本就没有时间把预算报告看上一遍，也有相当一部分的代表干脆就不看了。自然就不可能对预算报告提出有针对性的意见。

预算审议过程中的另一个问题是，编写预算报告要半年，而全国人大审议报告只有半天，时间太短，很不合理。在往届的人大会议上，一些全国人大代表曾经多次提出，应该至少提前一个月将预算报告送到代表手中，这样代表才有可能仔细研究报告，或是请专业人士帮助解读，并提出审议的意见，但这个意见一直没有被官方采纳，关键是担心泄密。

一些人大代表认为，现行的财政制度决定了审议预算只能是走过场。代表们对审议预算缺乏兴趣，还有一个关键的因素——人大的审议事实上并不能改动预算报告中的任何一个数字。2012 年 3 月 10 日，财政部在其提交全国人大五次会议的文件"关于《关于 2011 年中央和地方预算执行情况与 2012 年中央和地方预算草案的报告》修改情况的说明"中表示，"对代表们提出的意见和建议，我们（财政部）进行了认真研究，能吸收的，尽可能改在稿上（共修改八处）；不宜修改的，也积极向代表作了解释说明"。在这份仅有两页的"修改说明"中，列出了全部的八处修改，均为文字性修改，没有对一个数字做出改动。例如：第一处修改为：在第 10 页第 11 行中，删除"补贴"一词。最后一处修改，即第八处修改为：在第 36 页倒数第 7 行中，"分类纳入预算管理"之前增加"逐步"。修改字数最多的为第三处：在第 18 页倒数第 2—3 行中，将"国际经济形势存在较多不确定性，国内经济增长放缓"，改为"经济保持稳定增长将为财政增收奠定坚实基础。但国内外经济形势存在较多不确定性"。每年预算报告的修改情况都大致如此。在我的印象中，预算报告从来没有一个数字被改动过，最多表态"下一年一定改"。而人大归根到底是通过管住政府的钱袋子，也就是预算中的每一个具体财政数字来规范和监督政府，不能更改数字，预算审议就失去了其应有之意。因此，可以肯定地说，对预算报告的修改，全国人大财经委的重要性大大超过全国人大代表，但是，又恰恰需要全国人大代表的通过才能够成为法律文件，而人大代表的修改又是走过场，这就是一件很滑稽的事情。

人大代表不能更改预算报告中的数字，一方面是因为预算报告中的财政数字都有制度依据，改数字也就等于违反了相关的制度。另一方面是因为，全国预算总的盘子是固定的，增加或者减少某一个款项的预算，相应地整个预算都会随之变化。还有一个客观原因是，每年"两会"

代表们审议预算的时候，本年度的预算已经执行了两个多月，在事实上也无法改动了。

人大代表对审议预算缺乏兴趣，还有一个利益相关性的因素，即预算的内容和人大代表本身的利益越是密切，审议预算的参与度和热情也就越高。和全国人大审议预算报告时的冷场形成反差的是，在各省人大审议预算时，省人大代表会比较关心本省的预算报告。这是因为各省的人大代表多数都是来自于本省各部门、各地市和各行业的负责人，而地方预算关系到本部门、本地市和本行业的切身利益，代表们自然会想让自己业务范围内的预算资金多一些，因此，会比较认真地研读本省的预算报告，审议讨论时也会比较热烈。

越是基层，越是关心预算安排对自己有没有好处。甚至一些乡镇的预算审议事实上已经达到了参与式预算。浙江温岭就是如此。

反观全国人大代表，大部分都是来自于地方，审议中央预算和各部委的预算，本身就和他们没有那么紧密的利害关系，加之预算审议的时间短，编制又粗，事不关己高高挂起，审议时自然是多一事不如少一事。

2015 年 3 月 15 日上午，十二届全国人大三次会议闭幕。2015 年预算报告取代两高报告，再次成为本次大会获得反对票最多的报告。获得了 304 张反对票、87 张弃权票。尽管 2014 年修订了《预算法》，2015 年的预算报告在框架上有所改进，财政部对代表审议预算报告的服务亦有所改善。但在此次会议表决中，预决算报告获得的反对票仍然最高。

全国人大代表、高铁专家王梦恕向媒体表示，自己投了反对票，原因是"报告有些脱离实际，所以自己投了反对票。财政部应深入一线调研"。尽管做了许多改进，但一些代表还是反映预算报告看不懂，这背后，其实是很多人对财政部相关工作的"看不惯"。

我还是认为，财政部态度傲慢也是代表们投反对票的一个重要原因。财政部应该向"两高"学习。从我第一年当全国人大代表的 2003 年开始，每年"两高"都会到各地召开代表委员座谈会。财政部预算报告在 2013 年、2014 年把"反对票最高"还给高院又获得"反对票之王"，是"好了伤疤忘了疼"。

与我的观点一致，上海财大朱为群教授建议，今后最好由财政部部长作口头的预算报告，还应该在作完报告后接受代表们的质询，对代表们的问题做出解释，和代表们形成互动交流，而这种交流本身也有利于财政部做好自己的工作。"只要实实在在地和大家讲，大家也会理解财政部的难处，毕竟财政工作确实很难做，也需要一步步地来推进。"我觉得他说到了根子上了。

但是，坏消息再次传来。2016 年 3 月 16 日，十二届全国人大四次会议闭幕，代表们表决通过了《政府工作报告》等 8 项报告决议草案和"十三五"规划纲要，财政部编制的《2015 年中央与地方预算执行情况与 2016 年中央与地方预算的决议》以 299 张反对票蝉联"反对票王"。这再次表明人大代表们对这份预算报告的不满意。2017 年预篇报告反对票 208 张，又是最高。

3. 国库经理制

我参与了 2012 年、2014 年的预算法之争，特别是 2014 年预算法的三审与四审。其中的一个重要内容就是要不要保留国库经理制。

《南方周末》2014 年 9 月 5 日发表文章《学者如何角力"经济宪

法" 新预算法十年四审尘埃落定》[1]。此文对这个问题进行了全面的描述。

文中提到：2012 年 6 月，预算法修正案二审稿公布后，人们发现现行法第 48 条第 2 款"中央国库业务由中国人民银行经理，地方国库业务依照国务院的有关规定办理"被删去，而增加了"国库管理的具体办法由国务院规定"。此外二审稿还增加了"依法设立财政专户"，与"国库单一账户体系"的概念。

几处类似的不起眼细节，在预算法修订过程中来回拉锯，背后却是事关宏旨的部委权力与利益之争。学界普遍认为，主导二审稿起草工作的财政部，企图取消央行的国库经理权，回归财政国库体制[2]。尽管舆论反弹强烈，在 2014 年 4 月的预算法修订三审稿中，对此问题依然模糊保留了二审稿的表述。

在最后的 4 个月内，这部法律中的重要条款如何从几成定局到神奇逆转，水面下的高层运作过程外界不得而知。但可以肯定的是，一群学者持续两年的鼓与呼——集会研讨、向上投书、公开呼吁，在其间发挥了不小的作用。为此，《南方周末》记录下这样一群学者不曾为外人知道的努力。

2014 年 8 月 11 日下午 5 点零 8 分，北京大学法学院教授、中国财税法学研究会会长刘剑文在一个微信群里发出了一条微信：从权威渠道得知，预算法修改最新稿关于国库问题回到现行稿规定，由央行经理国

1　冯禹丁：《学者如何角力"经济宪法" 新预算法十年四审尘埃落定》，《南方周末》2014 年 9 月 5 日，http://news.ifeng.com/a/20140905/41874250_0.shtml。

2　参见《南方周末》2013 年 8 月 29 日《三届人大，十年修法，预算法考验中国》与《"经济宪法"里的明争与暗斗》两文。

库。财政专户改为由法律规定或国务院批准设立。对此，刘剑文按捺不住兴奋之情，随即给众人发来喜讯。

微信群里平日不大活跃，但这条消息像一颗投向水潭的石子，激起一片欢呼和掌声。天津财经大学财政学科首席教授李炜光写道："央行国库成了，财政专户成了一半，相当不容易。"

8月24日下午，在天津财经大学的办公室内，李炜光摘下眼镜盯着手机回想了好半天，"'成了一半'是什么意思呢？我表达没这么差呀！当时实在太高兴所以词不达意。"而因为表达能力强，李炜光曾数次被推举为相关会议的主持人。

事后考证，此处的"成了一半"是指，微信群里的几位学者的建议是"除非法律、行政法规允许或者人大常委会批准"，政府不能在国库单一账户之外设立财政专户，而四审稿中，财政专户须由"国务院"而非"人大常委会"批准。

这是微信群里的八位学者第一次获知此结果。两个多月前，他们齐聚北京，共同商讨出五条预算法修订的专家建议，其中最后一条就是关于国库和财政专户问题。两年前，他们中的大多数也在上海召开相同主题的研讨会，也提了五条建议，其中第三条也是关于国库问题。两次的主张，都是维持央行国库经理地位。

他们的理由很简单：中国的人大对财政的管控权力很弱，多一个制衡和监管的力量，对避免财政部门一家独大，是有必要的。

8月11日之前，他们对于结果毫无把握。当年6月，李炜光对上述五条建议的预期是，"哪怕只成了一条，就算没白忙活"。结果真的"成了一条"时，他对《南方周末》记者坦承，"这算是意外收获"。

两次会议的发起人，复旦大学经济思想与经济史研究所所长韦森教授 8 月 12 日在微信群留言说，"首先应该感谢刘老师的上传（学者建议），如果最后结果如此，我们当庆贺，毕竟中国预算制度的改革有我们大家的贡献。"

两年前他曾在上海会议结束时动情陈词，"即使没人听，我们说给上海滩听，即使一条不接受，我们今天的会议全部的价值，留在未来。"另一位参会者，中央财经大学财经研究院院长王雍君教授则预言，"它（指会议）有可能载入史册，有可能一事无成。"

微信群中八位教授的另外四位是：上海财经大学公共经济与管理学院财政学教授、全国政协委员蒋洪，中国政法大学财税法研究中心主任施正文教授，武汉大学税法研究中心主任熊伟教授和湖北省统计局副局长、中南财经政法大学教授、全国人大代表叶青。

从 2012 年 6 月预算法二审稿公开向社会征求意见以来，以八位专家为代表的许多学者、民间智库多次召开研讨会，提建议，发表文章、联名信，接受采访，意图阻止预算法修订过程中的倒退，使人大具有预算监督实权，防止政府内部没有制衡。

他们的坚持多大程度上左右了结果不得而知，但至少赢得了尊敬，著名经济学家王则柯在微博中赞誉道，"平均来说，法学界对于我国社会进步的贡献，明显高于经济学界；在经济学界里面，财税学者对于我国社会进步的贡献，又明显高于其他的经济学者"。

2014 年 6 月 14 日，北京多云转雷阵雨，八位学者在北京朝阳公园东南角的郡王府饭店召开"预算法修法研讨会"，闭门会议开了一整天。

八位参会者中，年纪最大的蒋洪已 67 岁，最年轻的熊伟才 43 岁。刘剑文、施正文和熊伟是财税法学家，王雍君是预算专家，蒋洪、李炜光是财税学专家，韦森是制度经济学家，叶青则是活跃在媒体上的学者型官员。除刘剑文和熊伟外，其他六位都是 2012 年上海研讨会的参会者。"我们这八个人在一起是有道理的，各取所长相互弥补，谁还缺不了谁。"李炜光说，"我的主要贡献就是把这几个人给攒一块儿。"

但八位学术背景、关注点、思维方式各异的学者在一起开会，争议和分歧是必然的。八位学者事先把新老预算法条文做成 PPT，从早上 8 点开始逐条讨论。"主要是争论，修改意见不大。"韦森说。

分歧主要集中于三个方面，一是熊伟等学者认为，预算法应该是一部比较纯粹的规范政府财政支出的法律，不该它管的不应该纳入进来。比如税、费等财政收入，都是依据税法或相关法规征收，不应该纳入，"难道说人大否决了预算政府就不收税了吗?"其次，熊伟认为分税制、转移支付、地方债等不涉及预算，而属于上下级政府关系的问题，也不应纳入预算法。但其他大部分学者认为一部全面、完整的预算法，是现今中国防止政府随意花钱、收钱所需要的，且中国没有其他法律来规范政府间收入划分、财政转移支付和公债等财政行为。此外，法学家更看重法律条文之间的呼应、衔接、执行效力和用词的精准。而财经专家更重视理念、立法宗旨层面的超前，而不愿纠结于个别词句的斟酌。

由于分歧颇多，大家商定按"最大公约数"规则，凡有分歧而无法达成共识的建议，一律不以八名学者联名修法建议书的方式提出，留作个人意见表达。长达 10 个小时的会议共讨论了 40 多条三审稿条文，仅达成五条共识。大家推举熊伟执笔整理起草一份材料，原因是，"向上报的材料用词要精准，需要一个有法学基础的人起草。"李炜光说。

回到武汉后，熊伟花了两天时间写出了长达七八千字的初稿。商量之后，2014 年 6 月底，2 700 多字的《〈预算法修正案（草案三审稿）〉的修改建议》得以定稿。

这五条建议是：进一步完善预算法的立法宗旨；增加规定政府预算活动的目标；强化人大预算审查监督，设立预算专门委员会；落实财政透明度原则，健全政府财务管理；明确央行国库的职能，从严限制财政专户制度的设立到逐步取消财政专户。

值得一提的是，其中"设立预算专门委员会"这一条大家一拍即合地写进了建议书中，"其实已经超出预算法修订的范畴，我们都觉得做不到。"韦森说，但刘剑文、施正文等人认为，做不到不妨提，为将来中国建立现代预算制度、做实人大做铺垫。

以这份稿件为蓝本，在刘剑文等人修改之后，中国法学会以《要报》的方式递到了中共中央办公厅、全国人大常委会办公厅等部门。中国法学会是部级机构，其会长是原中央政治局委员、中央政法委副书记王乐泉。此外，学者们也尽可能通过各种私人关系，辗转向上传递。

最终在 9 月 1 日新华社公布的新预算法修改决定中，上述五条的具体建议仅有最后一条得以入法。

韦森告诉《南方周末》记者，几位学者最看重的三点修法意见：人大设立专门的预算监督机构；保留央行国库；预算法建立真正问责机制。现在看来第一点没有实现，第二点完全落实，第三点做到一点点，"基本算是百分之七八十的胜利，已经是目前可能达到的比较理想的结果，我们可以喝酒庆功了。"

4. 把"财权关进笼子里"

新《预算法》新在何处？恐怕最权威的解读者是财政部部长。2014年 9 月 10 日，新华网发表文章《迈向现代财政的坚实一步——财政部部长楼继伟详解新预算法》。**1**

楼继伟说，财政是国家治理的基础和重要支柱，此次修改突出预算的完整性，政府全部收支要纳入预算管理；遵循预算公开原则，强调预算必须接受社会监督；更加符合经济规律，拓展预算审核重点、完善地方债管理等多处修改，传递出建立现代财政制度的改革方向。

亮点一：政府全部收支入预算接受人民监督。

新《预算法》一大亮点是实行全口径预算管理，如第 4 条明确规定"政府的全部收入和支出都应当纳入预算"；第 5 条明确规定"预算包括一般公共预算、政府性基金预算、国有资本经营预算、社会保险基金预算"。

楼继伟说，实行全口径预算管理，是建立现代财政制度的基本前提。收入是全口径的，不仅包括税收和收费，还包括国有资本经营收入、政府性基金收入等；支出也要涵盖广义政府的所有活动；同时，将地方政府债务纳入预算管理，避免地方政府债务游离于预算之外、脱离人大监督。

亮点二：避免"过头税"，预算审核重点转向支出预算和政策。

说实话，这一点是解读的最有价值的。让人有了豁然开朗的感觉。如果能够完全做到，将会改变中国经济发展的质量。原《预算法》规定预算审查重点是收支平衡，并要求预算收入征收部门完成上缴任务。于是在客观上带来预算执行"顺周期"问题，容易导致收入征收部门在经济增长放缓时，为完成任务收"过头税"，造成经济"雪上加霜"；而在经济过热时，为不抬高基数搞"藏富于民"，该收不收，造成经济"热

---

1 《迈向现代财政的坚实一步——财政部部长楼继伟详解新预算法》，新华网 2014 年 9 月 10 日，http://news.xinhuanet.com/fortune/2014–09/10/c_1112430189.htm。

上加热"。

楼继伟说，新《预算法》旨在改变这一现状，将审核预算的重点由平衡状态、赤字规模向支出预算和政策拓展。同时，收入预算从约束性转向预期性，通过建立跨年度预算平衡机制，解决预算执行中的超收或短收问题，如超收收入限定冲抵赤字或补充预算稳定调节基金，省级一般公共预算年度执行中出现短收，允许增列赤字并在下一年度预算中弥补等。这些规定强调依法征收、应收尽收，有助于避免收"过头税"等行为，增强政府"逆周期"调控政策效果。这些观点的重要意义在于，把税收与经济的关系，由按照计划收税回归到按照经济状况收税，体现"经济决定财政税收，财政税收反作用于经济"的基本原则。税收不能离开经济发展。

同时，还有一点需要强调的是，国地税部门完成税收计划有奖励，也是一大原因。完不成税收任务，没有奖金，完成了有奖金，因此，希望纳税企业细水长流。不要增加太多，也不要完不成税收任务。客观上造成了"藏税于企"与"过头税"的问题。国家税务总局已经明确规定，不许再有"过头税"与"藏税于企"的问题，企业真正实现了"按能纳税"。

亮点三：规范专项转移支付减少"跑部钱进"。

针对地方可自由支配的一般性转移支付规模偏小、限定用途的专项转移支付项目繁杂、交叉重复、资金分散、配套要求多等问题，新《预算法》第 16 条、第 38 条、第 52 条等条款对转移支付的设立原则、目标、预算编制方法、下达时限等做出规定。

楼继伟说，新《预算法》重点规范了专项转移支付，如强调要建立健全专项转移支付定期评估和退出机制、市场竞争机制能够有效调节事项不得设立专项转移支付、除国务院规定上下级政府应共同承担事项外不得要求下级政府承担配套资金等，有利于减少"跑部钱进"现象和中央部门对地方事权的不适当干预，也有利于地方统筹安排预算。

亮点四："预算公开"入法从源头防治腐败。

与原《预算法》相比，新预算法首次对"预算公开"做出全面规定，第 14 条对公开的范围、主体、时限等提出明确具体的要求，对转移支付、政府债务、机关运行经费等社会高度关注事项要求公开作出说明，并在第 92 条中规定了违反预算公开规范的法律责任。

楼继伟认为，将预算公开实践成果总结入法，形成刚性的法律约束，是《预算法》修改的重要进步，有利于确保人民群众知情权、参与权和监督权，提升财政管理水平，从源头上预防和治理腐败。

而对于预算不够细化问题，新《预算法》第 32 条、37 条、46 条等多处做出明确规定，如强调今后各级预算支出要按其功能和经济性质分类编制。楼继伟说，按功能分类能明确反映政府职能活动，知道政府支出是用到教育上还是水利上；按经济分类则明确反映政府支出按经济属性究竟是怎么花出去的，知道有多少用于支付工资，多少用于办公用房建设等。两种方式不能偏废，分别编制支出功能分类和经济分类预算有利于更全面理解预算是怎样实现的。

亮点五：严格债务管理，防范债务风险。

相比原《预算法》，新《预算法》为地方政府债务管理套上预算监管的"紧箍咒"。楼继伟说，地方政府债务风险虽总体可控，但大多数债务未纳入预算管理，脱离中央和同级人大监督，局部存在风险隐患。

按照疏堵结合、"开前门、堵后门、筑围墙"的改革思路，新预算法第 35 条和第 94 条，从举债主体、用途、规模、方式、监督制约机制和法律责任等多方面做了规定，从法律上解决了地方政府债务怎么借、怎么管、怎么还等问题。

亮点六："勤俭节约"入法，违纪铁腕追责。

针对现实中的奢侈浪费问题，新《预算法》对于厉行节约、硬化支出预算约束做出严格规定，如第 12 条确定了统筹兼顾、勤俭节约、量力而行、讲求绩效和收支平衡的原则，第 37 条规定严控机关运行经费和楼堂馆所等基本建设支出等。这对于"三公"改革，都是重要的支持。

楼继伟说，相对于原《预算法》仅就擅自变更预算、擅自支配库款、隐瞒预算收入三种情形设置了法律责任，且不够具体明确，新《预算法》重新梳理了违法违纪情形，加大了责任追究力度，在第 92 条、93 条、94 条、95 条四条里集中详细规定了法律责任。如对政府及有关部门违规举债、挪用重点支出资金，或在预算之外及超预算标准建设楼堂馆所的，对负有直接责任的主管人员和其他直接责任人员给予撤职、开除的处分。此外，如构成犯罪还将依法追究刑事责任等。

5. 取消财政专户

2014 年 1 月 14 日，习近平在党的十八届中央纪委三次全会上的讲话中指出："一到节假日甚至不是节假日，有些人（领导干部）就到处跑，还带着一大家子，吃好的，住好的，玩好的，大江南北，长城内外，哪儿好就往哪儿去。不少是公款消费，财政成了他们家的钱包，财政局长成了他们家的管账先生。"这段话对地方财政部门加强约束提出了要求。

2015 年 1 月 13 日，习近平在党的第十八届中央纪律检查委员会第五次全体会议上的讲话中指出："有的干部脱岗离岗了，不向组织汇报，借口说有些是私事，应该有'自由空间'。我在地方工作时，逢年过节都得值班，生怕出了什么事。很多地方和部门的负责同志一到节假日就不见了，到外地去休假了。跑到那么远的地方怎么放得下心？一旦有个什么事怎么办？当领导干部就要有强烈的责任感，节假日尤其要自觉坚守岗位。没有说不让休息，但关键是如何休息、在哪儿休息，有没有考虑到自己肩负的职责。大部分领导干部在这个问题上做得是好的，节假日都能自觉坚守岗位。这不也是一种规矩吗？"

时隔一年，说到了类似的话，说明以财政为基础的浪费，是最大的浪费。这些钱可能不会通过人大的审核，也不可能通过预算安排。但是确实实实在在的存在，其支撑就是处处存在的小金库。部门面临很多挑战，其中之一就是如何把钱都放到一个钱袋子里。

这个钱袋子就是国库单一账户，理想中的情况是政府的钱都应放到这里，不过现实情况是，它一直遭到"第二国库"——财政资金专户（以下简称"财政专户"）的挑战，由此带来了财政资金被挤占、挪用乃至使用不透明而产生腐败。

2014年9月，离"八项规定"的公布也近两年了，财政部驻山东专员办一处处长刘忠庆还是发现，吉林一个县财政局竟有几十个财政专户，感叹这是"奇观"。而相对于财政专户清理之前，几十个并不算多。在20世纪90年代初期国库集中支付制度实行之前，一些地方政府甚至有几百个财政专户。尽管财政部在大力清理财政专户，甚至明令禁止新设专项支出财政专户，但目前仍面临着诸多挑战。

财政专户正在"肢解"国库。财政专户就是财政部门将一部分资金放到商业银行，实行专户管理、专项核算、专款专用的一种财政性专项资金账户。设立财政专户的初衷，是为了防范专项资金遭挪用、挤占等违规问题。但在实践中，国务院及有关部门、省级政府及其财政部门都有权审批财政专户，甚至一些市县也越权开设财政专户，这导致财政专户数量众多，大量财政资金以各种形式存在商业银行，脱离国库的有效监督，滋生了"小金库"等腐败问题。

2013年审计署审计了9个省本级、9个市本级和18个县发现，地方政府通过将财政收入滞留在财政专户或过渡户等少反映收入823.31亿元。

地方财政专户主要包括三大类：第一类是国家要求设立的财政专户，如社保基金专户等；第二类是一些地方政府自有收入，如地方上的拍卖车牌收入；第三类是从一般预算中提出的资金放到财政专户，如粮食风险基金等。财政专户问题多出现在政府自有收入上，在这一块多个财政专户的设立会导致资金使用效率低，透明度低，甚至滋生腐败。

江苏省财政厅副厅长张美芳被"双规"的原因是巨额受贿，而其受贿来源主要是决定财政收入开户银行而收取银行吸储回扣。她也成了第一位因收取存款回扣落马的财政官员。

张美芳在出任江苏省财政厅副厅长之前是该厅经济建设处处长。被调查前，张美芳负责综合处、经济建设处、行政政法处、绩效评价处、省财政投资评审中心，其中综合处负责非税收入征缴。张美芳利用这一便利条件，决定着数额不小的非税收入到底存于哪家银行，并收取巨额回扣。不过，收取存款回扣并不是新鲜行为。南京银行业人士称，存款给回扣是惯例。

事实上，财政收入因为额度大、连续性强，始终有存量，所以几乎每个商业银行都想拉这个大财主。"财政收入存款规模很大，动辄几十亿上百亿，如果一个银行能拉来一笔财政存款，它的存款储备基本不用愁了。"一位地方商业银行人士说。但竞争很残酷，几乎每个银行都有这样的神通广大人物去争取。这就给了张美芳权力寻租的空间。

张美芳将财政收入开户行进行变更时都是让其属下操办，"她在银行也没有亲戚，整个过程操作相当大胆"。但是，收取回扣她并没有通过信得过的中间人，都是自己亲自接洽。

同时，张美芳在支出上也极力维护自己选定的银行。尽量先支出非她选的银行存款，而自己的关系银行存款尽量晚支出，少支出。由于张美芳在银行系统并没有自己"真正信任的人"，这也使得其一旦案发，调查非常顺利。

从经济学上讲，如果把央行经理国库的职能删掉，以后所有财政部门直接与商业银行产生关系，这将形成巨大的部门利益，本质上就是让财政部门拿着纳税人的钱去赚钱。这将严重损害纳税人利益，撑开政府官员腐败寻租的制度保护伞，导致社会公平正义的缺失，最后必然导致腐败的普遍化。从宏观经济上看，开设十多万个财政专户，让财政资金存放在商业银行，财政政策和货币政策的合作与协调机制就会全部紊乱了。1995 年通过的《中国人民银行法》第 29 条明确规定："中国人民银行不得对政府财政透支，不得直接认购、包销国债和其他政府债券。"这是一项重大的基本制度安排，从根本制度上设定了政府宏观政策中财政政策和货币政策正常作用渠道。但是，如果取消了国库单一账户为基础的政府预算资金的集中收付制度，各级财政部门自设十多万个财政专户，就会使数万亿元的财政资金流到商业银行，而商业银行又会马上将其贷出去，通过货币供给的乘数机制，增加货币供给，致使央行无法实施任何有效的货币政策和调控政策。这样一来，央行的货币政策就会完全失灵、扭曲甚至最终无效。因此，这也就是我们"八大金刚"为什么要死死地维护国库经理制的原因。

将财政专户与国库相提并论，意味着法律允许国家预算资金在多个地方分散存放。国库单一账户体系管理和国库单一账户管理是两回事，两种制度安排。建立现代预算管理制度的必要前提条件之一是实行国库单一账户，将政府全部收入和全部支出纳入这个唯一的存款账户，全部政府收入由纳税人账户直接缴入国库单一账户，全部政府支出由国库单一账户直接支付到商品和劳务供应商账户。因此，《预算法》中不能写入"财政专户""国库账户体系"等这样的内容，以避免政府部门以虚账户之名，行实账户之利。结合我国现阶段实际情况，如果确有一些有必要设置的财政专户，那些账户余额也必须是零余额，资金停留时间不能超过 24 小时，以确保实现政府全部资金的集中化管理。

为了将政府资金都纳入国库管理，财政部近几年确实开展了清理财政专户的工作。2011 年以来，财政部连续 3 年组织开展清理整顿地方财政专户工作，累计撤并地方财政专户 7.4 万多个，撤户率达 32.4%。根据撤户率，可测算当时地方财政专户大约还有 15.4 万个。

2014 年 5 月底，财政部公布的《关于进一步加强财政支出预算执行管理的通知》中更是明确要求，从 2014 年 6 月 1 日起，一律不再新设专项支出财政专户；已设立的专项支出财政专户要逐步取消，确需保留的经财政部审核后报国务院批准。而 8 月底通过的新预算法也明确要求，"政府的全部收入应当上缴国家金库，任何部门、单位和个人不得截留、占用、挪用或者拖欠"。这从法律上确定了国库集中支付制度（又称国库单一账户制度）。

财政专户清理工作进展显著，但在县乡一级仍遭遇到不小的阻力，这首先就来自地方政府和银行的利益关系。与企业和个人存款相比，财政资金相对稳定，存量较大。因此在商业银行绩效考核压力逐年增大的前提下，财政资金成为各家商业银行存款竞争的优质资源。财政部门为平衡各家商业银行关系，经常将同一性质或同类性质的资金在多家商业银行开立专户。在国库开设专户的财政资金按同期人民币活期存款利率计算，而商业银行为财政专户资金计付利息所使用的利率要高于活期存款利率。在利益驱动下，财政部门利用政策规定宽泛等漏洞，将大量资金存放在商业银行开设的专户里，以获取高额利息。

江西某市财政局一位官员告诉《第一财经日报》记者，2005年的时候该市有100多个财政专户，清理之后大概有30个。该官员表示，地方政府完全可以把这些不同银行开设的财政专户整合成一个银行账户，然后根据不同项目开设子账户即可。但这样会影响到一些银行的利益。"现在的阻力是，开户的国有银行、农村信用社等都是伴随着地方财政的成长而成长的，财政部门也是它们的重要客户，同时银行也为地方发展作出了贡献。财政专户的压缩会影响银行的'拉存款'任务，地方政府会对它们'开绿灯'"。

其实，财政部对于地方政府在银行开户也做了诸多限定。在2013年4月颁布的《财政专户管理办法》中规定，县级财政部门开设社保基金财政专户原则上不超过3个；财政部门开设非税收入财政专户在同一家银行只允许开设1个；其他性质形同或相似的资金原则上应在1个财政专户中分账核算。

希望这些规定不止是挂在墙上。

6. 广州的预算委员会

虽然"八大金刚"的建议之一——把全国人大常委会的财经委员会一分为二——设立预算委员会与经济委员会的建议没有被新《预算法》所采纳，但是，广州市人大常委会进行了有益的试验。好在赵冬苓代表已经连续提了三年。

为了加强对政府预决算的审查和监督，2015 年 2 月广州市人大在全国率先设立预算委员会，原财政经济委员会调整为经济委员会。广州这一创新之举，引起相关人士的高度关注。

广州市人大预算委有 22 位委员，面向 11 个区的 11 个人大代表团，每个代表团有 2 位代表委员。

广州市人大审查预算有一个"广州特色"，就是对预算的审查是"三审"而不是"两审"，多了一个预备审查阶段。在这个阶段，人大各个委员会都参与到预算审查中，各个专业委员会的审查预算积极性得到调动，形成了整个人大常委会对预算审查的整体力量，然后，又通过各个专门委员会来调动各个人大代表团代表的审查积极性。最重要的是，审查结果真的起到对部门预算修改的促进作用，对人大代表在预备审查阶段提出的修改意见，政府部门一一作出答复，代表提的意见合理，部门就修改采纳，包括预算编制的规范问题、不合理使用的资金怎么砍掉的问题，都被采纳。2015 年，在对市级部门预算进行预备审查时，就砍掉了几千万元的资金。

在新《预算法》实施后，广州市人大设立预算委员会，有哪些经验和亮点？ 2015 年 7 月 7 日，在中国财税法学研究会组织下，刘剑文、蒋洪、张富强、熊伟、苗连营、李炜光、韦森、王则柯、叶青等国内16位财税法专家赴广州市人大调研，指出在加强对政府预决算审查和监督方面，广州市人大预算委员会有四大亮点值得总结。

第一，在对《预算法》的认识上，在发挥人大完善预算制度作用方面，广州市的认识和观念很到位，国家治理现代化包括制度的现代化，也包括理念的现代化，理念和制度的实施是要靠机构、靠人来实现，从这个意义上讲，广州市人大设立预算委员会，在全国是一项创举。

第二，我国《预算法》规定，人大审议的预算账本有四本：公共财政预算、政府性基金预算、社保基金预算和国有资本经营预算，而广州还多了一本——预算财政专户管理资金预算，广州做到把政府所有的收支都纳入预算中，这不仅非常必要，而且也是一种创新。

第三，对于广州市人大预算委在人大闭会期间，通过以问题为导向，在审查中突出重点各个击破，充分发挥出预算审查作用的做法，专家们也表示赞赏。

第四，对"广州特色"的"三审"预算，亮点就在于它能够调动人大各专业委员会的力量，保证预算审查是全面的、完整的，值得全国推广。

设立专门的预算委员会，才有可能增强预算审查的力量。这也是发达国家的经验。以美国为例。

美国是联邦制国家，实行"立法、行政、司法"三权分立的政治制度。其中，行政和立法部门各有一套参与预算编制和审核的系统，二者各有侧重、互相制约、共同配合，履行政府预算的职能。

一是联邦政府预算职能机构设置。行政部门参与预算编制的主要角色有：总统，财政部、国民经济委员会、经济建议委员会组成的"经济三角"，以及总统预算管理办公室。其中：总统决定预算实施政策，向国会提交预算报告以及向国会提交追加预算的请求和预算修正案；签署或否决收入、授权和其他与预算相关的法律；向国会通报取消或延期支出的项目；必要时签署停止征收某项预算收入法案等。国民经济委员会的主要职责是为总统提供国民经济政策咨询，制定经济政策和预测；经济建议委员会是向总统建议税收政策和需要财政投入的重点领域；财政部是拟定和建议经济、金融及财政政策，办理国库业务，执行有关预算法令，印铸货币，管理公债、国家政策性银行和国家金银等。财政部还负责根据历年的收入情况和经济发展预测，编制收入预算，并根据国会批准的预算筹集相应的资金等。总统预算管理办公室是独立于财政部之外直接向总统负责的机构，其职责是根据各部门、机构提出的预算方案，统一汇编联邦支出预算，交总统审核，然后由总统提交给国会。预算办公室还负责制定政府采购的政策、规章和程序，实行定员定额管理，进行常规预算的审查等。

二是国会的预算职能机构设置。国会由参议院和众议院组成，国会参议院、众议院各有一套审核联邦预算编制的庞大机构，包括国会拨款委员会、国会筹款委员会、国会预算委员会、国会预算办公室、国会会计总监局等，其中：国会拨款委员会是国会中负责拨款法案的常设委员会，即为政府部门拨款授权，通过取消拨款的立法，开支结余结转的立法以及根据国会预算委员会的决定进行新的开支授权，两院的拨款委员会各下设 13 个小组委员会。国会筹款委员会是国会中专门负责税收法案审议的常设委员会。国会预算委员会是国会中专门对总统的行政预算进行审议的常设委员会，主要职责是加快国会审核预算的进程，并使国会能用专家的眼光来审核总统的行政预算。国会预算办公室是一个专业的、非党派的机构，其职责是为国会两院提供客观、专业、及时、非政治化的分析，没有审批权。国会预算办公室对经济与预算有独立的分析与预计，并独立地编制一整套预算，供国会参考。国会会计总监局是审计政府财务、使政府财务活动限制在国会批准范围内的机构。

三是地方政府的预算职能机构设置。美国有 50 个州，其下县(郡)、市（镇）统称地方政府，全美共有约 3 143 个县（或等同于县的地区），约 8 万多个地方政府。地方政府结构一般分两种，对于一些小的城镇，一般实行委员会管理制；对于较大的城市，一般实行市长管理制。地方政府在预算管理方面的职能分工一般是：财政部门负责预算编制和执行，对当地管理委员会或市长负责；国库部门负责拨款、现金管理、账户管理以及税收征管，国库负责人由全市公民选举产生。

相比之下，中国的预算审查力量太过于薄弱了，急需加强，仅靠"八大金刚"的努力是不够的。好在全国人大在 2017 年"两会"的前夕公布了《关于建立预算审查前听取人大代表和社会各界意见建议的机制的意见》。

让地方债独立

1. 全国公债的停止与地方公债的设想

尽管我从 1986 年 7 月起就是中南财经大学财税系的一名老师，要在学报上发表文章，也不是一件容易的事情。在 1993 年第 2 期的《中南财经大学学报》上，终于有了我的一篇文章，而且与公债有关——《公债体系应当独立——50 年代公债政策透视》。在这篇文章中，我建议恢复公债的名称。

（1）1950 年人民胜利折实公债

50 年代为弥补财政资金的不足，财政通过信用形式筹集资金用于经济恢复和工业化建设，增强了刚创立的社会主义财政制度的效能，利国利民。从 1950—1958 年，我国先后发行过一次人民胜利折实公债、五次国家经济建设公债。1950 年的人民胜利折实公债是新中国首次采用财政信用形式筹措资金，具有特殊的意义。

新中国成立初期，政府面临着由于革命迅速取得胜利而产生的政治、经济、军事困难，而财政困难又是最突出最根本的。为了缩小赤字，陈云在 1949 年 12 月 2 日中央人民政府四次会议上作的《关于物价问题与发行公债的报告》中提出发行公债的议案[1]，得到各大区负责同志的赞同。大会作出《关于发行人民胜利折实公债的决定》。12 月 16 日公布《1950 年第一期人民胜利折实公债条例》，规定公债募集及还本付息均以实物为计算标准，其单位定名为"分"。每分以上海、天津、汉口、西安、广州、重庆六大城市的大米（天津为小米）6 斤、面粉 1.5 斤、白细布 4 尺、煤炭 16 斤的加权平均批发价计算。其权重定为上海 45%，天津 20%，汉口 10%，广州 10%，西安 5%，重庆 10%。这项市价由人民银行每 10 日公布一次。公债总额为 2 亿分，于 1950 年内分期发行，第一期 1 亿分在 1—3 月间发行(由于下半年财经状况根本好转，取消第二期发行计划)。公债票面额分为 1 分、10 分、100 分、500 分四种，分五年偿还，年息五厘。规定公债不得用以代替货币流通，不得向银行抵押，不得用于投机买卖。

　　财政部为鼓励人民认购公债，特通令全国各级财政和税务部门，一律免征公债利息（包括贴息）所得税。公债发行得到各界人士的一致拥护。1 月 5 日是折实公债发行的第一天，据不完全统计，仅上海认购总数达 40 余万分。据年终统计，第一期公债实销额达 2.6 亿元（加上东北地方公债共为 3.02 亿），大大超出预期的效果。公债收入使国家财政收支逐渐趋向平衡，各季度赤字率不断下降，第一季度为 43%，第二季度为 40%，第三季度为 9.98%，第四季度仅为 6.4%。

　　1950 年折实公债最大的特点是折实和以"分"为单位，这是由当

1　《陈云文稿选编（1949—1956 年）》，人民出版社 1982 年版，第 35 页。

时物价不稳所决定的。折实是为了保护购买者的利益，公债的购买和本息偿付都以当时的每"分"物价为依据，它"有利息又保本，有利又可靠"，实质上成为定期保值存款，给社会游资开辟了一条出路。

（2）1954—1958年国家经济建设公债

1951年国家预算出现10.65亿元的结余，为了安定人民生活，1951年、1952年两年没发行公债。1953年原计划发行公债[1]，由于错误地将上年30亿元结余打入预算，财政潜力似乎已挖尽，这次公债也就没必要发行。

为了加速国家经济建设，1953年12月9日中央人民政府二十九次会议通过《1954年国家经济建设公债条例》，决定发行6亿元经济建设公债，公债的募集及还本付息以人民币为计算单位，面额分为1元、2元、5元、10元及50元五种，年息四厘。自1955年起，公债本息分8年作8次偿还。按不同情况，预定在城市推销4.2亿元，其中工人、店员、干部及文教人员分配1亿元，私营及合营企业的私方及其他城市居民分配3.2亿元；预定在农村推销1.8亿元。全国各地购券者踊跃认购公债。1954年公债实销数高达8.36亿元。

1954年12月30日一届人大常委会三次会议通过《1955年国家经济建设公债条例》，决定发行6亿元公债。1955年公债本息分10年作10次偿还，这是由于公债收入大都用于重工业建设，建设周期长的缘故。预定在职工中推销1.5亿元，在农村中推销1.8亿元，在私营者中推销2.7亿元。为防止有些职工和部队干部认购过多，影响生活，规定他们每人认购数一般以不超过一个月的工资或津贴的50%为限。1955

---

[1]　薄一波：《关于1953年国家预算的报告》，《新华月报》1953年第3号，第120页。

年公债认购数为 6.435 亿元，实销数为 6.19 亿元。1956 年继续发行经济建设公债，实销数为 6.07 亿元。

由于全国范围的农业合作化和对资本主义工商业的社会主义改造基本完成，1957 年建设公债分配给各阶层的认购数作了调整。计划在职工中推销 2.8 亿元，在农村中推销 2 亿元，在工商界推销 7500 万元。1957 年公债的显著特点是认购快，超额多，交款早。1957 年公债实销数为 6.84 亿元。

1957 年各界人士要求 1958 年增发建设公债，并在"二五"计划期间继续发行，以便更快地发展经济。1957 年 1 月 6 日人大常委会八十三次会议通过《1958 年国家经济建设公债条例》，决定发行 6.3 亿元，除付息办法外，其他规定与上年相同。以前是在每年 9 月 30 日付息一次，1958 年规定，凡每年不中签的公债券不再单独付息，一律在中签时一次总付本息。1958 年公债实销数为 7.98 亿元。

在"二五"计划期间继续发行公债，仍具有重要的经济意义，但"二五"期间的公债发行工作面临新的形势，一方面，我国自"一化三改"后，又进行了反右和全民整风运动，政治高潮促使经济"大跃进"；另一方面，1958 年国家改进了工业、商业及财政管理体制，以充分发挥地方的积极性。为此，1958 年 6 月 5 日人大常委会九十七次会议通过《中华人民共和国地方经济建设公债条例》，决定自 1959 年起停止发行全国性公债，改由地方政府发行一种票额较小、期限较短的地方经济建设公债，并规定年息不宜超过 2%，偿还期限不宜超过 5 年，所筹集的资金应大部分用于当地为农业服务的工业建设。从有关资料看，当时拟定地方公债条例并发行的有黑龙江、辽宁、江西、安徽等少数省份，由于受"大跃进""一大二公"的影响，大多数省份未发行。

从 1950—1958 年国家发行的公债及应付利息共 48.2 亿元。到 1962 年偿还 27 亿元，1963 年偿还 3.63 亿元，1964 年偿还 4.04 亿元，1965—1968 年分年偿还 13.51 亿元。

（3）50 年代公债的特点

20 世纪 50 年代是新中国经济发展的重要历史时期。这一时期的公债与其他时期或其他国家的公债相比，有其异同点。

第一，与旧中国公债相比，50 年代的公债虽保留了旧公债的形式，但在本质上具有社会主义的内容与性质。首先是生产性和建设性；其次是人民性和群众性；最后是计划性和和平性。与此相反，旧公债则具有典型的非生产性、剥削性和战争性。国民党"政府发行债券的用途：计用在军政费上的约占 86%，用在金融事业上的占 9%，用在赈灾上的占 4%，用在建设事业上的仅占 1%"。[1]

第二，1954—1958 年经济建设公债则是在全国广大地区统一发行。与各个时期的地方公债相比，具有广泛性和统一性。

第三，与苏联公债制度相比，我国公债数额小，在经济建设费中所占的比例也小。苏联"二五"计划期间公债达 144.38 亿卢布，占同期投资额的 17%，而我国最高的是 1954 年，占投资额的 7%，一般占 4%。当时苏联消灭了剥削阶级，公债持有人为工人、农民和知识分子，公债期限有时长达 20 年。

第四，与后来的国库券相比，20 世纪 50 年代公债不仅发行量小，而且在名称、发行对象、方式、期限等方面都有重大区别。

在此文中，我提出了设立"地方公债局"的概念。

---

1 《东方杂志》第 32 卷第 13 期。

"从财政的角度看，由经济性预算和建设性预算组成的复试预算代替单式预算的改革，为公债体系的独立明确了理论和实践的可行性，公债是建设性预算的重要组成部分。要扩大积累，加快建设速度，人为地限制公债规模和公债机构不独立是不行的。结合现行金融机构分化为中央银行、商业银行、保险公司、证券公司的做法，是否可以把财政系统分解为财政部门、税务部门、国有资产管理部门[1]、公债部门，从上至下建立独立的公债管理机构，中央设立公债总局，地方设公债局，市场地带设服务部和证券公司，这使得独立的公债政策有具体的载体来体现，公债机构的独立化，象征着公债市场的真正形成。"当然，在当时追求"既无内债又无外债"的轻松感的情况下，要发行地方公债是很困难的。

2. 国库券时代

1981 年 1 月 16 日，国务院公布《中华人民共和国国库券条例》，决定 1981 年发行 40 亿元国库券，其发行对象包括个人和企业，其面额从 10 元—100 万元不等，在五年后开始还本付息。自 1981 年恢复发行公债到 1993 年年底已累计发行各种公债 1 300 多亿元。这期间有各种改革。从 1985 年开始，规定可用国库券向银行贴现和挂失。1988 年建立了公债流通市场，这使得原由企事业单位和个人两家承购，转化为专业银行、单位和个人三家共同承购的体系，公债持有者比例发生结构性变化，个人和专业银行承购额上升，企业承购额下降。1989 年确定

---

1 国务院国有资产监督管理委员会是根据 2003 年 3 月第十届全国人民代表大会第一次会议批准的国务院机构改革方案和《国务院关于机构设置的通知》设置的，为国务院直属正部级特设机构。

了财政、银行、邮政以及非银行金融机构多渠道办理推销公债的体制。1991 年又进行国库券承购包销试点，当年通过承购包销方式完成了国库券发行总量的 65%。1992 年又取消向企事业单位定向发行特种国债的办法，改为对全社会各类投资者统一发行国库券。随着改革开放的进一步深化，民营企业不断增加，企业不仅不必认购公债，还可以以股票或债券的方式向社会集资。1992 年还在五年期国库券中划出 36 亿元，利用电脑操作的记账方式和专业化估算手段，进行国库券的无券发行及流通，以提高效率和节省成本。

3. 1999 年建议恢复地方债

新中国成立初期，最早发行地方公债的地区是东北。1949 年至 1950 年，东北行政委员会和东北人民政府发行过"民国三十八年东北生产建设实物有奖公债券"和"1950 年东北生产建设折实公债"。1958 年 4 月中共中央决定从 1959 年起停发全国性经济建设公债，根据地方的建议决定允许地方发行公债筹集建设资金。地方公债在 1960 年后停止发行。在之后的预算法修改过程中，能否让地方政府开"借债"之戒，也是一个重点。从理论上说，地方政府债券是指有财政收入的地方政府以及地方公共机构发行的债券，主要用于交通运输、保障性住房、教科文卫等地方性公共设施建设。

地方公债这个"前门"也有两道：代发与自发。1998 年，为了应对亚洲金融危机及通货膨胀，首次通过发行长期建设国债并转贷给地方的方式发行地方债，资金总量达 2 650 亿元。但转贷资金的偿还情况并不理想，一些财力薄弱的省份无力归还，最终还得由中央财政兜底。

地方公债能不能顺利诞生？财政学界与实务界都十分关切。我在《湖北审计》1999 年第 4 期发表一篇文章《理顺税、费、债的关系，确立合理的收入体系》。在文章的最后，我提出："在中央债务负担急剧加重的情况下，我们应该探讨一下发行地方公债的可行性，地方公债的发行是地方政府筹措地方建设资金的需要，也是中央财政放权与加强地方财政的结果。目前，许多发达国家和发展中国家的地方政府都程度不同地运用发行地方债券来增强地方自我筹措资金的能力。根据世界银行提供的《1992 年世界发展报告》中对 18 个发展中国家和地区的抽样调查情况来看，南斯拉夫、赞比亚、墨西哥、阿根廷、肯尼亚等国的州（省）政府，也都具有较强的自我筹资能力，举借地方公债已成为这些发展中国家地方政府筹措资金的一种重要方式。赋予地方政府举借地方外债的权限，一是促使其更好地履行职责的需要。二是完善我国地方财政信用体系的客观要求。三是实行'分级财政'的客观要求"。

尽管地方政府发行地方公债直到 2014 年 8 月 31 日，中国最高立法机关批准通过中国《预算法》修正案才得到法律上的认可，对地方债的思考从来没有停止过。

2011 年是地方债发展的关键之年，改革开放后首次启动地方政府自行发债试点，选择上海市、浙江省、广东省和深圳市为试点，自行发债额为 229 亿元。7 月 4 日，财政部发布地方政府自行发债试点办法，江苏省和山东省加入其中，自行发债试点扩至 6 个省市。这也是预料之中的事，《预算法》的修改内容之一——地方发债应该说没有什么悬念。从审计署的审计结果看，2012 年年底债务余额中，银行贷款和发行债券分别占 78.07% 和 12.06%，这大概就是"后门"与"前门"的关系吧。打开"前门"才能解决"后门"拥堵无序的问题。

此后，在一些媒体上也提出了一些新的建议。为了促进地方政府性债务的有序健康，一是要完善法律制度，如修改预算法，制定地方债务法规，修改现行法规中与地方发债相抵触的条款。二是建立中央或省级政府审批制度。三是建立信息公开披露制度及信用评价制度。四是建立偿债基金。五是地方政府债券收支纳入地方预算管理，纳入各级人大监督与审计监督的范围。我们以前做的事是把预算外纳入预算内，现在做的事是把有偿资金与无偿资金纳入统一的管理平台。这是一种进步。

4. 地方债的尝试

（1）城投债券时期

1993 年中央政府禁止地方举债。1995 年《中华人民共和国预算法》颁布，第 28 条规定"除法律和国务院另有规定外，地方政府不得发行地方政府债券"。但是，还是出现地方债的变种，1979 年一些地方政府为筹集资金修路建桥发行地方债。我国地方政府融资平台债券（即"城投债券"）发端于 20 世纪 90 年代初上海久事公司发行的企业债券。

随着宏观财政政策调整和债券市场的发展，地方债大体经历了以下几个阶段。

——起步阶段（1992—2004 年）。由于我国债券市场仍属于起步阶段，债券品种有限，且企业债券的发行主体仍限定于中央企业、省、自治区和直辖市企业，因而城投债券的发行规模一直很小，1999—2004年城投类企业债券仅发行 8 支，合计 156 亿元。

——逐步发展阶段（2005—2008 年）。2005 年，国家发改委启动地方企业债券发行，作为地方政府全资控股国有企业的政府投融资平台可以通过发行企业债券的方式进行融资；2005 年 5 月，中国人民银行发布《短期融资券管理办法》，短期融资券发行的重启为地方政府投融资平台提供了新的债券品种。受益于债券市场的扩容，城投债券开始快速发展。2005—2008 年，地方政府投融资平台分别发行债券 17 只、29 只、54 只和 49 只，发行规模分别为 242 亿元、351.50 亿元、664.50 亿元和 740 亿元。

（2）"代发代还"阶段

2008 年年底，国务院推出 4 万亿元投资计划，以应对国际金融危机，其中，中央安排资金 1.18 万亿元，其余由地方政府配套解决。2009 年在《政府工作报告》中首次提出安排发行地方政府债券 2 000 亿元，以期部分缓解 4 万亿元投资计划中地方政府的配套资金压力，正式开启了我国地方政府债券之门。

为了应对国际金融危机，在原《预算法》基础上有所突破，2009 年 2 月 28 日，财政部印发《2009 年地方政府债券预算管理办法》。第二条明确所谓"地方政府债券"是"指经国务院批准同意，以省、自治区、直辖市和计划单列市政府为发行和偿还主体，由财政部代理发行并代办还本付息和支付发行费的债券"。此阶段的地方政府债券在实质上仍是国债转贷的延伸和拓展。

2010 年 6 月，国务院下发《关于加强地方政府融资平台公司管理有关问题的通知》，正式拉开了地方债清理整顿的序幕。2011 年年初，国家审计署公告的数据显示，截至 2010 年年底，全国地方政府性债务余额高达 10 万亿元。

在"代发代还"地方政府债券成功运行两年后，2011 年 10 月，财政部印发了《2011 年地方政府自行发债试点办法》，允许上海市、浙江省、广东省、深圳市开展地方政府自行发债试点。2012 年 6 月，财政部代理招标发行 2012 年首批地方政府债券 206 亿元，包括青岛、广西、重庆、陕西、甘肃、海南、新疆七省市区。

2012 年 6 月 26 日，十一届全国人大常委会第二十七次会议重申现行《预算法》中的"除法律和国务院另有规定外，地方政府不得发行地方政府债券"。

2013 年，国务院批准新增江苏和山东成为"自发代还"地方政府债券试点地区，均由财政部代办还本付息；其余地区的地方政府债券仍由财政部代理发行、代办还本付息，并提出"试点省（市）应当加强自行发债试点宣传工作，并积极创造条件，逐步推进建立信用评级制度"。

此阶段中央政府虽然仍对地方政府债券偿还有实质的担保责任，但地方政府债券的发行端开始放开。在地方政府日益旺盛的融资需求推动下，2011—2013 年地方政府债券的发行总额分别为 2 000 亿元、2 500 亿元和 3 500 亿元，规模日益扩大。

（3）"自发自还"阶段

2014 年 5 月 22 日，财政部印发《2014 年地方政府债券自发自还试点办法》，2014 年 10 月 2 日国务院公开发布了《关于加强地方政府性债务管理的意见》，决定赋予地方政府依法适度举债权限，建立规范的地方政府举债融资机制，对地方政府举债权限、债务规模、债务分类、举债程序、债务用途、债务风险机制等方面做出了具体要求，从此正式拉开了地方政府债"自发自还"的序幕。

2014 年 10 月 23 日财政部印发了《地方政府存量债务纳入预算管理清理甄别办法》的通知，通知规定把存量地方政府性债务纳入预算管理。财政部之后又分别出台了《地方政府一般债券发行管理暂行办法》

《地方政府专项债券发行管理暂行办法》等规范文件，对两类地方政府债进行了具体规范。

2015 年 5 月 8 日，财政部、中国人民银行和银监会三部委联合下发了《关于 2015 年采用定向承销方式发行地方政府债券有关事宜的通知》，通知允许地方债采取定向发行方式，从而大大减少了参与置换债券的商业银行成本，促进了地方政府债券顺利发行。

地方发行公债，最大的障碍就是老的《预算法》。这也是我在全国"两会"上提交过的建议。我曾两次参加预算法修正案座谈会。我国该采取什么样的地方债券管理模式，地方债券究竟是禁还是放，一直是财政学界争议的焦点。

旧《预算法》规定："除法律和国务院另有规定外，地方政府不得发行地方政府债券。"2009 年中央政府代发 2 000 亿元左右的地方政府债券，并且只有省级政府和计划单列市具备通过中央代发地方债券的资格，地级市、县级市禁止发行地方债券。

改革开放以来，特别是 1994 年分税制改革以来，地方政府纷纷成立融资平台公司，通过平台公司发债券。2008 年金融危机爆发后，在"稳增长"的背景下，各地纷纷加大基础设施建设和城镇化推进步伐，地方债券发行规模逐年上涨。地方政府之所以热衷于发行地方债券，一方面原因在于"中央拿大头、地方拿小头"的现行分税制体制，地方政府"事权""财权"不统一，想干事，但缺钱；一方面在于政绩观考核体系，以 GDP、城市建设、形象工程为导向的政绩观考核问题仍普遍存在。因此，地方政府热衷于发行地方债券，源于利益寻租空间，地方政府通过持续举债，不仅可以实现"保增长"的短期政绩，更可以由此为关联人的利益输送提供便利。

针对地方债券存在的问题，预算法修正案修订过程中，各界一直在探讨，是不是该通过立法赋予地方举债权，同时在法律中设定地方债券的审核程序。

就此，《预算法（修正案）》一审稿突破了原《预算法》框架，赋予了地方政府举债权，提出"对地方政府债券实行限额管理"；"地方政府如发债券，主体是省级政府"；"地方政府发债券的审批程序为：国务院确定地方债券的限额，报经全国人民代表大会批准后下达，省级政府按国务院下达的限额举债，作为赤字列入本级预算调整方案，报本级人大常委会批准"。但二审稿删除了上述条款，退回到与原《预算法》一字不差的状态，重申"除法律和国务院另有规定外，地方政府不得发行地方政府债券。"

一审稿和二审稿代表了两种地方债券管理模式。一审稿是"适度放开"；二审稿是"一刀切禁止"。之所以从"适度放开"退回到"一刀切禁止"，主要是考虑到政绩考核和官员任免制度，为官一任一般只有几年时间，采取"一刀切禁止"是为了避免现任官员追求政绩，片面提高地方债券发行规模，引发政府风险。

不论如何认识，都可以看出原《预算法》关于地方债券的规定过于简单笼统，已普遍出现了地方政府层面以潜规则强制替代明规则，大量隐性举债的情况。正确的思路和方略，应当是在地方已形成的实际负债面前，实事求是而又卓有远见地"治存量、开前门、关后门、修围墙"，让明规则变得有效、可行，使潜规则受到实质性的约束，有堵有疏，疏堵结合。当然，新预算法修正案，采纳了地方债券"适度放开"的管理模式。

修改后的《预算法》明确规定，地方政府发行债券，举债规模必须由国务院报请全国人大或全国人大常委会批准。经国务院批准的省、自治区、直辖市预算中必需的建设投资的部分资金，可以在国务院确定的限额内，通过发行地方政府债券以举借债务的方式筹措。财政部部长楼继伟在 2014 年 8 月 31 日的新闻发布会上说："把规范地方政府债务管理，防范化解财政风险单独作为一个部分，凸显了这个问题的重要性。重点是解决三个层面的问题。"第一，建立通过发行地方政府债券的方式举债融资机制，赋予地方政府以适度的举债权，解决怎么借的问题。第二，对地方政府债务实施分类管理和规模控制，让地方政府的债务分类纳入预算管理，接受地方人大监督，还要接受上级行政和上级立法机关的监督，解决怎么管的问题。第三，理清政府和企业的责任，解决怎么还的问题。

现在，地方债务的规模、负担、模式进入一种常态化的格局。2016 年全年，我国地方债发行规模 60 458.4 亿元，为 2015 年发行额的 1.6 倍。其中，置换债占比超八成。至此，地方存量债尚余 6.3 万亿元有待完成置换。展望 2017 年，业内预计，全年发债规模或在 6 万亿元，置换债将达约 4.8 万亿元，不过，城投债将遭遇置换难题。

据统计，2016 年，在总量超 6 万亿元规模的地方债中，新增债券 1.17 万亿元，置换债 4.87 万亿元，与 2015 年结构类似，置换债占比都在八成左右。

从发行类别来看，2016 年全年发行一般债券 33.53 万亿元，占发行总额的 58.5%。2016 年，一般债券发行比例迅速提升，说明地方政府逐步扩大发行用财政收入偿还方式的地方债，实际上反映了地方政府在不同的财政来源之间的权衡。

从区域来看，江苏、山东、浙江、广东和湖南发债规模在 31 个发行地方债的省（市、自治区）中位列前五。

5. 地方债务审计

按照《中华人民共和国审计法》规定和《国务院办公厅关于做好全国政府性债务审计工作的通知》要求，在国务院各部门、地方各级党委政府及有关单位的大力支持和积极配合下，审计署于 2013 年 8 月至 9 月组织全国审计机关 5.44 万名审计人员，按照"见人、见账、见物，逐笔、逐项审核"的原则，对中央、31 个省（自治区、直辖市）和 5 个计划单列市、391 个市（地、州、盟、区）、2 778 个县（市、区、旗）、33 091 个乡（镇、苏木）的政府性债务情况进行了全面审计。审计内容包括政府负有偿还责任的债务，以及债务人出现债务偿还困难时，政府需履行担保责任的债务，债务人出现债务偿还困难时，政府可能承担一定救助责任的债务。此次共审计 62 215 个政府部门和机构、7 170 个融资平台公司、68 621 个经费补助事业单位、2 235 个公用事业单位和 14 219 个其他单位，涉及 730 065 个项目、2 454 635 笔债务。对每笔债务，审计人员都依法进行了核实和取证，审计结果分别征求了有关部门、单位和地方各级政府的意见。

截至 2013 年 6 月底，全国各级政府负有偿还责任的债务 206 988.65 亿元，负有担保责任的债务 29 256.49 亿元，可能承担一定救助责任的债务 66 504.56 亿元。中央政府负有偿还责任的债务 98 129.48 亿元，负有担保责任的债务 2 600.72 亿元，可能承担一定救助责任的债务 23 110.84 亿元。

纳税人也是监督员

1."三政"

在中国历史上，孔子的政在节财主张，孟子的政在得民主张，傅子的政在去私主张，都影响到中国历代的财政监督制度。中国的思想史就是一部以"节用爱民"为主题的历史。其中，孔子、孟子、傅子的"三政"对当前治国理政意义深远。

《孔子家语·辩政第十四》记载："子贡问于孔子曰：昔者齐君问政于夫子，夫子曰：政在节财。鲁君问政于夫子，子曰：政在谕臣。叶公问政于夫子，夫子曰：政在悦近而来远。三者之问一也，而夫子应之不同然，政在异端乎？孔子曰：各因其事也。齐君为国，奢乎台榭，淫于苑囿，五官伎乐，不解于时。一旦而赐人以千乘之家者三，故曰政在节财……察此三者，政之所欲，岂同乎哉？"

这段文言的大意是，子贡问孔子说：从前齐景公请教您如何才能使政治清明，先生说：政治清明在于节省财用。鲁哀公请教您如何使政治清明，您说：政治清明在于教育臣下。楚大夫叶公请教您如何使政治清明，先生说：政治清明在于使近者高兴，远者来归。三个人问的是同一个问题，而您的回答却不同，难道是有不同的解释吗？孔子回答说：因为各人有不同的情况啊。齐景公治理国家，亭台楼阁建筑得太奢侈了。打猎时所圈的土地太大了，声色之好，没有一刻停止过。一个早上就赏赐了三个能够提供一千辆战车的采邑，所以我说：处理政务在于节省财用……仔细考察这三个方面的问题，难道政务上所要解决的困难，可以用同一个方法吗？

"政在节财"对于一位研究财政历史的人来说，影响极大。当领导之前，我呼吁车改，当领导之后，我践行车改，希望全国推动车改，因为一年可以节约 1 000 亿元。推动中国车改，是我这一生中最值得自豪的事情。在呼吁、践行车改之外，我提出管控"公馆"（公务宾馆），一年也可以节约 1 000 亿元。所谓"公馆"即以公共经费经营的各类公务宾馆。2013 年 12 月，黑龙江省牡丹江市地税局被曝光设有领导专供农场——"穗丰园"及一处高档休闲度假娱乐场所——"丽日山庄"。此外，该地税局还被举报存在公务车辆超标等问题。行政事业单位自营宾馆、度假村、培训中心等设施应该脱钩，这些地方往往是违背八项规定的场所，现在实行严格的八项规定了，这些地方也失去了意义。与其闲置浪费，不如统一由各级国资委收缴、拍卖，由民营企业来做这些旅游、休闲产业，国有企业也要大幅度减少宾馆酒店。我们的民生还需要大量的支出。

好在中央已经进一步关注此事。2013 年 7 月底，中共中央办公厅、国务院办公厅印发《关于党政机关停止新建楼堂馆所和清理办公用房的通知》。2014 年 6 月 25 日，国务院法制办公室就《楼堂馆所建设管理条例（征求意见稿）》公开征求意见。征求意见稿规定，不得以任何名义建设包括培训中心在内的各类具有住宿、会议、餐饮等接待功能的设施或者场所，也不得安排财政性资金进行维修改造。近年来媒体也高调曝光了一些典型案例，如海关总署天津教育培训基地以其豪华环境而著名，数千平方米的大湖，湖边多幢造型考究的欧式建筑。大堂里海关缴获的物件摆放在玻璃展柜中。还可以提供网球、保龄球、斯诺克、KTV、电影院、钓鱼等多种娱乐活动。是来培训，还是来享受？工作人员还保证："所有的餐饮娱乐费用我们都可以给你们糅在会议费里面。"看看大大小小的宾馆里的高档服装店，就知道在这里买衣服是可以报销的。

针对办公室面积超标问题，我提过"关于办公室整改由第三方公司实施的建议"。主要的问题在于，各单位的办公室整改，都是由本单位设计、施工、纪检部门验收合格之后，就可以过关了。首先，各单位在整改办公室时，会按照某级别官员办公室的最上限来设计，"就高不就低"。比如，某级别官员的办公室面积可以在10—15平方米之间，那么肯定会按照略低于15平方米的标准来设计。结果造成"削萝卜"的结果：面积符合标准了，但是，往往是前后左右削掉一点，没有利用的价值，办公室整改形同虚设。其次，在验收时，符合标准即可，不会经常去看是不是与其他办公场所连接。

为了真正实现"从严治党"的目标，转变干部的工作作风，我的建议是：由第三方公司来改造办公室，采用"切块"的方式，而不是"削萝卜"的方式，最大限度地利用原有办公面积。比如说，按照每个官员最低限——10平方米来设计，所切出的一块面积，可能开一个门又可以作为小办公室。最后由各级纪委验收。今后的新办公楼图纸，必须经过纪委审核，避免浪费。

《孟子·尽心上》记载："仁言不如仁声之入人深也，善政不如善教之得民也。善政，民畏之；善教，民爱之。善政得民财，善教得民心。"

大意是，孟子说：仁德的言语不如仁德的声望那样深入人心，好的政令不如好的教育那样赢得民众。好的政令，百姓畏服；好的教育，百姓喜爱。好的政令得到百姓的财富，好的教育得到百姓的心。孟子在这里强调，民心比民财更为重要，因此，"得民"可以演绎为"为民"。有一条"儒家定律"很重要，即《大学》中说"财聚则民散，财散则民聚"。孟子是主张得民财要适可而止，得民心则是多多益善。

西晋的傅玄在《傅子》中说："政在去私，私不去，则公道亡。"主持政务关键在于去掉私心，否则就没有公道可言了。官员不论大小，私利不可图。"去私"对我这个手上没有一分钱审批的省统计局党外副局长来说，就是表现在为了湖北的发展，不顾个人得失地建言献策。我觉得社会进步要依靠"三力"：改革之力、实业之力、思想之力。

为政之道，应该节民财、得民心、去私心，对于一个个具体干部来说，就是节约公物的事多多去做，不取不义之财，个个如此，政府也就应该能够得民心。

2. 财政监督进入新常态

财政监督的新常态表现在以下方面。

首先，对政府全部收支活动的监督。新《预算法》一大亮点是实行全口径预算管理。为了落实新《预算法》中加大预算"四本账"的统筹力度，财政部将11项政府基金统一划入一般公共预算。同时，城市维护建设税、排污费、探矿权和采矿权价款、矿产资源补偿费等专款专用的规定也将逐步取消。这些领域的经费也将被地方政府统筹安排。这就扩大了财政监督的范围，布置了新的任务。

其次，监督的重点转向支出预算和政策。原《预算法》规定预算审查重点是收支平衡，并要求预算收入征收部门完成上缴任务。于是在客观上带来预算执行收"过头税"或者"藏富于民"的问题。新《预算法》将审核预算的重点由平衡状态、赤字规模向支出预算和政策拓展。同时，收入预算从约束性转向预期性，通过建立跨年度预算平衡机制，解决预算执行中的超收或短收问题，如超收收入限定冲抵赤字或补充预算稳定调节基金，省级一般公共预算年度执行中出现短收，允许增列赤字并在下一年度预算中弥补等。这些变革的重大意义在于理顺财政与经济的关系，即经济决定财政，财政反作用于经济。

再次，对"预算公开"的监督如何到位。新预算法首次对"预算公开"做出全面规定，对公开的范围、主体、时限等提出明确具体的要求，对转移支付、政府债务、机关运行经费等社会高度关注事项要求公开作出说明，并规定了违反预算公开规范的法律责任。因此，财政监督不仅是对财政收支内容的监督，还要对内容公开的方方面面予以监督。

最后，对经费税收公债的全面监督。斯密的财政学就是"三论"——经费论、赋税论、公债论。新《预算法》为地方政府债务管理套上预算监管的"紧箍咒"。目前地方政府债务风险虽总体可控，但大多数债务未纳入预算管理，脱离中央和同级人大监督，局部存风险隐患。按照疏堵结合、"开前门、堵后门、筑围墙"的改革思路，新《预算法》从举债主体、用途、规模、方式、监督制约机制和法律责任等多方面做了规定，从法律上解决了地方政府债务怎么借、怎么管、怎么还等问题。因此，财政监督要勇于承担责任。

新常态的财政监督重在创新。在当前的各类监督方式中，人们对纪委、审计的监督效果是有目共睹的。有的地方纪委不找到贪官绝不收兵，手段多样。审计除了完成常规的审计任务，还不断创新审计方式，经常按照国务院的要求组织数万审计人员参与的大任务，如地方债、彩票、土地财政等。同时采用先进的计算机审计技术，大数据审计，云计算，尝试省以下审计机构人员统一管理等，以提高审计工作的有效性。财政监督虽然是内部监督、自我监督，也要在组织、技术、体制机制上创新。因此，现在不仅要有"透明钱柜"，还要有"电子钱柜""智慧钱柜"，要形成"云财政"，形成与分析财政大数据。

3. 公共财政就是开放型财政

2013 年 11 月 15 日，党的十八届三中全会公布了《中共中央关于全面深化改革若干重大问题的决定》，内容之丰富，影响之深度，改革之力度，前所未有，全体国民深受鼓舞。《决定》涉及六大领域的内容(政治、经济、社会、文化、生态、党建)，提出了 60 项改革任务，300 多项具体措施。但是，我个人喜欢"鸡蛋里面挑骨头"，觉得还是有两点不足：一是"坚持公有制主体地位，发挥国有经济主导作用"的提法不妥。在改革开放 35 年的今天，大多数地方的民营企业规模都超过了国有企业，有的县市的国有企业已经荡然无存，而且从近几年的审计情况来看，国有企业的监管失效、腐败连连的问题非常严重。因此，"坚持公有制主体地位"的说法非常值得商榷。二是"建立现代财政制度"的提法很是含糊。请问，现在哪个国家的财政不是现代财政制度呢？还有实行古代财政、近代财政的现代国家吗？《决定》首次提出了"财政是国家治理的基础"，这是很有意义的。但是，使用15年的"公共财政"概念，却没有得到继续强化，未免可惜。在最近的一次媒体采访中，财政部部长明确提出：2020年基本建立现代财政制度。这意味着，一大批财政学者经过多年努力而形成的公共财政理论体系，很有可能被现代财政理论所取代。目前，我们所了解的"建立现代财政制度"内容也是十分简单：一是建立现代预算制度；二是建立现代税收制度；三是建立事权与支出责任相适应的财政体制。无法覆盖财政分配的所有内容。

经过财政学界的努力，公共财政已经逐渐深入民心，在广东、在浙江，民众通过公共财政的理念，已经参与公共财政的分配过程。公共财政的基本共识已经形成：公共财政是市场经济下的政府财政，其经济实质就是市场经济财政。公共财政理论的主要内容是：由于存在市场失灵的状态，必须靠市场以外的力量来弥补由于市场失灵所带来的无人提供满足公共需求的公共产品的空白，这个市场以外的力量就是政府的力量。而政府提供公共产品的领域只限于公共服务领域，为保证政府不超越这一领域提供公共产品，必须为政府提供公共产品的范围划一明确的界限。而这一界限的划定显然不能由政府自己来划。由立法部门进行立法规范便成为必然的选择。公共财政的实际要义不在于"市场失效"这一经济逻辑起因，而在于其"预算法治"和"民主财政"的政治实质内涵。法治性、民主性、公共性在我国公共财政理论中已得到重视。公共财政的理论对最近两年的"八项规定""公车改革""民生财政"等产生了积极的影响。

从财政实践来看，公共财政也已经逐步建立。我国在1998年开始，明确提出要建立公共财政体系，进行了预算管理体制的改革。最为重要的内容有两点：一是实行了部门预算。原来各个公共部门没有部门预算，只有分项预算，比如行政开支预算、基本建设预算、离退休社会保障等方面的预算，按照功能分项，但年初没有部门总预算。2000年从财政部等部门开始做起，经过几年的努力，所有公共部门年初都有了经自己编列并经全国人大批准的一本预算。规范了预算编制方法和标准，要求每个部门的首长要当自己的"财政部长"，领导预算编制。二是改革了国库管理体制，实现了国库集中支付。这主要涉及预算执行的管理，要求预算按照通过的预算去执行，所有的单位都不再有实存账户，全部开在国库以及当天与国库结算的支付账户上，实际上等于部门不见现金，没有沉淀资金。

2003年后，财政部依然强调：公共财政体系建设任重道远。并做出严肃的表态：今后几年，将根据《中共中央关于完善社会主义市场经济体制若干问题的决定》要求，继续积极深化财政改革，努力做大经济发展和财政收入"蛋糕"，加快构建较为完善的公共财政体系。但是，现在已经不再说这些事了。

公共财政理论对财政实践的积极影响，体现在具体理财运作上形成了一系列规范，其中包含一些基本的原则：一是公共财政要依托于宪法和法制。宪法和法制包含了公民的自由、平等、财产权等内容，同时也规定公共财政和理财部门即财政部门是独立的，是不受其他部门管辖的，是公众的理财机构，它在法律规定的范围内行使其职责。公民须向国家纳税，并且大家所遵循的原则是一致的，同时公民对财政有监督权；二是税收机关无权制定税法，而只能由体现国民意愿的议会——人大这一立法机构来决定；三是税收所得的收入和支出要绝对分开，收税的人不能决定钱如何使用；四是公民有纳税义务，同时也享受纳税人的权利。

现在为什么不提"公共财政制度"？还有什么原因？是不是因为与预算法的修改有冲突？与预算公开带来的麻烦有关系？重温公共财政的基本理念，你会发现与预算法三审稿的一些内容是不一致的。三审稿中把"财权"关进笼子里的宗旨并不清晰。公共财政相比于现代财政，更能够反映中国财政改革的方向，公共财政已经一针见血地说出财政改革目标就是维护公共利益。因此，"公共财政"没有变更的需要。为了中国的市场经济，更要把公共财政从理论做到实践，而不是避而不谈。

4. 从幼儿园拨款到警察理发费

从我十年全国人大代表的体会来看，我觉得广东的各级人大代表审核政府预算的能力和胆识，是值得称道与学习的。不仅表现在每年的全国"两会"上，来自广东的代表、委员敢说、会说，而且广东地方的代表、委员也敢于说"不"。从资料来看，主要有几个环节：

——向代表公布预算手册。从2003年1月召开的广东省十届人大一次会议起，就首次向所有代表提交了一份16开、3厘米厚的预算手册，详细公布了广东省102个省级政府部门的220亿元部门预算资金，赢得了代表的高度评价。这是监督财政基本的条件。

——举行"两会"期间预算草案座谈会。作为广东省人代会的预算监督平台，诞生于2004年的预算草案座谈会几乎每一次开会都充满了火药味，人大代表们紧盯着掌管一省"钱袋子"的财政厅厅长，毫不留情地提出种种质疑。

——堪称预算审核经典案例的"机关幼儿园拨款事件"。广东人大代表这种"管住钱袋子的权力"，总免不了提到"省政府机关幼儿园违规拨款"这个典型案例。代表们连续 3 年毫不留情地指出问题，而政府机关幼儿园的拨款也从 2 328 万元减至 1 000 多万元。

2004 年 2 月广东省人代会召开期间，很多人大代表不约而同注意到预算草案上的一个数字：省政府机关 4 家不对社会开放的幼儿园，享受公共财政资金居然高达 2 328 万元。人大代表们觉得，几家不对社会开放的机关幼儿园享受如此多的公共资源，明显有悖社会公平原则。在中国的许多地方，机关幼儿园每年的拨款数字，并不会在"两会"召开期间出现在发给代表的预算草案中。人大代表们拿到的，多是一个许多加数累计起来的"和"。而在广东省"两会"期间，财政部门要向人大代表提交详细的部门预算草案。代表们对此高度关注，成为预算草案座谈会的话题。感谢记者记录了当时的对话。

一财政厅副厅长来到广州代表团答复代表询问。刚一落座，代表们就直言不讳："机关自己办的幼儿园，竟然要财政拨款 2 000 多万元，这不公平！应该让这些幼儿园面向社会。"

副厅长愣了片刻，慢慢陈述道："如果财政厅不给机关幼儿园这个钱，它们就要去创收。"

"那就不拨给它，让它去创收嘛！"一位代表针锋相对。

"机构改革还没有规定其走向社会，要按规定给这个钱的。"副厅长回答。

"但是老百姓不一定这么认为，公共财政的钱不能乱花！政府公共财政用于补贴这一块，有失公平！公共财政改革了，这部分补贴应是逐年递减。一步改不到位，也要看出递减的轨迹来！"另一位人大代表步步紧逼。

现场一位旁观者回忆，副厅长一度"被逼问得面红耳赤"。最后他表态：机关幼儿园拨款是应该"逐步减少"。代表们还说：副厅长做不了主，就叫厅长来。

当天晚上，首场预算草案座谈会开场了，机关幼儿园拨款仍然是代表们关注的焦点，这一次被"包围"的是广东省财政厅厅长。

来自广州的人大代表词锋犀利："这个预算里很多都不是公共财政，像大家讲的幼儿园，我们这些纳税人交的钱，养了政府官员，还要养他们的儿子、孙子？"代表还调侃厅长说："我希望明年不再出现这些了，如果非要办，建议你就把这项开支'藏'起来。"

来自惠州的人大代表说，如果加上预算草案中开列的省属单位理发室、餐厅等非公共事业，支出有好几千万元，"如果把这些钱用于农村，那能建多少学校，修多少医院？我希望明年预算中不要再出现这样的幼儿园。"

厅长在座谈会结束前站起身来，向代表鞠了一躬，态度诚恳地说，要"向公共财政更靠近一步，以后的财政安排将尽量做到这一点"。

一年后，人大代表们在《广东省 2005 年省级部门预算草案》中，发现财政部门还是给省级机关幼儿园编制预算，而且列入预算的幼儿园由 4 家变成了 5 家，拨款总数也上升至 3 600 万元。这直接引发了广州代表团第三组对财政厅的询问案。

"一个幼儿园就上千万，比一所中学还多，太增加财政负担了，对于这些机关幼儿园，该社会化就要社会化，该改制就要改制。"

2006 年，人大代表继续紧追不放。来自深圳的代表质问厅长："这两年代表一直质疑这个问题，今年的预算中又出现了！"这一次厅长回答得很笼统，"将在以后的工作中进行研究，作出具体部署"。

2007 年的部门预算草案上，拨给几个省级机关幼儿园的公共财政被减至 1 000 多万元。人大代表行使"管住钱袋子的权力"，向政府传达了人民的意志：钱，必须服务于公共利益，不向社会开放的机关幼儿园不属于公共财政的范畴。

2012 年 8 月 14 日，广州市政府常务会议审议通过了《广州市深化实施学前教育三年行动计划工作方案》的 4 个相关配套文件，破解公办幼儿园性质界定难、收费标准严重偏离办园成本等瓶颈问题。目标是到 2016 年，广州市属机关幼儿园将面向社会公开招生，"机关幼儿园"将退出历史舞台。

——代表对支出高度重视。2001 年，广州市首次将教育、科技等 5 部门的部门预算提交给人代会审议，2002 年提交审议的部门预算增加到 10 个，2003 年增至 15 个，2005 年是 30 个。2005 年 3 月 26 日，广州市人代会上，20 多名人大代表拿着 30 个试点单位的部门预算草案（装订成一本 259 页的册子），对财政局官员频频发问。

"办公厅编制人员 177 个，车却有 172 辆，维修费用高达 115 万元……""这些都是纳税人缴的钱，用起来应该要小心一点。"

广州市财政局局长皱着眉头说："很难回答。"他接着解释，广州推行部门预算改革才刚刚 3 年，不像西方国家有 200 多年历史，财政局已经尽了很大努力来做预算，"至于办公厅的用车问题，由于副市级以上离退休人员虽然不占用编制，但还是有配车的。"

代表对局长坦率的回答感到满意，因为诚实地说出了人民币（人民的钱）被用在了什么地方，而人大代表只有清楚钱被用在了什么地方，才有可能评估这个钱"该不该花，该花多少"，这是预算审查监督的两个核心问题。

——培养代表的"预算能力"。政府已经将全部部门预算草案提交人代会，代表们可以全面审查了，然而此时的短板是严重滞后的"预算能力"。

"预算能力"包括"适当的信息和工作人员、充足的审议时间和专业化的机构"，广东代表认为遇到的最大挑战是"预算信息不对称和人代会会期太短"。预工委明智地选择了重点审查的方式，即每年抽 2—4 个部门进行"专题审议"，花一天时间力争审个"明明白白"。别处人大代表抱怨看不懂预算的问题，在深圳预算委这里已经解决了。

遗憾的是，全国各地能像广东代表这样审核预算的并不多。广东的各级代表除了在会议期间针对部门预算提问题之外，对很敏感的财政支出问题也反应迅速。比如，"警察理发费"就是一例。

2014 年 4 月 16 日，深圳罗湖公安分局一项预算为 199.4 万元、项目服务期限为 2 年的民警理发服务项目招标，9 月上旬结果公布后引起市民质疑：洗剪吹一次 13 元，为何预算高达 200 万元？ 200 万元财政资金用于民警理发是否合适？

罗湖区公安分局为将优待民警的方针落到实处，作为民警的福利，在全局共设置了三间理发室，分别位于湖贝路原分局大院内、罗沙路巡警大队大院内以及和平路口岸派出所大院内，营业总面积为 131 平方米，于 2008 年投入使用，水电及理发硬件设施齐全。分局每月向每位民警的智能 IC 卡内设置三次理发权限，理发室采取刷卡方式进行消费。

对于市民的质疑，罗湖区公安分局解释说：该项目的资金正是来自财政预算公用支出中的民警福利费。在其提供的 2015 年罗湖区行政事业单位公用经费定额标准分类表中，公检法司的福利费为每人每年 2 300 元。罗湖区的福利费在各区中是属于较少的。《人民警察条例》对警察头发修剪的标准作出了要求，公安部"210"工程建设规范也要求进一步加大对基层一线民警从优待警工作的保障力度，因此理发项目作为民警的福利项目开设是合适的，"小理发室还是公安部提出的'五小工程'（即小伙房、小健身房、小理发室、小娱乐室、小图书室）之一"。

解释清楚了，市民才能够接受。

5."参与式预算"[1]

参与式预算是一种民众能够决定部分或全部可支配预算或公共资源最终用处的机制和过程。在这种创新的决策过程中，公民直接参与决策，讨论和决定公共预算和政策，确定资源分配、社会政策和政府支出的优先性，并监督公共支出。参与式预算的最初目的是将弱势群体吸纳进决策过程，通过公平分配资源、激励行政改革和监督行政官员，促进公共学习和行使公民权，推进政府管理体制改革。参与式预算将直接民主和代议制民主结合起来，是参与式民主的一种形式。

在我国，存在一个从"预算听证会"到"参与式预算"的过程。2004 年 2 月底，重庆市首次举行财政预算追加听证会，5 个项目共申请追加 4 310 万元，听证后确定为 4 660 元。其中，针对社保处提出的追加安排乡镇敬老院建设经费，评议人一致同意。2004 年优先安排 3 000万元，比申请多了 500 万元。而另一个项目因备受质疑，通过听证反而被核减 150 多万元。

1　桂田田：《温岭："参与式预算"十年路》，《北京青年报》2015 年 12 月 7 日。

我国最早的参与式预算始于浙江温岭新河镇。由于国家政策的调整，新河镇政府 2004 年的财政收入中，土地出让金减少了几千万元，财政赤字高达 5 500 多万元。新河镇决定将预算细化，向所有代表和公众公开，然后请他们对预算草案提出调整和修正。

2005 年 7 月 27 日上午，新河镇十四届人大五次会议开幕。人大代表们发现，会议多了一项议程——预算恳谈，会议材料里多了一份《新河镇 2005 年财政预算（说明）》。每项预算支出的具体用途被详细列出，例如行政管理费 1 600 万元、车辆购置费 70 万元等。

当时的场面很尴尬：台下代表人手一瓶水边喝边提问，台上领导人手一支笔边答边擦汗。时任镇长戴美忠在回应 70 万元车辆购置费的问题时坦言，镇政府用车一直有困难。"我跟书记两个人用一辆别克，另外有三辆普通桑塔纳，一辆用了 13 年，一辆用了 11 年，最新的一辆也用了 9 年。"打算新买一辆别克、一辆面包车，再添两辆桑塔纳，预计花费 70 万元。

18 个问题抛出、回答之后，恳谈的实际效用开始发挥。新河镇召开了人大和镇政府班子的联席会议，形成的《关于 2005 年财政预算报告项目调整的说明》明确：政府车辆购置费从 70 万元调整为 50 万元，自聘人员经费从 75 万元缩减到 70 万元……这份修改过的财政预算最终通过。这个预算带有里程碑的性质。

2008 年 1 月 13 日，温岭市人大常委会举行 2008 年部门（交通）预算民主恳谈会，首次"试水"部门预算民主恳谈，市一级参与式预算由此开启。把交通局列为预算民主恳谈对象的过程，并不是那么一帆风顺。当时交通局局长已 52 岁，53 岁往往就要退居二线，他不希望搞这么一次试验。财政局的领导担心：交通部门的预算盘子占据全市总预算资金的五分之一。一旦代表和民众都知道了详细的预算情况，如果财力保证不了怎么办？但是，温岭市委同意、市政府支持。

一年后，水利部门加入恳谈的队伍之中，公布了2009年计划安排的50多项总额为4 160.5万元的预算支出，并对每项预算安排的依据、落实预算所采取的措施进行了说明。

部门预算民主恳谈由此进入了常态，在市级层面形成较为完善的预算审查监督体系：人代会召开前要进行部门预算民主恳谈、代表工作站预算征询恳谈、预算项目初审听证、常委会初审票决部门预算草案，人代会上要听取政府预算报告、分代表团专题审议部门预算、票决部门预算，人代会后要开展预算绩效监督。

谁来参与，这是一个关键性的问题。2005年，泽国镇试行"城建基本项目"民主恳谈，由民众直接参与城镇建设项目资金预算安排决策过程。通过乒乓球摇号的随机抽样方式，按照1 000名人口以上的每村、每居委会4人，1 000名人口以下的每村、每居委会2人的原则，从全镇12万人口中抽选产生275名民意代表。而参与温岭市部门预算恳谈的代表，则从温岭市人大常委会设立的预算审查监督参与库和专业库中随机抽取产生。专业库有500多人，由熟悉预算及相关专业知识的人员组成。参与库有4万多人，有各级人大代表、村民代表以及外来人口代表、纳税大户等。每场部门预算恳谈会抽取的人数都在100人以上。以泽国镇为例。对于普通公民而言，"自主报名"是参与恳谈的重要途径之一。

2010年6月，时任浙江省委书记的赵洪祝在省人大常委会研究室提交的一份调查报告中批示："温岭市实施参与式预算的做法，是扩大公众有序政治参与、推进公共财政规范化建设的有益探索，对于加强基层民主政治建设、促进政府职能转变、构造和谐社会具有积极意义。希望温岭市认真总结完善，各地乡镇基层可结合实际加以借鉴。"

2015年3月9日召开的市十五届人大四次会议上，温岭市将实行全口径预算"四本账"分本审批和表决制度，深化部门预算人代会票决做法，在全国县级城市首次试行预算修正议案，提高预算审查实效。

近百名市人大代表和公民走进市政府会议中心。听完市财政局和民政局的情况汇报后，分成5个小组对2015年的预算编制进行分组恳谈。

2015年，温岭市民政局的支出预算计划为19 800.9万元，比2014年净增2 895万元，增幅17.13%。一些需要大额度资金投入的项目，由此成为关注焦点。"基本建设类项目，民政局只有社会福利中心建设这一项，此项目目前征地已经完成。然而真正启动则需要3 000万元，可2015年只安排了1 000万元资金，是否可以增加金额"、"如果实在因为资金分配紧张，导致项目无法建设动工，是否可以先将这部分资金用于其他项目"……恳谈结束后，民政局局长将代表提交的90多条意见和建议向市委、市政府领导汇报，社会福利中心启动资金的投入最终能否调整，将在3月9日召开的市第十五届人民代表大会第四次会议上得到答案。

除了民政局，国土局、商务局、经信局、东部产业集聚区管委会、教育局、交通局等单位的负责人陆续就账本"问计"老百姓。

从2006年开始，上海闵行区开始与财政部财政科学研究所、中国政法大学宪政研究所合作，启动了以"公共预算审查监督制度改革"为核心的公共预算改革。公共预算改革围绕预算编制模式、预算编制过程、预算公开与透明，到人大审议、预算执行监督等多个方面进行全方位的探索，旨在建立科学的、富有地区特色的预算编制模式，形成高度透明的、公开的和民主的预算编制决策过程。主要内容：

一是立法部门主动参与，实行预算初审听证制度。闵行区人大相继出台了《预算审查监督办法》《预算修正案试行办法》《预算项目听证会规则》等管理办法，立法部门对预算改革的全面介入对行政部门的工作提出了更高的要求，同时也促使其精益求精、创新求变。

听证会由陈述、询问和辩论等程序组成。主要是：项目部门对预算内容陈述理由；财政部门审核说明；公众陈述人发言，专家陈述人发言；听证人询问；各方辩论；听证结束。

2010 年 12 月，区人大常委会组织了 5 个预算项目的初审听证会，涉及金额 1.9 亿元，参与听证会的人大代表和社会公众超过 230 人次，并分别形成项目听证结果报告，通过人大与政府网站向社会公开，同时有关部门根据听证会意见对其部门预算进行了整改和完善。

二是实施"以结果为导向"的预算编制模式。从 2008 年开始，上海闵行区实施"以结果为导向"的预算编制模式。预算编制遵循"战略目标→工作目标→绩效目标→产出→投入"这样一个完整的逻辑过程开展，同时，建立健全项目年中绩效考评指标，由项目资金使用单位制定项目执行情况自评机制，并定期召集人大、政协、纪检委、国资委、审计局等相关部门对项目实际执行情况进行监督和检查。

三是建立项目执行完毕后的绩效评价机制。2010 年，该区首次尝试引进第三方独立评价机制，委托上海财经大学中国教育支出绩效评价（研究）中心及 7 家会计师事务所，对 2009 年度 28 个项目进行以结果为导向的绩效预算评价，并将"结果评价报告"在闵行区政府门户网站上公开。

无锡市自 2006 年以来积极探索参与式预算公共项目建设，所有乡镇街道全部开展了参与式财政预算改革。到 2012 年，由群众参与决策、监督实施的项目已达 172 个，涉及资金 2.8 亿元，直接受益群众达 125 万人。

2006 年 4 月 7 日，130 名来自无锡市滨湖区河埒街道的居民代表依次走到投票箱前，投出自己手中的一票，他们选举的是通过参与式预算，在当地建立一所社区活动中心。

无锡市参与式预算主要集中在事关群众切身利益的公共项目建设上，让群众真正参与，由群众当家作主。参与式预算是政府将拟实施的公共服务建设项目方案和预算草案向群众公布，由群众代表投票决定项目的取舍和优先发展次序，并全程参与监督预防腐败的一种新型民主理财方式。各区、街道（乡镇）成立参与式预算领导小组，通过小区广播、公示牌、黑板报、告居民书、群众座谈会等有效方式，将政府实施参与式预算的目的意义、有关政策规定以及主要操作步骤等向广大群众进行深入宣传，引导和发动群众积极参与。

巴彦县是哈尔滨市第二批参与式预算试点县。2007 年针对农业大县和财政穷县的特点，突出群众意愿、突出民生优先、突出群众急需、突出集中财力解决大问题的原则，进行参与式预算试验。经过充分的调研论证，在听取群众呼声的基础上，确定了兴隆镇自来水厂改扩建工程为参与式预算试点项目。从 2007 年 5 月开工兴建，经过五个半月的紧张施工，让兴隆镇居民吃上了自来水。2008 年为了深入推进参与式预算的开展，巴彦县把巴彦镇集中供热作为参与式预算项目，为 7 万多巴彦镇居民造福。

2014 年 10 月 19 日，《人民日报》在第 1 版报道了顺德参与式预算改革，报道指出，顺德参与式预算动了体制的真格。

顺德区从各部门 2013 年预算中，破天荒地拿出两个金额在 300 万元及以上、关系民生的项目，引入人大代表、政协委员、行业专家、社区群众召开"参与式预算面谈会"。这是参与式预算首次"试水"。

2013 年年底的第二年度参与式预算引入网民投票项目，4 个项目由 28 193 位网民从 9 个项目中投票产生。在代表构成上，15 人包括人大代表、政协委员 4 名，专家、行业代表 5 名，群众代表 6 名。群众代表全部从网上报名的市民中随机抽取。

2013 年 11 月 1 日上午，在佛山市顺德区社会创新中心的一间多功能厅，100 平方米的房间坐了 60 多人，除了 15 名参会代表，更多的是顺道进来旁听的普通群众，还有不少记者。这是顺德"参与式预算"项目面谈会的第二场，讨论区人社局申报的"扶持残疾人就业"项目。经过 3 个小时的"锱铢必较"，部门最初预算的 4 657.15 万元，被"残酷无情"地砍去了 2 024.55 万元，核减近一半。当年共有 4 个项目"过堂"参与式预算，另一个申报金额为 1 446 万元的项目"发展群众体育健身"，最终核减 720 万元。

顺德区人大代表陈淑仪在面谈会上提了不少意见，3 周后，区人社局打来回访电话，详细告知哪些意见被采纳了，怎么采纳的，预算会怎么改，等等。预算部门在听取意见后必须做出调整，并将调整情况、代表意见一并上报区政府并挂网公开；预算执行过程中，还要定期向代表回复阶段性情况。

2014 年是顺德参与式预算的第三个年头，各部门都在做 2015 年的预算申请，陆续报到区财税局。第一年两个项目，1 000 多万元；第二年 4 个项目，7 000 多万元。2014 年突破 1 个亿。

"参与式预算"在国外也有成功的案例。在拉丁美洲，秘鲁、厄瓜多尔、玻利维亚、哥伦比亚、阿根廷、巴拉圭、乌拉圭、智利、多米尼加共和国、尼加拉瓜、萨尔瓦多和墨西哥等国都开始运用参与式预算解决政府管理面临的挑战。北美的加拿大也实施了参与式预算；一些欧洲国家如西班牙、意大利、德国和法国等也开始了参与式预算的试验；非洲和亚洲的国家，如喀麦隆、斯里兰卡、印度尼西亚等也正开始这种预算改革。

巴西是最早实施"参与式预算"的国家。[1] 分为三个阶段：1989—1997 年间，局限于巴西少数几个城市的试验；1997—2000 年，巴西参与式预算的巩固阶段，期间共有 130 多个城市实施了参与式预算；2000 年至今，参与式预算开始扩展到巴西之外的国家和地区。

1989 年，工党在巴西阿里格雷港市的选举中获胜执政。为解决严峻的财政危机、改善弱势群体在资源分配上的不公，工党开始实施"参与式预算"，力图将普通民众容纳进城市资源的优先性确定和年度预算的分配过程之中，从而实现城市资源的再分配，使这些资源向弱势群体倾斜。到目前为止，巴西 300 多个城市实施了参与式预算，其中 90% 是工党执政的城市。阿里格雷市的体制则被看作是最成熟、最成功的模式。

阿根廷的参与式预算，侧重于关注参与怎样使民众成为合格公民。参与式预算的实践，为民众提供了一种非正式的教育空间，一种创新的"公民学校"。参与者变得更有知识、更民主、参与更积极、也更关心公共利益，参与、表达、协商和决策的技巧与能力也有很大提高，并且能够将新的理解、认知和能力等应用到新的社会行为之中，形成了一种更为民主的政治文化。

---

1 陈家刚：《参与式预算的兴起与发展》，《学习时报》2007 年 1 月 31 日。

秘鲁的参与式预算，制订了适用于国内所有市政府和省政府的《国家参与式预算法》。

加拿大的参与式预算，着重关注成功实施参与式预算所需要的条件。这些条件包括执政的左翼政党必须对实施参与式预算负责；政府必须具有实施参与式预算的组织能力；赋予民众某些决策权；参与者选择的计划或项目能够及时地实施；各种社会运动、社区组织和自愿团体等网络，为参与式预算提供支持；政府必须有充分的自主决定的资金，例如预算总支出的12%—15%，这样，民众参与协商资源分配才有意义。

印度尼西亚的参与式预算，是"公众参与预算过程创制权"的一部分。雅加达在国家和地方层面实施了一项多年的公众参与预算过程的实践。这个项目在全国范围内建立了7个地方性的"透明预算论坛"，推动了越来越多的地方研究机构和非政府组织参与公共预算管理。

南非的参与式预算，是南非的非政府组织南非民主研究所（IDSA，1994年）及其创造的预算信息服务中心（BIS）负责，关心的特殊领域是妇女、儿童和残疾人等弱势群体的地位。这项活动现在变成了一项预算信息服务中心、议会生活质量与妇女地位委员会和社区社会调查署的联合计划。从本质上说，通过"性别意识"分析预算是一种性别审查，审查公共支出是否符合性别平等的原则。

爱尔兰的参与式预算，体现为社会伙伴关系协议的实践。自1987年以来，爱尔兰就已经达成了5个"社会伙伴关系"协议，政府和许多公民社会组织广泛参与了经济和社会目标的咨询。1986年，国家经济和社会委员会开始在共同学习过程中推进各种"社会伙伴"的咨询，以容纳各种社会经济选择、挑战和平衡等观点。社会伙伴关系是最近十年来爱尔兰经济成功背后的动力。

区域财政

1. 四大区域

改革开放 30 多年来，我国经历了东部开放、西部开发、东北振兴、中部崛起以及四大区域再发展的阶段。

其实，区域发展战略与国际环境、战争影响有密切的关系。旧中国的经济是一种半殖民地经济，工业设施的 70% 集中在沿海一带，内地工业也主要集中在少数大城市。微弱的中国工业过于集中于东部沿海一隅，不仅不利于资源的合理配置，而且对于国家的经济安全也是极为不利的。

新中国成立后，为了改变旧中国工业布局不合理的状况，在生产力的布局上实行了均衡发展的方针。第一个五年计划期间，中国政府把苏联援建的 156 项工程和其他限额以上项目中的相当大的一部分摆在了工业基础相对薄弱的内地。考虑到资源等因素，将钢铁企业、有色金属冶炼企业、化工企业等选在矿产资源丰富及能源供应充足的中西部地区；将机械加工企业，设置在原材料生产基地附近。

在最后投入施工的 150 个项目中，民用企业 106 个，国防企业 44 个。在 106 个民用企业中，除 50 个布置在东北地区外，其余绝大多数布置在中西部地区，即中部地区 29 个，西部地区 21 个；44 个国防企业中，除了有些造船厂必须摆在海边外，布置在中部地区和西部地区的有 35 个。150 个项目实际完成投资 196.1 亿元，其中东北投资 87 亿元，占实际投资额的 44.3%，其余绝大多数资金都投到了中西部地区，即中部地区 64.6 亿元，占 32.9%；西部地区 39.2 亿元，占 20%。比如，辽宁有 24 项，黑龙江省有 22 项，河南有 10 个，湖北有 9 项，包括武钢、武重、武锅、武船、武汉肉联、青山热电厂、大冶有色金属公司、武汉长江大桥和湖北电建一公司。在四川有 11 项，陕西有 24 项，甘肃省有 16 项。由于每一个重点建设项目还需要安排一系列其他配套项目，因此，"一五"时期对中西部地区的大规模的投资，极大地改变了中西部地区的落后面貌，促进了中西部地区经济的发展。

1956 年前后，随着社会主义三大改造的基本完成，以毛泽东为核心的第一代领导集体在探索适合我国国情的社会主义建设道路时，形成了以《论十大关系》为代表的新思路，其中提出了"利用和发展沿海工业"以促进内地工业发展的战略构想。这一思想在"二五"计划和中央有关经济方针政策中得以体现。邓小平曾高度评价《论十大关系》所蕴含的宝贵思想，认为"对当前和今后都有很大的针对性和指导意义"。

对中西部地区的第二次大规模开发要算是"三五"时期开始的"三线"建设了。"三线"建设与对当时国际形势的估计是密切相关的。20 世纪 50 年代以来，美国对中国一直实行军事和经济封锁的政策，在中国周边建立了半月形军事包围圈，但当时"苏联老大哥"还与中国人民站在一边，对中国进行了真诚的援助。但是斯大林去世后，赫鲁晓夫把中苏两党之间的思想分歧扩大到国家关系方面，不断对中国施加压力。1960 年 7 月 16 日，苏联政府背信弃义，突然照会中国政府，单方面撕毁了对中国的援助合同，决定自 1960 年 7 月 28 日到 9 月 1 日撤走全部在华苏联专家，并向中国逼债，妄图以此迫使中国就范，把中国纳入它的全球战略轨道。同时在中苏边界不断对我国进行武装挑衅，煽动边民叛逃。

1963 年 7 月 25 日，苏联同美国、英国在莫斯科签订了旨在限制中国等无核国家发展核武器的条约，即《关于禁止在大气层、外层空间和水下进行核试验的条约》。同时，美苏在世界上挥舞着核大棒，扬言要对中国进行核打击。20 世纪 60 年代中期，中苏对立已发展到了相当严重的地步，数千公里的中苏边境线上气氛紧张。印度尼赫鲁政府也乘机向中国提出了领土要求，并派部队入侵我国。在这样的国际形势下，我国领导人借鉴第二次世界大战时期苏联的工厂都在欧洲地区，在后方没有建立战略基地而受到希特勒攻击的教训，做出了备战备荒，建设"三线"的决策。

一、二、三线的划分主要考虑国防与国防建设的需要，同时也考虑经济建设的需要。按此项原则，"三线"地区大致是以甘肃省的乌鞘岭以东、山西省雁门关以南，京广铁路以西和广东省韶关以北的广大地区。范围包括四川、贵州、云南、陕西、甘肃、青海、宁夏七省（区）的全部或大部分地区，以及河南、湖北、湖南、山西四省的西部地区，共约 318 万平方公里，占全国土地面积的 1/3。其中又分为西南"三线"和西北"三线"两大片，西南"三线"包括四川、贵州、云南三省的全部或大部以及湖南西部（湘西地区）和湖北西部（鄂西地区）。西北"三线"包括陕西、甘肃、宁夏、青海四省（区）的全部或大部以及河南西部（豫西地区）和山西西部（晋西地区）。"三线"建设的布点与选址原则是靠山、分散、隐蔽、大分散、小集中。1965 年"三线"建设拉开帷幕，1966 年全面展开。1966 年开始的第三个五年计划以加快"三线"建设特别是国防工业建设为中心，集中力量建设西南和西北的"三线"工程项目。

"三线"建设的重点项目有修筑连接西南的川黔、成昆、贵昆、襄渝、湘黔等几条重要交通干线，建设攀枝花钢铁、酒泉钢铁、武钢、包钢、太钢五大钢铁基地以及为国防服务的 10 个迁建和续建项目；煤炭工业重点建设贵州省的六枝、水城和盘县等 12 个矿区；电力工业重点建设四川省的映秀湾、龚嘴，甘肃的刘家峡等水电站和四川省的夹江，湖北省的青山等火电站；石油工业重点开发四川省的天然气；机械工业重点建设为军工服务的四川德阳重机厂、东风电机厂，贵州轴承厂；化学工业主要建设为国防服务的项目。

1966—1975 年的"三五""四五"期间，累计向"三线"地区投资 1 173.41 亿元，"三五"期间"三线"建设投资额占全国基本建设投资的比重高达 52.7%，"四五"期间下降到 41.1%。

由于"三线"厂远离大城市，不自己建设相应的社会保障体系就不能生存，因而从一开始这些企业的各种社会保障、后勤服务一应俱全，形成了一个相对封闭的系统。尽管如此，"三线"建设对于促进内地经济发展、改善经济布局起了很大的作用。

总结新中国成立以来区域经济布局的经验教训，人们理性地认识到，东部沿海与中西部地区经济发展是矛盾统一的。不顾东西部地区的客观差异，人为地推行均衡发展政策，实践证明是行不通的。

20 世纪 80 年代，我国建设有了许多实践以后，邓小平明确指出："我们讲共同富裕，但也允许有差别，一部分地区先发展起来，一部分地区发展慢点，先发展起来的地区带动后发展起来的地区，最终达到共同富裕。"**1** 他认为搞平均主义的同步富裕、同时富裕，不符合社会主义按劳分配的原则，只是一种空想，其结果只能造成共同贫穷。因此，他再三强调："过去搞平均主义，吃'大锅饭'，实际上是共同落后、共同贫穷，我们就是吃了这个亏。"

1988 年 9 月，在听取关于价格和工资改革方案的汇报时，邓小平指出："沿海地区要加快对外开放，使这个拥有两亿人口的广大地带较快地先发展起来，从而带动内地更好地发展，这是一个事关大局的问题。内地要顾全这个大局。反过来，发展到一定的时候，又要求沿海拿出更多力量来帮助内地发展，这也是个大局。那时沿海也要服从这个大局。"这是邓小平明确提出的"两个大局"的思想。

邓小平"两个大局"战略思想，是邓小平理论的重要组成部分，是指导我国社会主义现代化建设的根本指针，是体现社会主义本质，实现共同富裕的具体途径，是邓小平运用辩证唯物主义原理解决我国区域经济发展问题的生动体现。

（1）西部大开发

1999 年 3 月，江泽民提出要研究实施西部大开发战略，加快中西部地区的发展。

6 月 17 日，江泽民在西安主持召开西北五省区国有企业改革和发

---

1 《邓小平文选》第 3 卷，人民出版社 1993 年版。

展座谈会上的讲话中提出，加快开发西部地区，是全国发展的一个大战略、大思路，要把开发西部地区作为党和国家的一项重大战略任务，摆到更加突出的位置。

11 月，中央经济工作会议敲定对西部进行大开发的战略决策。

2000 年 1 月，党中央、国务院对实施西部大开发战略提出了明确要求，国务院成立了西部地区开发领导小组。由时任国务院总理朱镕基担任组长，时任国务院副总理温家宝担任副组长。经过全国人民代表大会审议通过之后，国务院西部开发办公室于 2000 年 3 月正式开始运作。

"西部大开发"的目的是"把东部沿海地区的剩余经济发展能力，用以提高西部地区的经济和社会发展水平、巩固国防"。但是，这个"大"字未免产生了负面效果。因为"大开发"与"环保脆弱"是相悖的。因此，才会有 2016 年 1 月 5 日习近平在重庆推动长江经济带发展座谈会上强调的：当前和今后相当长一个时期，要把修复长江生态环境摆在压倒性位置，共抓大保护，不搞大开发。

2013 年我在一篇文章中写道：推进"西部大开发"——保护第一位。环境恶化——"西部大保护"很急切。[1] 主要内容如下：

2013 年的全国"两会"用两个字来概括，就是"生态"，从雾霾、地表水地下水污染、食品安全，再到黄浦江上漂浮的成千上万的死猪，无不如此。[2]

近年来，我国国民生产总值增长率高达 8%—10%，而一些环境污

---

[1] 叶青：《推进"西部大开发"：保护第一位》，《四川省情》2013 年第 4 期。

[2] 2013 年 3 月，上海黄浦江松江段水域出现大量漂浮死猪的情况，出现的漂浮死猪来自于黄浦江上游的浙江嘉兴。2013 年 3 月 12 日，上海已累计出动打捞船只 233 艘，共打捞死猪 5 916 具。上海市水务局表示，松江当地的自来水水质"数据正常"，符合相关标准。截至 3 月 20 日，上海相关区水域内打捞起漂浮死猪累计已达 10 395 头。

染指标也随之上升。2011 年与 2010 年相比，全国废水排放量增长（不包括乡镇企业）9.8%，工业废物产生量增长 1.1%，废气排放量增长 4.6%，其中烟尘排放量增长 7.6%，二氧化硫排放量增长 3.9%。此外，雾霾问题愈演愈烈。在总体生态环境恶化的情况下，西部的问题最大。我国西部地区干旱少雨，生态环境十分脆弱，一旦遭到人为破坏，恢复起来十分困难。西部一些地区土地的盐碱化、荒漠化和水土流失问题十分严重。虽然近年来我国在水土流失防治和荒漠化治理工作上取得了较大成绩，但荒漠化的土地面积仍以每年 2 640 平方公里的速度增加。面对这些忧虑，西部不能盲目仿效东部经济发展的模式，也不能走浪费资源、破坏生态环境的老路。保护是第一位的，"西部大保护"很必要并急切。我们应该思考一个问题："西部大开发"提的有没有必要？如果提"西部大保护"，以保护为主，开发为辅，会不会更为科学一些呢？

我建议"西部大保护"可以采取四大措施。

一是西部最重要的是绿化保土。西部地区恢复林草植被、治理水土流失可改善当地脆弱的生态，也可以减轻长江、黄河流域的洪水灾害，保护西北、华北地区。要通过多种途径实施中央确定的"退耕还林（草）、封山绿化、以粮代赈、个体承包"的政策措施。积极发展"山上种树、山腰种果、山脚种作物"的经济沟，把以粮食换林草同生物多样性保护、扶贫脱困结合起来。结合流域综合整治，以大流域重点治理为骨干，小流域治理为单元，采取生物措施和工程措施相结合的办法，实现生态效益、经济效益和社会效益的有机统一。

二是发挥西部清洁能源优势，发挥西部丰富的风力资源、阳光资源优势，发展风电、光电，控制容易带来污染的火电。截至 2012 年 10 月，西北风电装机已达到 1 011 万千瓦，占全网装机的近 10%，光伏装机达到 206 万，占国网系统光伏装机总容量的 76%，大规模的风电和光伏发电替代了相当一部分火电发电需求，节能减排成效显著。在 2013 年全国"两会"上，全国人大代表、新疆新能源集团有限公司董事长武钢提出一个更具体的建议——西风东送。"应加速建设连接东西部的超高压输变电通道，充分开发西部地区风电资源，'西风东送'，能部分替代东部城市的火力发电电量，减轻雾霾危害。"这是一举多得的事情。

三是培育特色产业与生态环境保护相结合。西部地区资源开发的潜力巨大，煤炭储量丰富省区在西北，青海钾盐储量占全国的 97%，云南、贵州的磷占全国产量的 51%，水能的 70% 在西南地区。必须坚持"谁开发谁保护""谁利用谁补偿""谁污染谁治理"的原则，加强对资源开发利用的管理。但在实际的操作中也产生了一些过度开发、竭泽而渔的问题。比如内蒙古露天煤矿开采过程中，产生了地表植被破坏、地下水位下降、水土流失严重、粉尘污染等问题，影响范围广、治理难度大。应呼吁建立煤炭资源开发与生态环境保护的价值补偿机制、综合决策机制和环保型生产体系等措施，规范煤炭露天开采，保护生态安全。

四是加快城镇化建设，减轻对生态环境的压力。可根据本地区特点，围绕农牧业产品加工流通或边境贸易形成新城镇，也可以通过培育优势资源产业形成工矿业城。长远来看，人口只有从农业中退出来，才能节约大量的农业用水，减轻水资源的紧张程度。有限的水资源用于工矿业和城市生活，既能够产生更好的经济效益，又有利于生态建设和提高人民生活水平。

总之，自 1999 年提出"西部大开发"战略之后，西部生态被破坏的报道陆续披露。比如，鄂尔多斯以前和别的地方一样，煤矿以打井开采为主。2009年开始大规模开采露天矿，导致一些村子的水源遭到破坏，农民完全靠天吃饭，对收入造成很大影响，更加贫困。由于露天矿只开采表层1—4层的煤，5—9层的煤都不开，只是注重开采的速度，结果一整片、一整片草原被破坏了。再比如，近年来内蒙古和宁夏分别在腾格里沙漠腹地建起了内蒙古腾格里工业园区和宁夏中卫工业园区，引入了大量的化工企业。这些企业将未经处理的污水源源不断地排入沙漠，同时也在开采着地下水用于生产。在谷歌地图上清晰可见。[1]

　　从长江经济带来看，生态保护任务最重的还是在西部这一段，即长江流域的上游（河源—宜昌）。大面积的崇山峻岭，水土保持困难，除了几个比较成熟的城市圈，其他地方发展经济的代价极大，特别是生态的代价极大。在江西的湖口以下，是长江流域的下游，属于中国经济活动最为频繁的地区。同样也存在过度开发的问题，目前面临着去产能、调结构的重大任务。因此，在长江经济带，尚有发展空间的主要是在中游地区，主要是在长江中游城市群——江汉平原、洞庭湖地区、鄱

---

1 2014年9月6日，《新京报》曝光腾格里沙漠污染问题引发极大关注，而腾格里沙漠污染在此前几年也被多次遭媒体曝光，但未得到改观。10月3日，习近平总书记等中央领导同志对内蒙古阿拉善盟腾格里工业园区的环境污染问题作出重要批示。10月15日，环保部党组会议传达了中央和国务院领导关于内蒙古腾格里沙漠污染问题的批示以及中办、国办《关于腾格里沙漠污染问题处理情况的通报》。会议决定，将在全国开展环保大检查，全面摸清各类工业园区"底数"，并要求内蒙古、宁夏两区政府严肃追究相关企业、单位和个人的责任。环保部还责成西北环境保护督查中心每月不定时对内蒙古、宁夏两区遗留环境问题处置情况等进行暗查暗访。环保部督促内蒙古、宁夏两区人民政府全面落实中央领导同志的批示要求，认真落实后续处置措施，尽快处理遗留环境问题，严肃追究相关企业、单位和个人的责任，确保依法依纪问责到位。10月16日，宁夏回族自治区政府通报，宁夏明盛染化有限公司涉嫌违法排污行为，已由中卫市公安局牵头进行立案调查，当地也启动问责程序，中卫市环保局局长、分管副局长、环境监察支队队长被免职。

阳湖地区与江淮城市圈。在这些地区，一些大城市也在进行结构调整，重点发展服务业，基本农业用地要予以保护，在山区也是以发展林业经济与林下经济为主，重在生态保护。因此，适合制造业的地区主要是在位于大城市与山区之间的丘陵地区。比如，在湖北大别山的红安县，拥有大面积的丘陵地区，用于发展新型工业园区，工厂逐层建设，被称为"工业梯田"，走出了一条土地综合有效利用的新路子。在长江经济带，要探索"宜农则农、宜工则工、宜商则商、宜林则林"的生态发展之路。以湖北为例，经过多年的努力，已经在大别山区、秦巴山区、武陵山区、幕阜山区形成了一个越来越密的"绿环"。

（2）东北振兴

党的十六大于2002年11月8日至14日在北京召开。明确提出："支持东北地区老工业基地加快调整和改造，支持以资源开采为主的城市和地区发展后续产业。"这是党中央从全面建设小康社会着眼作出的重大战略决策。

2003年3月，《政府工作报告》提出了支持东北地区等老工业基地加快调整和改造的思路。

2003年9月29日，中共中央政治局讨论通过《关于实施东北地区等老工业基地振兴战略的若干意见》。10月，中共中央、国务院下发《关于实施东北地区等老工业基地振兴战略的若干意见》。

2004年8月3日，温家宝在长春市主持召开了振兴东北老工业最高规格的会议。他指出：实施西部大开发战略，加快东部地区发展并率先实现全面小康和现代化，支持东北地区等老工业基地加快调整、改造，实行东西互动，带动中部，促进区域经济协调发展，这是党中央作出的我国现代化建设的重大战略布局。用新思路、新体制、新机制、新方式，走出加快老工业基地振兴的新路子。

温家宝指出，加快东北等老工业基地振兴的条件具备。加快东北等老工业基地调整、改造和振兴，在指导思想上需要明确"五个方面"，要着力抓好"六个主要任务"。"振兴东北"的蓝图已经制定，号角已经吹响，一场新的"辽沈大战"的帷幕正在徐徐拉开。

经过四年的努力，成效显著。

——经济发展加快。一是增长速度赶上全国平均增速。2003—2006年，三省地区生产总值分别增长10.8％、12.3％、12.0％和13.48％。二是粮食产量连创新高。2004—2006年，三省粮食产量占全国当年粮食总产量比重分别为15.4％、16.4％和16.5％。三是投资高速增长。2004—2006年，三省固定资产投资同比增长33.5％、39.3％和37.4％，高出全国当年增速5.9、12.1和12.9个百分点，占全国的比重由2003年的7.6％提高到2006年的10％。四是居民收入提高。2006年辽、吉、黑城镇居民家庭人均可支配收入同比增长12.6％、12.5％和11.0％，增速高于全国2.2、2.1和0.6个百分点。农村居民家庭人均纯收入同比增长9.0％、11.6％和10.3％，增速高于全国1.6、4.2和2.9个百分点。

——机制创新取得进展。截至2006年年底，辽宁85％以上的国有大型工业企业实现了股份制改造，国有中小工业企业产权制度改革基本完成。吉林3 228户国企完成改制，改制面达到98％。黑龙江完成改制企业3 302户，占应改制企业的96％。鞍钢与本钢联合重组为鞍本钢铁集团。大连造船和大连新船合并成立大连船舶重工集团有限公司，造船能力达到全国的1/5以上。沈阳重型机械集团公司和沈阳矿山机器厂重组为北方重工。沈阳鼓风机厂、沈阳压缩机厂、沈阳水泵厂重组为沈鼓集团，引入中石油、中石化作为战略投资者。2006年，辽、吉、黑国有及国有控股企业工业增加值占全省工业增加值的比重分别为 52%、63% 和 86%。2006 年，辽、吉、黑非公有制经济分别完成增加值同比增长 17%、25.5% 和 20.1%，占全省 GDP 的比重达 51.8%、37.0% 和 37.6%。

——对外开放开创新局面。振兴东北办成立伊始就印发了《关于促进东北老工业基地进一步扩大对外开放的实施意见》，提出鼓励外资参与国有企业改组改造、推进技术进步、扩大开放领域、促进区域经济合作发展和营造良好发展环境等 29 条措施。一是利用外资增长。2004—2006 年，三省利用外商直接投资分别比上年增长 51.7%、89.5% 和 48.3%，分别比当年全国平均增幅高 37.6、90 和 43.8 个百分点。二是外资银行发展迅速。截至 2006 年年底，外资银行在沈阳和大连共设立了 9 家分行（当时中部仅武汉有两家）、9 家代表处。三是实施双向投资并购，与一批国外拥有先进技术的企业集团联姻。黑龙江哈量集团并购了德国凯狮集团，大连机床收购了美国英格索尔公司的生产制造公司和德国兹默曼公司，沈阳机床并购了德国希斯公司。

——装备制造业重振雄风。沈阳、大连两大机床公司产量双双进入世界机床十强。齐一、齐二年产重型数控机床能力突破百台，居世界首位。哈电集团大型发电设备年产量突破 2 000 万千瓦，创世界发电设备制造史上的新纪录，开始成套出口。大连船舶重工手持订单跃升至全球第五位。2006 年三省装备制造业工业总产值同比增长 30% 以上，超过全国 4 个百分点。辽宁沿海经济带、吉林长吉经济区、黑龙江哈大齐工业走廊等一批产业积聚地正在规划和建设中。

——资源型城市可持续发展迈出新步伐。先期启动的辽宁阜新资源型城市经济转型试点工作取得阶段性成果，以农产品种植和加工业作为接续产业的态势基本形成。国家累计投资 65 亿元用于三省 15 个采煤沉陷区项目的治理改造，新建住宅面积 907 万平方米，安置居民 15.24 万户。国家先后投资 12.2 亿元用于棚户区改造配套的基础设施、学校和医院建设补助。

——基础设施建设加强。东北东部铁路通道开工建设。哈大高速客运专线将在年内开工建设。大连到烟台的火车轮渡、长春的新机场已投入运营。沈大高速公路扩建成为中国第一条八车道高速公路。大连港 30 万吨原油和 25 万吨矿石码头、营口港 20 万吨矿石码头等工程交付使用。

——社会保障覆盖面扩大。三省在全国率先初步建立起资金来源多元化、保障制度规范化、管理服务社会化的社会保障体系。截至 2006 年年底，三省共完成 491 万下岗职工由基本生活保障向失业保险并轨，基本完成国有企业下岗职工的并轨工作，累积做实个人账户基金 380 亿元。

（3）中部崛起

作为"中部人"，自然很关心中部的发展。在全国"两会"上，只要有机会，就会呼吁中部崛起的问题。

在西部大开发、东北振兴之后，中部崛起的提出成为一种必然。当时，"中部塌陷"是中部地区的真实写照。面对东部开放和西部开发、东北振兴的夹击，出现了"不东不西，不是东西"的现象。论发展水平，中部比不上东部；论发展速度，中部比不上西部。

中部塌陷现象的具体表现，一是中部地区的经济总量和总体发展水平不仅大大低于东部沿海发达地区，而且明显低于全国平均水平；二是中部地区的发展势头和发展速度明显低于东部地区，也低于西部地区。

具体来说，东部与中部、西部地区间人均 GDP 的绝对差距都在迅速扩大，但相对差距开始出现缩小趋势。1978 年，东部地区与中部、西部地区之间人均 GDP 的绝对差距分别为 153.6 元和 212.9 元，到 1990 年分别扩大到 700.1 元和 885.8 元，2002 年又分别扩大到 6 416 元和 8 066 元（当年价）。从相对差距来看，20 世纪 90 年代初，东部与中西部之间经济发展水平的相对差距不仅在逐年扩大，而且幅度在 2 个百分点以上。其中，1990—1994 年，东部与中部地区间的相对差距系数由 35.6% 上升到 46.7%。东部与西部地区间的相对差距系数在 1990—1999 年间，均为逐年增加的态势，由 45.1% 增加到 58.7%。总体上，在 1990—2002 年间，东部与中部、西部地区之间的相对差距系数分别扩大了 12.5 和 15.4 个百分点。这说明，中西部与东部相比，经济发展水平的差距仍在不断扩大。

东部与西部相对差距扩大的幅度大于东部与中部相对差距扩大的幅度。自 20 世纪 90 年代以来，除 1990 年、1991 年、1998 年和 2001 年外，东部地区与西部地区相对差距扩大的幅度大于东部与中部之间扩大的幅度。1995 年，东中部之间相对差距缩小了 1.1 个百分点，而东西部之间相对差距则扩大了 0.7 个百分点，东西部相对差距扩大的态势直到 2000 年才出现下降的倾向。

中部地区具有明显的综合优势，中部六省矿产资源丰富，又是我国的农业基地、制造业基地、能源基地和原材料基地。有深厚的文化底蕴，人才荟萃，是我国重要的科研教育中心。有如此的优势，为何会出现"中部塌陷"这种奇怪的现象？原因，一是中部开放滞后，从而失去了发展先机；二是国家对中部缺乏倾斜政策，中部成为"政策洼地"；三是中部的解放思想不够，使它们抓不住应有的机遇和相应的政策；四是中部人才流失，武汉作为人才培养基地，培养的人才由于待遇与机遇的问题，而纷纷"孔雀东南飞"。因此，中部崛起成为一种巨大的需求。这个机遇终于来了。

尽管"中部崛起"战略的提出比较晚，但是，基本思路的形成比较早。2002 年，中共十六大报告提出，"促进区域经济协调发展"，"加强东、中、西部经济交流和合作，实现优势互补和共同发展，形成若干各具特色的经济区和经济带"。可见，中央对湖北、对中部的发展早有筹谋，只是在等待恰当的时机而已。

当中央提出"中部崛起"这个战略时，当时的俞正声书记在一次中部崛起的报告中脱稿激情讲了近两个小时。更难能可贵的是，这位中央政治局委员对湖北区域的洞悉，他在大会上追根溯源"中部崛起"这个战略时深情地说："中央提出中部崛起的历史渊源，是广富同志十六年前提出的，现在中央又提出来了，我们就要很好地贯彻落实。"

武汉大学长江发展研究院伍新木院长也证实了这个说法："如果进行文献检索的话，最开始提出'中部崛起'口号的是湖北。"

早在 1988 年，时任中共湖北省委书记的关广富同志在湖北省第五次党代会上的报告中就明确指出，面对竞争激烈的商品经济，湖北要么激流勇进，奋力在中部崛起；要么无所作为，沦为中间谷地（锅底）。湖北没有其他选择，只有奋力拼搏，实现中部崛起。此后的 1994 年，"中部崛起"战略写入了湖北省委的文件中，作为动员湖北的一个口号。

关广富有一次对记者说：客观地讲，中部崛起是基于三个方面。[1]

1　田红星：《"中部崛起"是由谁提出来的?》，《田红星的博客》，http://blog.sina.com.cn/s/blog_4b8daaf90100e9tx.html。

首先是中央领导对湖北的要求。我上任省委书记后，就面临怎样把湖北搞上去，就需要一个战略定位。胡耀邦同志 20 世纪 80 年代初第一次来湖北检查工作时就提出，根据湖北的条件，湖北要走到全国的前列，应该说，胡耀邦同志提出的要求首先给了我们一个启迪。

其次是中央在武汉搞经济综合体制改革试点的实践，这件事对我们推动很大，因为它进一步规划了湖北发展的蓝图，湖北需要改革、需要发展、需要突破，需要找到支点。

再次是湖北遇到新的矛盾。湖北过去是一个三线地区、是老工业地区，是国家重点投资地区，但是随着国家推进沿海政策后，湖北的人财物、科技资源等都"一江春水向东流"，国家投资逐步减少，湖北在全国的位置开始下降，这就给当时的省委敲了一个警钟，于是我们就讨论，如何面对这个挑战，如何走在前列？

此外，武汉地区强大的经济理论研究力量，也为"中部崛起"作出了贡献。20 世纪 80 年代，张培刚教授提出了著名的"牛肚子理论"[1]。在一篇文章中，他是这样开头的："有一次（在干校）放牛时，一头大牯牛不慎陷入泥沼，我们赶忙牵牛鼻子，拉着牛头使劲往上拉，可是牛身却越陷越深。正束手无策时，有人扛来几根粗木杠，垫起牛肚子部位，大家齐心协力，很快将这头大牯牛拉出泥潭。"

---

[1] 张培刚（1913.7.10—2011.11.23），湖北黄安（今红安）人，中国经济学家，发展经济学奠基人之一。1934 年毕业于武汉大学经济学系，1945 年获美国哈佛大学哲学博士学位。张培刚研究发展经济学、西方经济学、农业经济学、工商管理学，对发展经济学的开创和新发展作出了卓越的贡献，对现代经济学在中国的引介和传播发挥了极其重要的先导作用。创立了系统的农业国工业化理论，为发展经济学的诞生奠定了理论基础；提出了建立新型发展经济学的理论构想，为发展经济学在当代的新发展指明了方向；率先倡导并推动现代市场经济学在中国的引进和普及。

张培刚说，中国这么大，上海和沿海城市就是"牛鼻子"，广大中部地区就是牛肚子，重庆和西部城市是牛尾巴。如果这头牛要飞奔，中国经济要起飞，只拉牛鼻子、只扯牛尾巴，牛肚子还坠在地上，会有用吗？"牛肚子理论"就是在沿海开放同时实行中部崛起，带动西部开发，促成整个国家经济的腾飞。此后，这个理论成为"中部崛起"的理论依据。从中国经济发展的轮廓，能清晰地看出"牛肚子理论"的影响——中国的中部地区与世界经济的联系日渐紧密，逐步直接与国际市场对接，区域政策逐步转向公平，财政、税收、金融和贸易政策逐步合理，针对中、西部地区的投资在增加，宏观调控开始向中部倾斜。

因此，"湖北版"的中部崛起的基本思路是1985年开始酝酿，1987年达成共识，1988年写进省第五次党代会报告；第六次党代会时，就作了《为实现湖北在中部崛起而奋斗》的报告。

2003年5月20日，我到湖北省统计局担任副局长。在2003年年末的湖北经济学年会上，我做了一个发言，题目是《湖北需要天时地利人和》。当时的情况是"天不时地不利人不和"，重点是指没有中央的政策、招商引资力度不够、投资环境不好。当时的"天时"就是强调要有中部崛起的战略支撑。

2004年3月5日，一个让人终生难忘的日子，温家宝总理在《政府工作报告》中首次明确提出促进中部地区崛起："促进区域协调发展，是我国现代化建设中的一个重大战略问题。要坚持推进西部大开发，振兴东北地区等老工业基地，促进中部地区崛起，鼓励东部地区加快发展，形成东中西互动、优势互补、相互促进、共同发展的新格局。""加快中部地区发展是区域协调发展的重要方面。国家支持中部地区发挥区位优势和经济优势，加快改革开放和发展步伐，加强现代农业和重要商品粮基地建设，加强基础设施建设，发展有竞争力的制造业和高新技术产业，提高工业化和城镇化水平。""东、中、西部地区要加强多种形式的合作，在协调发展中逐步实现共同富裕。"

温家宝总理读完这一段之后，人民大会堂响起了中部六省代表委员稀稀拉拉的掌声。因为，中部之外的代表委员，并没有鼓掌。坐在湖北代表团左右的分别是广东团、山东团，据我当时的观察，他们并没有鼓掌。

2004年3月27日，中共中央政治局召开会议，研究促进中部地区崛起工作。

2004年12月，中央经济工作会议再次提到促进中部地区崛起。温家宝总理提出，抓紧研究制订支持中部地区崛起的政策措施。

2005年3月，温家宝总理在政府工作报告中提出：抓紧研究制定促进中部地区崛起的规划和措施，充分发挥中部地区的区位优势和综合经济优势，加强现代农业特别是粮食主产区建设；加强综合交通运输体系和能源、重要原材料基地建设；加快发展有竞争力的制造业和高新技术产业；开拓中部地区大市场，发展大流通。

2005年3月6日，全国政协召开国家十部委（局）参加的"促进中部地区崛起提案协商现场办理座谈会"，中部崛起由此"破题"。

中部崛起同样也是各民主党派关心的大问题，记得我在民进中央全会上有一次大会发言的机会，题目就是《东北振兴了》，希望促进中部地区的战略要尽快落地。2005年4月13日至17日，全国政协副主席、民进中央常务副主席张怀西一行赴湖北省考察当地经济社会发展情况。同时，会见了部分省市领导，就如何贯彻落实国家"中部崛起"战略进行了探讨。在这一年，民进中央还开创性地把促进两岸统一的工作与为实施中部崛起战略建言出力有机结合起来，首次以民主党派的名义在武汉成功举办了"海峡两岸企业发展与合作论坛"，共有 240 多位台湾、香港、大陆工商界人士参加论坛，签约出台合作项目 21 个，投资总额 4.21 亿美元。北京、上海、天津、江苏、福建、浙江、江西、湖北、陕西等民进省级组织和会员也通过各种方式为促进两岸和平统一、共同发展献计献策、招商引资，呈现出全会协调一致共同做好对台工作的局面。

2006 年 2 月 15 日，温家宝总理主持召开国务院常务会议，研究促进中部地区崛起问题。专门讨论了一份促进中部崛起的纲领性文件——《促进中部崛起的若干意见》。

2006 年 3 月 5 日，在全国人大十届四次会议上，温家宝总理作的政府工作报告中，"积极促进中部地区崛起"变得分外明朗。

2006 年 3 月 8 日上午，又是湖北团的全团会，由于有国家发改委领导在场，我受命作中部崛起的发言。我把前几天的有关中部崛起感悟的博客复制下来，吸收网民的合理化意见，再加上自己的最新理解，形成比较成熟的意见，在央视的机器面前"狠狠地"说了一通。2006 年开始写"代表叶青的博客"，已经有记录了。

我强调工作报告中有关中部崛起的问题有三个亮点：一是肯定了中部的区位、人才、产业、资源优势。二是将有大的政策投入，振兴中部老工业基地和资源型城市的转型。三是肯定了中心城市的辐射功能。结合思考，我提出了五点建议：一是设立中部崛起办公室，使中部崛起由区域战略上升为国家战略；二是结合新政，制定中部崛起的专门规划；三是建议东北政策中部化；四是中部协同作战，减少内耗，共同打造"两河（长江、黄河）中游经济圈"；五是各省练好内功，把潜在的四大优势转化为现实的经济优势。

散会后，有些代表趁机拍我的肩膀，说我说出了他们的心里话。其实我从 2002 年起就开始关注中部崛起问题了。

2006 年 3 月 27 日，中共中央政治局召开会议，研究促进中部地区崛起工作。会议指出，促进中部地区崛起是党中央、国务院继作出鼓励东部地区率先发展、实施西部大开发、振兴东北地区等老工业基地战略后，从我国现代化建设全局出发作出的又一重大决策，是落实促进区域协调发展总体战略的重大任务。

2006 年 9 月 18 日，中部六省省委书记、省长以及部分中央部委负责人会聚郑州，参加"中部论坛"郑州会议。"中部崛起"的横向合作付诸行动。有关部委和中部六省政府共同主办的中部博览会也在 2006 年开始举办，每年一届，中博会至今已成为中部地区规模最大、规格最高、影响深远的商界交流平台。

2007 年 4 月 10 日，在发改委设立国家促进中部地区崛起工作办公室，中部崛起进入了更具操作性的实施阶段。

2007 年 12 月 16 日的《新京报》刊登了我的文章《中部崛起何时才能普惠》。集中讨论了这些问题。

文中提到，一个区域要有新的发展，离不开公平而有效率的政策环境，中部崛起应该实行"普惠制"。应该把东北振兴政策、西部大开发政策中的成功部分全面地运用到中部六省。

2003 年起，中部崛起战略终于从梦想走到现实。从 2003 年学术界热议、2004 年写进《政府工作报告》、2006 年文件正式出台、2007 年发改委划分享受"两个比照"的范围，应该说取得了一定的成效。从 2007 年前三季度的数据来看，中部六省的经济发展明显加快：实现生产总值占全国比重由上年同期的 21.3%提高到 21.9%；规模以上工业企业实现利润占全国比重由上年同期的 12.5%提高到 15.1%。但是，中部崛起战略在中部实施的近两年，并没有呈现出如东部开放、西部开发、东北振兴那样的汹涌澎湃且卓有成效，显得高呼有余而活力不足。原因是中部崛起缺乏必要的政策支持，独立的措施体系，全面的制度覆盖。

因此，中部崛起缺乏必要的政策支持。

第一，中部崛起是强调"两个比照"，即比照西部大开发治理贫困、比照东北振兴老工业基地，缺乏独立的措施体系。其实，中部六省有自己的区域经济特征，中部在地理位置上位于东部、西部、东北之间，在经济特征上也反映了三者的共性。简单的比照，不利于发挥中部资源的优势。从科技创新、农业发展、基础设施等方面来看，都比东部弱、比西部强、与东北相似，应该有独立的中部崛起措施体系。

第二，这种比照性的中部崛起措施体系，还是经过挑选、简化之后的政策措施。东北振兴的政策至少有财政、信贷、投资三个重要方面。早在 20 世纪 80 年代，东北地区因工业技术落后、装备陈旧、产品老化、社会包袱沉重等问题相继凸显，中央支持东北老工业基地调整改造的政策一直没有断过。"九五"后期又在东北实行债转股、核销呆坏账和依靠国债资金拉动内需的政策，并且每年对老企业拨付技改专项资金，后为技改贴息支持，取得了一定的成效。

而东北振兴战略，中央并不是像以前那样简单地给资金、给政策，而是鼓励地方进行体制创新、机制创新，从深层次上激发加快东北老工业基地调整、改造的内在动力和潜能。重点是社会保障试点在三省全面实施，增值税转型试点政策措施总体方案从 2004 年 7 月 1 日起执行；企业分离办社会职能试点工作全面启动。

中部六省则主要是享受增值税转型这一政策，这极大地影响了中部经济质量和总量的整体提升，尤其是制造业的发展。2000 年，国务院出台了《实施西部大开发若干政策措施的通知》，其中重点扶持政策有加大建设资金投入力度，提高中央财政性建设资金用于西部地区的比例；优先安排水利、交通、能源等基础设施建设项目；加大财政转移支付力度；加大金融信贷支持等。[1] 中部六省主要享受转移支付这一政策。

第三，这些有限的政策还局限于中部的部分市县。即中部六省中26 个城市比照实施振兴东北地区等老工业基地有关政策，243 个县（市、区）比照实施西部大开发有关政策。而没有纳入这个范围的县、市同样存在老工业基地或贫困等一系列问题，只能"望梅止渴，望洋兴叹"。四川、重庆也提出类似的要求。2007 年 10 月 29 日，川渝两地经济委员会在重庆签订了《推进产业分工合作、打造川渝工业经济区备忘录》。

---

1 为深入实施西部大开发战略，促进区域协调发展，支持"一带一路"建设和长江经济带发展，2016 年国家新开工西部大开发重点工程 30 项，投资总规模为 7 438 亿元，重点投向西部地区铁路、公路、大型水利枢纽和能源等重大基础设施建设领域。30 项新开工重点工程分别是：（1）贵阳至南宁铁路；（2）重庆枢纽东环线；（3）川南城际铁路内江至自贡至泸州段；（4）重庆城口（陕渝界）至开县公路；（5）四川九寨沟至绵阳、仁寿至屏山新市公路；（6）云南昌宁至保山、景洪至打洛公路；（7）陕西宝鸡至平坎、平利至镇坪、绥德至延川公路；（8）京藏高速石嘴山至中宁段改扩建工程；（9）包头至茂名高速公路包头至东胜段改扩建工程；（10）新疆 G7 乌鲁木齐至大黄山、G30 乌鲁木齐至奎屯改扩建工程；（11）广西南宁经钦州至防城港高速公路改扩建工程；（12）广西西津枢纽二线船闸工程；（13）成都新机场工程；（14）贵阳机场三期扩建工程；（15）西部支线机场建设；（16）四川李家岩水库；（17）贵州黄家湾水利枢纽；（18）云南柴石滩水库灌区；（19）广西左江治旱驮英水库及灌区；（20）西部农村电网改造升级工程；（21）四川、西藏叶巴滩水电站；（22）青海玛尔挡水电站；（23）四川硬梁包、金沙水电站；（24）新疆准东新能源基地；（25）内蒙古包头、乌海采煤沉陷区光伏领跑技术基地；（26）陕京四线；（27）西三线中卫—靖边支干线；（28）准东—华东（皖南）±1 100 千伏特高压直流工程；（29）甘肃电投常乐电厂；（30）兰石集团老工业基地改造提升项目。2000—2016 年西部大开发累计新开工重点工程 300 项，投资总额达 63 515 亿元。

其中最引人关注的条款是两地将共同向国家争取享受振兴东北老工业基地的政策。有关专家认为，在西部大开发政策未能解决东西部资源配置这一深层次矛盾的背景下，向国家申请"东北政策"助力西部老工业基地实现脱困是情理之举。

中部崛起应该实行"普惠制"。一个区域要有新的发展，离不开公平而有效率的政策环境，中部崛起应该实行"普惠制"。"普惠制"是国际贸易上的一个概念，是发达国家给予发展中国家出口商品的一种关税优惠制度。普惠制的特点是普遍性、非歧视性、非互惠性。普遍性即指所有发达国家对所有发展中国家出口的制成品和半制成品给予普遍的优惠待遇；非歧视性即指发展中国家都应不受歧视、无一例外地享受普惠制待遇；非互惠性即非对等性，是指发达国家应单方面对发展中国家提供关税优惠，而不要求发展中国家对发达国家给予同等待遇。2007 年全国财政收入 5 万亿元，占 GDP 的比重为 22%，比 2002 年高 6 个百分点，对中部崛起的支持应该不是很困难的事情。

为了使中部这个中国经济发展的"后腰"更加硬朗、更加稳固，建议考虑以下问题：

第一，要明确中部的定位。中部适合农业的发展，但是，中部传统上是一个老工业基地，即使现在，中部的汽车工业、钢铁工业、化学工业、食品工业、能源工业等都还在全国总量中占有较大比重。

第二，中部崛起不仅仅是工业、农业的崛起，而应该包括政治、经济、文化、社会四大领域的整体崛起。

第三，中部崛起也不仅仅是几个大城市和少数县城的崛起，还有广大的中小城市和农村地区的觉醒与崛起。

2008 年 1 月 11 日，国务院正式批复国家发改委有关建立促进中部地区崛起部际联席会议制度的请示报告，同意建立由发改委牵头的促进中部地区崛起工作部际联席会议制度。目的是为了贯彻落实党中央、国务院关于促进中部地区崛起的重大部署；研究促进中部地区崛起的有关重大问题，向国务院提出建议；协调促进中部地区崛起的重大政策，推动部门间沟通与交流。

2008 年下半年，国家发改委制定的《促进中部地区崛起规划》（初稿）开始下发，地方和多个部门纷纷提出了修改意见。其中各个省分别根据自己的情况，出台编制了相关规划。

2009 年 9 月 23 日，温家宝同志主持召开国务院常务会议，讨论并原则通过《促进中部地区崛起规划》。会议提出，实施《促进中部地区崛起规划》，争取到 2015 年，中部地区实现经济发展水平显著提高、发展活力进一步增强、可持续发展能力明显提升、和谐社会建设取得新进展的目标。"中部崛起规划"终结了"不东不西"的尴尬，实现"弯道超车"：中部提升内生动力以期跨越式发展。

《规划》重新强调了中部"三个基地一个枢纽"的定位。

"三个基地"是摆在桌面上的优势资源。中部有肥沃的土地资源，是我国的粮食主产区之一；在能源原材料方面，山西、豫西、鄂西、淮北等地有丰富的煤炭资源，区域也有在全国而言较为丰富的水资源；在装备制造方面，有很多叫得响的重工业城市，如武汉、长沙、株洲、郑州、太原、合肥、南昌等。

《规划》中首次提出了长江、陇海、京广和京九"两横两纵"经济带。这与该区域"交通枢纽"定位直接相关。江西省发改委人士认为，虽说是第一次提出，但区域内依靠铁路大动脉本身已形成了相对集中的产业带，"比如江西已经相对成熟的昌九工业走廊就是京九经济带的一部分"。

在"两横两纵"中，湖北有两个点——武汉市与小池镇。小池镇，又称小池口，始建于南北朝时期。位于黄冈市黄梅县最南端，地处鄂赣皖三省交界，九江长江大桥北岸桥头，105国道、沪蓉高速、福银高速穿境而过，京九、合九铁路在此交会，水路临江达海，空运毗邻九江机场，素有商贸旅游"金三角"之称。曾列为省级开发区、全国小城镇综合改革试点镇，是黄梅县的副中心。"两横两纵"提出之后，我就提出打造"小池经济区"的概念。在多个场合建议将小池镇建设成湖北的"昆山"。小池在承接九江产业转移和借力九江发展上，具有十分优越的地理位置。

小池镇正处于长江经济带和京九线的交叉点上，小池是中部经济带的交叉点，也是湖北同时距离长三角、珠三角、环渤海三大经济区最近的地方，更是湖北对外开放开发的桥头堡。小池镇的经济优势主要是商贸物流、食品加工等领域。为此，建议小池大力建设物流基地，巩固现有中部商贸物流产业园，提升小池竹藤器加工批发市场、农贸大市场等专业市场交易能力，新建冷链物流、农副产品批发、汽摩配件、木材家具四大专业市场。

湖北省政府也提出具体思路，第一，小池城镇规划融入九江，主动对接九江市城市空间布局，把小池作为九江市的江北新型功能区，融入以九江市区为核心，沿长江城镇带和小池至昌九城镇带为"十"字发展轴，东、中、西、北四个片区协调发展的"一心两轴四区"的大九江城镇体系。第二，大力发展"飞地经济"，规划建设九江江北工业园，积极承接九江市产业转移。第三，大力发展特色农业，围绕服务九江等周边城市，加大蔬菜、水产等优质农产品生产，积极培育农业产业化龙头企业，打造九江的"菜篮子"。第四，建立区域内旅游资源共享机制，逐步形成庐山风景区—鄂东禅文化旅游区大旅游网，实现两地旅游资源同步规划、同步宣传、市场互通、利益共享。第五，加速推进建设九江客运站小池江北分站，协调规划建设京九铁路小池货运站和工业园区铁路支线，推广使用统一的公交 IC 卡，推行出租车同城同价。积极协商有关方面加大对九江、黄梅两地注册车辆通过九江长江大桥收费优惠力度，逐步实现零收费。第六，建设市场互联共享。加强市场互联互通，支持九江大型连锁企业和专业市场在小池布点，开展跨省经营，增强对外辐射功能。

2010 年 8 月 25 日，国家发改委公布《促进中部地区崛起规划实施意见》，要求中部地区六省人民政府和有关部门积极落实这份文件提出的各项任务要求，努力推动中部地区经济社会又好又快发展。

2010 年 9 月 6 日，《国务院关于中西部地区承接产业转移的指导意见》正式出台。这是加快经济结构调整和发展方式转变的重要途径，是深入实施西部大开发和大力促进中部地区崛起战略的重大任务，对于在全国范围内推动形成更加合理有效的区域产业分工格局，促进区域协调发展具有十分重大的意义。

我作为全国人大代表，2010 年后，一直呼吁积极财政政策莫忘中西部。重启积极财政政策，加大中西部投资，增加国家战略物资储备，是必要的。尽管近 10 年来，国家提出西部大开发、振兴东北、中部崛起的战略，中西部的经济面貌也有了很大的改观。但是，东、中西部的经济差距仍然严重地存在。

在发达国家，财政政策与经济发展是逆向选择，经济高速发展时，政府财政支出减少；经济低速发展时，政府财政支出增加。但是，这并不适用于发展中国家，发展中国家的经济基础薄弱，发展区域严重不平衡。2007 年以来，中央强调"沿海产业向中西部转移"，意味着即使在西部，在有条件的地方，也要在保护环境的前提下构造自己的工业体系。

面对市场的巨大波动，对中国这样一个世界上最大的、建设任务巨大的发展中国家来说，应该是机遇与挑战并存。一是最大限度地增加中西部的投资与国家石油储备。建设材料价格下降，是基础设施投资的好机会。这使人想起美国的"罗斯福新政"。基础设施是经济发展的基础。中国的东部基础设施建设有一定的规模，形成了网络，而中西部基础设施还是处于起步阶段，而且地域辽阔，需求量非常大。

2. 三大区域战略

2014 年 12 月 9 日至 11 日，中央经济工作会议在北京举行。会议提出，优化经济发展空间格局。要完善区域政策，促进各地区协调发展、协同发展、共同发展。西部开发、东北振兴、中部崛起、东部率先的区域发展总体战略要继续实施。各地区要找准主体功能区定位和自身优势，确定工作着力点。

要重点实施"一带一路"、京津冀协同发展、长江经济带三大战略。要通过改革创新打破地区封锁和利益藩篱，全面提高资源配置效率。推进城镇化健康发展是优化经济发展空间格局的重要内容，要有耐心，不要急于求成。要加快规划体制改革，健全空间规划体系，积极推进市县"多规合一"。要坚持不懈推进节能减排和保护生态环境，既要有立竿见影的措施，更要有可持续的制度安排，坚持源头严防、过程严管、后果严惩，治标治本多管齐下，朝着蓝天净水的目标不断前进。

2015 年之后，三大战略顶层设计规划次第出台，开始全面破题，以交通基建为先行，实际操作层面的推进也开始提速，政策效应已经初步显现。三大战略出台的重要背景是中国经济已经步入新常态，迫切需要寻找新的动力源。随着三大战略的进一步深入推进，带动经济增长的巨大潜力将会进一步显现。

2015 年 3 月 28 日，国家发改委、外交部、商务部联合发布了《推动共建丝绸之路经济带和 21 世纪海上丝绸之路的愿景与行动》。这份纲领性的文件，为"一带一路"的推进提供了指引，同时作为三大战略首份顶层规划设计，也开启了三大战略在 2015 年破题的大幕。

一个月之后，长江经济带建设工作会议召开，审议长江经济带发展规划纲要。4 月 30 日，中央审议通过《京津冀协同发展规划纲要》，京津冀顶层设计开始浮出水面。

随着三大战略的提速推进，政策效应已经初步显现，经济新增长极初露端倪。来自商务部的统计显示，2015 年前五个月，我国与沿线国家双边贸易总额 3983.8 亿美元，占同期我国进出口总额的 25.8%；沿线国家在华实际投入外资金额 29.19 亿美元，占全国吸收外资总额的 5.42%；截至 2015 年 5 月底，我国对"一带一路"64 个国家、地区累计实现各类投资 1612 亿美元，约占我国对外直接投资总额的 20%。此外，长江沿线省份一季度依然保持较高的经济增速，绝大部分地区超过全国水平。

在"三大区域战略"中，我觉得应该把武汉建设成为"一带一路"、长江经济带、东中西部的经济枢纽，最大限度地发挥武汉的区位优势。15 年以来，"四大板块"战略发展存在一些突出问题，建立在"四大板块"

基础上的区域经济政策，主要是以地理位置并考虑行政区划对我国区域进行的划分，一定程度上割裂了区域之间的经济联系，形成了在政策上各个区域板块的攀比，导致发展诉求与支撑条件不匹配。新时期提出"三大轴"，就是要充分发挥横跨东中西、连接南北方的重要轴带，提升轴带对统筹四大区域发展的引领和带动作用。

此外，还要充分发挥一级轴带的核心作用，辐射带动周边地区形成二级开发轴带和复合开发轴带，如充分发挥长江经济带的辐射带动作用，延伸形成汉江经济带、清江经济带、湘江经济带、赣江经济带等二级开发轴带，形成我国东中西开发的主轴带。

武汉已经在链接"一带一路"战略，汉新欧的运输量位于全国第二，2015 年 1—9 月，汉新欧有 115 个中欧班列，其中出去的 68 列，回来的 47 列。武汉直达洋山港的江海直达、武汉到台北、泰国、日韩的近洋航线已经初具规模。近几年湖北的出口逆势上扬。其动力主要来自"汉新欧"。为了搭上"汉新欧"，连冠捷都要把福建的电视机生产线搬到武汉。"十三五"会有更多的世界 500 强前来敲门。"十三五"如果完成武汉—安庆水深 6 米的工程，武汉上海之间就可以常年走万吨巨轮。在冬奥会的压力之下，京津冀城市群会加大企业外迁的步伐，要做好承接的准备。长江经济带的关键在于沿江的城镇化建设。要重点推进产业市镇的建设。

3. 中三角

2015 年 4 月 5 日，中国一个普通的清明节，却传来一个不普通的好消息：国务院批复同意《长江中游城市群发展规划》。这意味着中三角正式升格为国家战略。

1992 年湘潭大学胡长春、夏长杰著文，首次将湖北、湖南、江西视为一个整体——"长江中游地区"，胡、夏二位学者虽然没有直接研究长江中游城市群，但率先聚焦湘鄂赣整体发展，具有开创性意义。

1993 年江西省交通厅专家江景和首次使用"汉长昌大三角"一词，明确提出三省共建汉长昌"发展极"。"汉三角"的提出影响深远，这一概念被中国科学院院士陆大道和南京师范大学陆玉麒、武汉大学吴传清等采用。成为长江中游城市群研究的重要源头。

1995 年江西师范大学吕桦、章定富、郑华提出"长江中游城市群区"概念，范围是长江中游下段，南北向京广线、京九线与东西向浙赣线交汇范围内。

2001 年湖北省社科院陈文科提出建设"大武汉集团城市"（2004年改称"武汉城市圈"）的建议。

在 2004 年江西省"两会"上，江西财经大学江西经济发展研究院研究员朱丽萌首次提出"中三角"的概念。

早在 2004 年的一个论坛上，我听到夏振坤先生提出"中部江湖三角洲"的概念，即以武汉、长沙和南昌为核心的江汉平原、洞庭湖平原和鄱阳湖平原为依托的三角经济区。印象深刻的是他当时强调，三角洲不是仅仅出现在入海口。

2006 年秦尊文又提出吸纳宜荆荆之后的"大武汉城市圈"与"3+5"城市群（长株潭与岳阳、衡阳、益阳、娄底、常德）、环鄱阳湖城市群融合，进行大的"三圈合一"、打造新的经济增长极。

2011 年十届全国政协副主席徐匡迪院士率领中国工程院"中国特色城市化道路发展战略研究"项目组到湘鄂赣三省调研。提出建设"长江中游城市集群"，这个集群包括：武汉城市圈、湖南3+5城市群、鄱阳湖生态经济区。著名区域经济学家魏后凯提出将长江中游城市群与京津翼、长三角、珠三角一起定位为"世界级城市群"。

2011年4月和7月，湖北省党政代表团在湖南和江西考察交流时，提出打造中三角经济区，争取成为"中国经济第四极"，中三角的概念正式进入官方话语。

2012年2月，湖北、湖南、江西三省已在武汉签署了《加快构建长江中游城市集群合作框架协议》。《人民日报》当时报道称，"中三角"的概念正式提出，名称呼应"长三角"和"珠三角"。2015年4月8日，湖北省委书记李鸿忠表态，希望与湘赣等地进一步加强交流、深化合作，共建"中三角"、打造"第四极"。

2015年4月，"中三角"正式成为国家级战略。朱丽萌认为，长三角、中三角两区域已经在海关、航运、产业转移等方面有了一些合作。未来希望长三角能在"中三角"建立"飞地"，支持长江中游城市群形成和发展先进制造业高地，推动"中三角"创新发展。另外，长三角对外开放的先进经验，尤其是上海自贸区建设的经验，希望能在"中三角"复制推广，促进"中三角"的开放开发升级。当然，"中三角"也能发挥自然生态和人文等方面的优势，成为长三角旅游休闲的后花园。

中三角规划的重要性，体现在《国家新型城镇化规划（2014—2020年)》出台后国家批复的第一个跨区域城市群规划上。这是中南部三省经济发展的共同机遇，过去想做而未做的事情，现在可以大张旗鼓地去做了。以下七个方面的机遇值得去思考：

一是"大武汉"有了"协同合作"的机遇。规划强调，紧扣协同发展主线，突出重点合作领域，坚持开放合作发展，给"大武汉"充分发挥辐射力带来了机遇。中三角中，武汉的中心城市地位将得到凸显，经济总量、科教实力第一。当年的武汉经济协作区（长江中游经济圈）的梦想有了成真的可能。武汉经济协作区于 1987 年 5 月 23 日在岳阳成立，为中国大陆中部地区最大的经济合作组织，以武汉为中心，跨越长江中游地区的湖南、湖北、江西和河南四省武汉城市群、湘东北城市群和赣北城市群构成的经济圈。截至 2005 年 11 月市长联席会议，成员共计 31 个城市。希望这种历史性机遇将会重来。

二是"四区"目标是武汉的新方向与新动力。规划提出中三角要打造成中国经济发展新增长极、中西部新型城镇化先行区、内陆开放合作示范区、"两型"社会建设引领区。预计在这四个方面，将有新的政策出台，将会是带有里程碑性质的平台，不亚于当年的"两型社会试验区"。

三是发展薄弱地区是湖北的机遇。规划提出，促进省际毗邻城市合作发展。省际毗邻地区往往也是经济不发达地区。三省交界的幕阜山区如何发展，是一个现实的问题。江西萍乡、湖南株洲已经合作，岳阳、咸宁应该合作，武汉、武汉城市圈可以参与。2009 年我建议武汉在黄梅小池设"飞地经济"。

四是互联互通有助于武汉城市圈与周边的交流。规划提出，围绕提高综合保障和支撑能力，统筹推进城市群综合交通运输网络和水利、能源、信息等重大基础设施建设，提升互联互通和现代化水平。最典型的案例就是，加快大冶至九江的高铁建设，武汉到九江只要一个小时、到南昌只要 90 分钟、到福州只要 4 个小时。

五是联手打造做大"大武汉"。规划提出，联手打造优势产业集群，建设现代服务业集聚区，发展壮大现代农业基地。这有利于充分发挥武汉、武汉城市圈的科教优势、产业优势。

六是三省共同构建"共同绿心"。规划提出，建立健全跨区域生态环境保护联动机制，共同构筑生态屏障。如果三省共同构建幕阜山生态屏障，共同申请国家级生态保护区，将使幕阜山区成为三省共同的绿心。湖北的阳新、崇阳、通山、通城将会直接受益。还有可能把幕阜山区升格为国家级贫困区。武陵山区、秦巴山区、大别山区已经是国家级贫困区。

七是全面加强教育科技、医疗卫生等交流合作，共同推动文化繁荣。这正是武汉的强项。原来一直有科研合作的联系，现在要常态化、制度化。

要把握这个难得的机遇，我当时建议尽快采取以下六个措施。一是设立中三角发展合作委员会，由三省书记、省长坐镇，每年一次会议，商讨大事。二是各省设立由常务副省长为主任的常设机构——中三角合作办公室，便于三省在执行层面中沟通。三是各省成立中三角专家委员会，再从中选出三分之一组成整个中三角专家委员会，负责提出高水平的咨询建议。四是三省签订《十年分领域合作协议》，把任务具体化。五是一年检查一次合作的成效。六是在合适地点设立黄冈—九江、岳阳—咸宁跨省合作区。

2014年5月13日，江西萍乡市与湖南株洲市签订《赣湘开放合作试验区战略合作框架协议》。九江黄冈也有此想法。早在2010年11月，九江人提出构建"九江大都市区"的概念，即九江（沿江县市和本市范围）、黄冈（黄梅、武穴）、安庆（宿松、望江）组成的三角跨江"都市区"。2012年11月9日，九江市长率团赴湖北，与黄冈市长刘雪荣正式签订《推进跨江跨区合作开发框架协议》。2013年全国"两会"上，黄冈的全国人大代表提出在中部跨省域城市群构建框架中，重点发展湖北黄冈与江西九江合作开发的黄梅小池"经济特区"。2012 年 7 月底，九江、岳阳和咸宁三市商务局在咸宁签订《关于共同促进区域商务事业发展　加快"小三角"城市区域市场一体化进程战略合作协议书》，三市组成以市场为导向的经济结盟。中三角已经升格了，三省如何做实这个"小三角"、绿化幕阜山区是一个可以尽快上手的平台。

给长江中游城市群简单画个像就更能理解它的重要性：面积约 31.7 万平方公里，相当于整个日本面积的 85%、德国面积的 89%；总人口超过 1 亿；2014 年经济总量超过 4.5 万亿元，仅次于长三角、京津冀和珠三角——这三地用约 4% 的国土面积产生出约 1/3 的 GDP，被视作中国经济"前三极"。

从各项条件来看，我认为，尽快构筑南昌—武汉—长沙大都市圈、打造中国经济增长第四极的"中三角"是一个重要的选择。赣、鄂、湘应尽早构建自己的经济区域，相互协作，互通有无，充当起拉动区域经济发展的主角地位刻不容缓。中部地区必须加快实施城市化战略，积极培育若干区域性中心城市和城市群，使其尽快成为中部地区崛起及经济增长的支撑点和增长点。

众所周知，三角形是最稳固的结构，而南昌、武汉、长沙经济互补性强。它们都处在我国中部，分别是三省的省会，地域临近，南昌、萍乡、株洲、长沙、岳阳、武汉、九江等长江中游地区也都是正在成长的都市连绵区，构筑南昌—武汉—长沙大都市圈已呼之欲出。在我看来，具体理由如下：

第一，以南昌、武汉、长沙三个已经形成的中心城市为核心，以浙赣线、长江中游交通走廊为主轴，呼应长江三角洲和珠江三角洲，加强对周边地区的辐射，强化中心城市功能，提高其在全国的作用，促使其成为区域经济的增长点和国家规划的重点地区，逐步把都市圈建成具有国际性功能、跨省域影响力和较强创新能力的地区，争取用十年左右的时间将"中三角"打造成我国经济增长的第四极。

第二，中三角的经济发展目标具有同质性，都是国家级的两型社会试验区、生态经济区，都涉及水环境问题，都是研究在经济发展的同时如何保持水质的问题。

第三，三省的经济发展都具有良好的条件，合作则可以共赢，从长三角、京津冀、东北、西三角的发展过程来看，已经充分证明了这一点。

第四，是为了放大中部的经济总量，避免中部被边缘化和中部各经济区之间经济联系的弱化。随着昌九城际铁路通车、"杭南长"高铁运营和武广高铁的通车，未来几年，武汉、长沙和南昌3个中心城市之间形成"一个半小时同城圈"将不是梦。而由这几个城市所引领的武汉城市圈、鄱阳湖城市圈、长株潭城市圈之间的联系将更为紧密，最终将形成一个紧密型的充满活力的经济区。

第五，三市的区域功能有待于提高。南昌紧邻长三角、珠三角和闽东南三个经济最活跃的地区。长沙是一座以文化产业为核心的商务服务中心城市。武汉则九省通衢，科教实力强大，传统工业与高新技术产业并举。

不过，在中部规划的基础上，我建议再制定"中三角"经济区发展规划。包括生态保护、环境友好、产业合作、社会民生等方面的合作，最大限度地消除三大城市圈之间的行政分割，在省与省的交界处适当增加项目安排。一般来说，两省交界处经济发展比较薄弱，比如，在湖北的赤壁与湖南的临湘。同时，在中部崛起办公室的领导下，设立"中三角经济区办公室"，制定相应的鼓励发展政策，在土地、资金、项目等方面予以扶持。

除此之外，设立"沿海产业转移示范区"。三省、中三角与三大经济区已经形成密切的联系，在承接长三角、珠三角、环渤海的产业转移中具有很好的条件，建议仿效皖江经济带沿海产业转移示范区，在中三角设立若干个产业转移示范区。在九江—小池、赤壁—临湘、萍乡—醴陵设立跨省合作试验区，从近距离、小范围合作入手，逐步推进，最终实现区域协同发展。

事实上，打造"中三角"具有多方的先天优势：一是区位优势。武汉、长沙、南昌三大城市群为代表的长江中游城市集群彼此正好相隔300公里，组成一个距离比较适中的等腰三角形。二是科教优势。"中三角"三地共有高校260多所，277万在校生，120多名两院院士。中三角共吸引世界500强179家。成为国家心脏部位的重要经济和科教中心。三是环境优势。"中三角"包括长株潭"两型社会"综合改革试验区和武汉城市圈"两型社会"综合改革试验区，"一江两湖"串起"中三角"重要区域，对资源的承受力较强。

在十八届五中全会上，完整提出了创新、协调、绿色、开放、共享"五大发展理念"，这是新中国成立以来最重要的经验总结。这对于长江经济带的发展指明了方向。长江经济带目前所占全国的经济总量是四成，希望在"十三五"完成后能够占到六成，因此，长江经济带的发展任重而道远，经济发展的任务还是很重的。长江经济带必须是生态大保护与绿色大发展并重。2016年1月5日在重庆召开的推动长江经济带发展座谈会上，习近平同志指出，长江拥有独特的生态系统，是我国重要的生态宝库。当前和今后相当长一个时期，要把修复长江生态环境摆在压倒性位置，共抓大保护，不搞大开发。长江经济带作为流域经济，涉及水、路、港、岸、产、城和生物、湿地、环境等多个方面，是一个整体，必须全面把握、统筹谋划。

从生态的角度来看，要根据长江流域上中下三段的不同情况，加大环境治理与生态保护的力度。在长江的上游，主要是水土保持的问题。在长江的中游，主要是湿地保护的问题。在下游地区，主要是水质与空气质量的综合治理的问题。从绿色发展来说，一要发挥科教的创新力，在长江经济带，从上海到成都，都拥有强大的科教实力，要把长江经济带转化成为长江创新带。二要在拥有经济发展容量的地区加大发展的力度。相当于长三角与成渝经济区，中三角城市圈的三省还有经济发展的空间，也就是李克强总理所说的"有潜力、有巨大的回旋余地"。在改革开放 30 多年的发展基础上，再也不能以破坏生态作为经济发展的代价，也不能够在生态环境薄弱的西部提"大开发"之类的主张了。凡是提到"大"字的都带有盲目性，比如，曾经的"大炼钢铁"。但是，在西部、在长江经济带提"生态大保护"是可以的，也是应该的。

2016 年 9 月初，《长江经济带发展规划纲要》正式印发。《规划纲要》围绕"生态优先、绿色发展"的基本思路，确立了长江经济带"一轴、两翼、三极、多点"的发展新格局。"一轴"是以长江黄金水道为依托，发挥上海、武汉、重庆的核心作用，构建沿江绿色发展轴。推动经济由沿海溯江而上梯度发展。"两翼"分别指沪瑞和沪蓉南北两大运输通道，这是长江经济带的发展基础。通过促进交通的互联互通，增强南北两侧腹地重要节点城市人口和产业集聚能力。"三极"指的是长江三角洲、长江中游和成渝三个城市群，充分发挥中心城市的辐射作用，打造长江经济带的三大增长极。"多点"是指发挥三大城市群以外地级城市的支撑作用，加强与中心城市的经济联系与互动，带动地区经济发展。

《规划纲要》提出了多项主要任务，具体包括保护和修复长江生态环境、建设综合立体交通走廊、创新驱动产业转型、新型城镇化、构建东西双向、海陆统筹的对外开放新格局等。

推动长江经济带发展的目标是：到 2020 年，生态环境明显改善，水资源得到有效保护和合理利用，河湖、湿地生态功能基本恢复，水质优良（达到或优于 III 类）比例达到 75% 以上，森林覆盖率达到 43%，生态环境保护体制机制进一步完善；长江黄金水道瓶颈制约有效疏畅、功能显著提升，基本建成衔接高效、安全便捷、绿色低碳的综合立体交通走廊；创新驱动取得重大进展，研究与试验发展经费投入强度达到 2.5% 以上，战略性新兴产业形成规模，培育形成一批世界级的企业和产业集群，参与国际竞争的能力显著增强；基本形成陆海统筹、双向开放，与"一带一路"建设深度融合的全方位对外开放新格局；发展的统筹度和整体性、协调性、可持续性进一步增强，基本建立以城市群为主体形态的城镇化战略格局，城镇化率达到 60% 以上，人民生活水平显著提升，现行标准下农村贫困人口实现脱贫；重点领域和关键环节改革取得重要进展，协调统一、运行高效的长江流域管理体制全面建立，统一开放的现代市场体系基本建立；经济发展质量和效益大幅提升，基本形成引领全国经济社会发展的战略支撑带。这对中国经济来说，是一场最重大的调整。

京津冀以及周边的河南、辽宁、山东、山西，都是雾霾的重灾区，如果说全国十大重污染城市有 6 个在河北的话，另外 4 个则是在济南、郑州、太原、西安。应该是秦岭与大别山挡住了北方雾霾的南下。

在大别山区，仅河北大悟县就有 17 个风场。地处鄂东北大别山区的大悟县，是华北平原与华中平原冷暖气流交汇互动带，全县 17 座 500 米以上高山形成的天然风场，最高的海拔超过 800 米，风能资源尤为丰富，经加密测风，平均风速在 6.5 米／秒以上，年发电时数超过 1 800 小时，可开发装机容量 60 万千瓦。到 2016 年，大悟县 12 个风电场 60 万千瓦项目建成，总投资超过 50 亿元，仅风电年发电量可达 13 亿度，年产值 10 亿元，可实现年税收 1.5 亿元以上。与火电相比，相当于每年节约标煤 37.2 万吨，减少各种污染气体及粉尘排放，其中二氧化硫 7 044 吨，一氧化碳 97.2 吨，碳氢化合物 39.6 吨，氮氧化合物 4 000 吨，二氧化碳 87.6 万吨，灰渣 12 万吨，粉尘 0.86 万吨。实际上，大别山还阻挡了雾霾的南扩。

4. 财政区域政策 [1]

财政是国家治理的重要手段。一些国家为了缓解地区之间的贫富差距，实现社会和经济的协调发展，在运用财政政策方面积累了不少经验和教训。值得我们予以借鉴。

（1）日本开发北海道的资金倾斜。如在 1995 年的政府补贴中，中央政府给予北海道的开发项目补贴比重高于其他地区：日常河流改造和高速公路建设都多补贴 13%；港口建设多补贴 35%；渔港建设多补贴 30%；公路及其他基础设施多补贴 18%。在农业开发方面则根据不同的实施主体分别予以资金支持。设立北海道开发事业费预算。其直辖部

1　叶青：《西部大开发中的财政政策选择》，《云南经济管理干部学院学报》（经济管理版）2000 年第 4 期。

分交北海道开发厅支配，辅助部分交北海道地方政府支配。1951年北海道开发的年费用是70亿日元，1993年达9450亿日元。开发事业费有八个方面的支出：治山治水、道路建设、住宅和城市街道建设、下水道及环境卫生的建设、港湾建设、农业农村整治、林业和水产业建设等的支出。

（2）法国国土整治和区域发展中的奖金、基金、税收优惠制度。一是经济和社会发展基金。1954年设立，为巴黎和其他大城市外迁企业和机构发放补贴。二是地区开发奖金。1964年设立，先在西部和西南部实行，逐渐扩大到矿区、中央高原、诺尔—加莱、洛林、科西嘉以及其他边远落后地区。发放对象是在上述地区建立工业企业或开发第三产业的企业主。奖金额按投资性质和地区不同而异，并根据新创造的就业人数来计算。奖金额占投资额的12%。还有"手工业企业装备奖金""旅馆装备奖金"以及工业企业下放奖金、第三产业地方奖金、科研活动奖金等。三是农村开发与国土整治部际基金。1979年设立，实施地区包括西部布列塔尼和布瓦多—夏郎特、中央高原、西南比利牛斯山区、东部汝拉山和孚士山区以及科西嘉等农业改革区，后扩展到香槟和布尔高温非农业改革区。通过签署开发合同的方式加以分配。四是工业自应性特别基金。1978年设立，实施于结构调整的老工业区，鼓励企业在老工业区投资，国家提供巨额基金低息贷款。五是工业现代化基金。80年代初为实现老工业区现代化开发计划而设立。直接发给企业，利率为9.75%（通常为16.18%）；间接提供，即先按9.75%的利率发放给有关信贷公司，再由信贷公司给企业，利率13%—14%。基金除部分由政府拨款外，大部分来自银行。六是税收优惠。对参与区域发展的经济活动，按照地区不同和企业建立后就业人员的多少，可享受全部或部分税收优惠，包括行业税、劳工税、不动产转让税等，新建企业或公司减少了大约 80% 的税收。还将新建筑的折旧率由 5% 提高到 25%。1984 年，为改造老工业区，对从 1983 年开始在老工业区新建的公司和企业免征地方税、公司税和所得税 3 年，期满后仍可享有 50% 的减税优待。还在洛林、诺尔—加莱重点改革区设立"无税特区"，即在 3 年内除免征上述税收外，还免征劳工税以及其他杂税和分摊。

（3）德国重建东部。先后建立了"统一基金"（1990 年）、"信贷清理基金"（1991 年），制订了"共同振兴东部计划"（1991 年）和"一揽子计划"（1993 年），通过了"投资补贴法"（1991 年）和"地区促进法"（1991 年）。具体措施有：①投资补贴。政府对企业扩大再生产、技术改造、产品改造等投资和新增投资给予补贴。对新建企业的补贴最高可达 23%，扩建企业的补贴最高可达 20%。对改造和根本性合理化建设费用补贴最高为 15%，购买濒临停业企业的投资者可获得投资额 23% 的最高补贴。②特别优惠折旧率。凡制造与购买的固定资产包括可移动的经济物资和建筑物，在 1990 年 12 月 31 日至 1995 年 1 月 1 日 4 年内可享受优惠折旧率。第一年可享受 50% 特别折旧加上 10% 的线性折旧，剩下的 40% 以后 4 年每年各 10%。③免税投资拨款。联邦财政部根据投资者的申请，为企业购置生产设备提供免税投资拨款，在 1991 年 7 月 1 日前向投资者提供所需费用的 12%，1991 年 7 月 1 日以后为 8%。④优惠税收政策。对在 1991 年年底前建立的贸易、工业以及其他行业的个体经济一律免征个人所得税和公司所得税，但免税金额不得超过 10 000 马克，暂时免征公司资本税和财产税。对东部地区产品的营业税减半，征 7.5%。⑤团结互助税。为筹集加快东德发展的资金而开征。⑥横向转移支付。经济发达地区对经济落后地区的援助。

（4）加拿大区域发展援助。从 20 世纪 60 年代末开始，加拿大的区域发展援助由过去分散、零星的发展计划转变为集中的联邦地区发展计划。1969 年联邦政府成立区域经济扩张部，扩张的重点是东部地区，如在魁北克省三河镇以东地区投入的开发经费占总投资的 80%。除了给特别地区提供基础设施援助之外，还实施"区域工业援助计划"，对象为各省陷入经济衰退但仍有持续增长能力的地区，总面积达 5 000 平方英里。在区内投资的企业，可以得到相当于资本额 20% 的补贴；老企业更新改造可以得到 600 万加元的资助；对于采用新技术设施和生产新产品的企业，政府给予相当于新投资资本额 50% 的补贴，或者每创造一个就业机会补贴 500 加元。

（5）英国区域援助。20 世纪 60 年代，区域援助形式日臻完善，如投资补贴、贷款、任意折旧、出售预建工厂、税收优惠、购置设备的现金补贴、地区就业津贴、选择性就业税回扣等。70 年代初，政府更换导致区域补贴减少。70 年代中期以后，因财政困难而削减了区域援助，取消了地区就业津贴。1984 年区域政策进行重大修改，把三类受援区合并为两类，即发展区和中间区，强调把钱花在问题最严重的地区，并有利于更多地创造就业机会。80 年代末 90 年代初以后，强调落后地区的自我发展，鼓励自力更生。政府认为，产生区域问题的重要原因是经济的低效率，这是由于萧条区的供给刚性和缺乏企业家活动所致；减少区域差异的关键在于对当地企业的刺激，以使区域增长的动力由外部投资转向内生发展。

（6）美国区域开发战略。一是"综合战略"，联邦政府通过广泛的财政政策，使贫困地区的经济保持较高的增长率。从相对发达的东北部和中北部征集大量税收，通过财政支出用于西南部，1975 年就有

308.49 亿美元从东北部和中北部流入西南部。在 1984 年的联邦财政支出中，西部占 22.6%，南部占 34.5%，东北部占 21.6%，中北部占 21.3%。二是"增长中心战略"，为了提高财政资金的效率，把接受转移支付的地区按相互接近的州和地方，划分为一些规模较大的经济开发区。每一个开发区选定一个发展水平高、有发展潜力、能够支持和带动整个区域经济增长的中心。在资金的分配上，把绝大部分资金放在这个中心的项目或相关项目上。增长中心以外的地区则通过对人力资源的培养，提高社会服务水平等方式提高当地居民素质。三是"减轻痛苦战略"，联邦政府通过失业津贴、医疗保健方案、公共援助等长短期援助，减缓西南部财政支出的压力。1984 年根据"老年、遗属、残废保险"项目发放的保险津贴，南部占 31.5%，居全国第一。四是"根治战略"，首先制订区域开发计划。其次以培育后进地区自我发展能力为核心，把国家干预与诱发本地区的生产潜力相结合。20 世纪 60 年代，联邦政府拨给人口不到全国 1/3 的西南部的教育经费占 45%。美国在区域经济发展不平衡时颁布了《地区再开发法》，成立了地区开发管理局。

（7）意大利开发南部。意大利把财政政策作为特别干预的重要手段和加快南方开发与工业化进程的第一推动力。1958 年开始，意大利南部开发政策的重点从大规模基础设施建设转向大力促进工业发展。在南方建设工业发展区，南方基金局为基本建设提供所需资金的 85%。政府制订了一系列优惠措施：对南方新办工厂 10 年免征所得税；厂房建设经费由政府补贴 25%；购置机器设备由政府补贴 10%（如果从南方购置设备，补贴增加 20%）；为新建企业投资提供 70% 以上的优惠贷款。国家参与制企业必须把工业投资总额的 40% 和新建工业企业投资的 60% 投向南方（1971 年后提高为 60% 和 80%）。第三阶段的南部开发政策重点是发展中小企业，解决失业问题。1976 年颁布法律，改革以往单纯依靠大企业促进南方工业化的做法，拨款 18.2 万亿里拉用于发展中小企业。对南方新企业、扩建和改造老企业给予占固定资本投资 40% 的优惠贷款，利率为普通利率的 30%，贷款期限为 15 年（新建企业）和 10 年（其他项目）。政府对于更新设备和结构改造的企业给予占投资总额 70% 的优惠贷款，期限为 15 年。在第四阶段通过制定法律，将技术创新作为开发目标，并增加对南方科技研究的优惠和补贴。新建和扩建的、拥有 15 个雇员以上的研究所可享受所需资金 50% 的投资补贴；直接为生产服务的新建研究单位可享受相当于投资 80% 的补贴。

（8）巴西区域经济开发。在内地开发中采取区域经济发展极战略，在远离海岸线 5000 多公里的亚马逊大森林的马瑙斯建成一个经济发展极。实行优惠政策：进出口自由贸易，凡进口增长极内所需的加工品可免除产品进口税；凡在规定的增长极投资的企业可享受以下优惠：一是制订企业计划时可得到"亚马逊开发私人投资基金"的资助；二是可用所得税的减免部分进行投资；三是享受减免所得税的比例可达 100%；四是免除用于增长极内部或销往国内其他地区商品的工业产品流通税；五是向交纳商品流通税的商品提供信贷资助。

从以上各国开发落后地区的财政经验来看，我认为有五点值得我们借鉴。一是财政开发的形式多种多样。对投资者来说，有中央全额投资、投资项目补助、奖金、基金加贷款、出售国企、再投资减免税、科研所优惠等；对经营者来说，有优惠（任意）折旧、税收减免、购置设备免（退）税或现金补贴、国企投资规定等；对政府来说，有计划、法律、互助税等；对劳动者来说，有地区就业津贴、就业税回扣、文教卫生公共援助等。二是财政政策与货币政策的有机结合。如财政投资以信贷方式安排，通过金融债券筹措财政资金。三是采用超常的财政对策。如建立保税区、无税特区、无费特区等。四是强调阶段性。通过多期开发计划，从建设基础设施过渡到培植落后地区的内生发展能力。五是强调区域性。如设置中心区、发展区、增长极等。

从长远来看，财政分配在市场经济中是一只"看得见的手"，需要长期利用，主要就是制定积极、稳健的财政政策。

（1）加强和深化税制改革，提高中央政府的宏观调控能力。中央政府财力不足，严重制约了西部开发、中部崛起的规模和速度。一方面，财政收入占 GDP 比重持续下降。1978 年，财政收入占 GDP 的比重为 31.2%，1995 年下降到 10.7%，17 年中国家财政所得下降 20.5 个百分点。财政收入增长落后于经济增长，致使国家财政在保证经常性经费支出以后，没有足够的财力用于调整结构和弥补"市场缺陷"，从而严重削弱了国家财政对宏观经济的干预能力。另一方面，中央财政收入占全国财政收入的比重偏低。从 1953 年到 1983 年，中央财政收入平均只占全国财政收入的 22.6%，地方财政收入平均占 77.4%，而中央财政支出占全国财政支出的 54.2%，中央财政的支出比重与收入比重相差 31.6 个百分点。1994 年中央政府本级收入占整个政府收入（不舍债务）的比重提高到 56%，地方政府自有收入的比重降到 44%；中央本级支出占政府支出比重的 31%。地方政府本级支出的比重占 69%。中央对地方政府的财政资金净转移额占地方支出的 45%。关键是加快税制改革进程，以保证中央政府有能力通过转移支付、投资补贴、财政贴息贷款等方式支持中西部、东北部的发展。具体表现在三个方面：一是税种结构合理布局和地方税种体系的重构。二是建设新的税源，开征新的税种。三是加强税收征管与控制。

（2）集中"财"（财力）与"政"（政策）办"西部特区""中部特区（新区）"，实施增长中心战略。经济发展规律显示，经济增长往往不是同时均衡地出现在一个地方，可一旦出现在某一个地方，巨大的动力将会使经济增长围绕最初增长点展开。西方国家曾以此理论来指导欠发达地区的开发，称为"增长中心"战略，把财政转移支付资金重点用于支持具有最大增长潜力地区的经济发展，成功的实例很多。

我国沿海五个经济特区对沿海和内地经济的辐射和示范作用就十分明显，经济特区的历程已说明经济特区是经济改革的"试验田"。

我国中西部地域广大，全面推进式的开发力不从心。单靠国家财力支持不是长久之计。关键是利用好中央财政资金，增强自我发展功能。在开发中实施增长中心战略，结合中西部地区的资源开发，在资源富裕、交通、通信等条件比较好的地区，按照国家生产力总体布局的要求，主要发展资源导向型或资源加工型产业，选择一些重大的开发建设项目作为经济发展的突破口。现代农业将衍生出农产品加工业、农业技术培训等服务业。工业信息化将衍生出中介服务和技术服务业，使制造业和服务业走向一体化，产业结构的高级化有利于推动中西部地区产业结构的调整和升级，改变二元经济现象。增长中心的确立不应受行政区划的限制。增长中心的项目，应既能缓解国民经济的瓶颈制约，增强持续发展的后劲，又能通过增长中心内部所出现的聚集利益效应，不断加强项目所在区域的经济实力，并通过扩散效应和关联效应，辐射、带动周边地区经济的发展。比如，西部增长中心宜从以下三类地区选择：

中心城市。基于援助最弱者的原则，对于这种经济相对发达的城市，主要应依靠其自身力量和积累来发展。但这类城市又不同于一般的发达地区，它们更重要的角色是充当通过集聚和扩散效应，带动西部地区发展的"增长极"。因此，需要国家支持。一是完善和加强中心城市的城市功能；二是帮助促进中心城市主导产业的技术改造和结构升级。尤其应推动重庆、成都、兰州、西安等西部老工业基地、武汉、长沙、郑州、合肥等中部老工业基地的振兴，通过股份制改造、产权重组等措施激发老企业技改的动力和经济活力。通过各种途径促进中央企业与地方经济的融合，除少数关键部门外，大部分中央企业应下放地方，实行属地管理，最终取消企业的行政隶属关系；暂时不宜下放的企业，应通过企业改制，将主体部分与辅助部分剥离，辅助部门交地方。

资源富集区。以西部为例，主要包括黄河上游地区、小秦岭地区、伊犁—克拉玛依—阿勒泰地区、塔里木盆地、柴达木盆地、攀西—六盘水地区、三江地区、红水河流域、乌江干流地区、西藏一江两河地区等。这类地区资源丰富，组合条件好，是理想的煤、水、油、气四者兼具的综合性能源基地、多品种的有色金属基地和化工基地。对一些具有全国意义的或跨省区的大型基础建设项目由国家承担，大多数中小型尤其是原材料项目主要通过鼓励性政策，采取 BOT、PPP 方式，吸引社会力量和外商投资开发，或者以当地资源入股，与国内外投资者联合开发。也可以考虑设立以外商投资为主的资源开发区。

边境开放区。以开放促开发，依托边境贸易吸引和积累资金，增强这类地区的自我发展能力。考虑到边境民族地区的实际情况和经济欠发达的现实，国家应继续在财政、税收、进出口商品管理等方面给予政策倾斜。建议在边境开放区选择一些口岸基础设施健全、人员管理素质较高、边贸较为繁荣的地方设立边境自由贸易区或保税区，实行类似自由港和自由加工区的政策。

（3）建立规范的财政转移支付制度。财政转移支付制度是 1994 年财政体制改革后提出的，旨在实现分级财政体制，逐步实现中央财政收入增长，地方财政差额部分由中央政府进行转移解决。这是中央财政加强宏观调控，提高国家整体发展素质的手段。但我国现行的财政转移支付制度和政策力度不足且不规范，东西部提供的公共服务能力和实际水平差距进一步扩大，这势必会对人力资源流动、国土资源开发、自然资源配置和社会公平效率目标实现构成严重威胁。所以，应把基数法转变为因素法，尽快制定简单易行、透明、规范的财政转移支付制度与配套政策框架体系。

第一，应该充分考虑各地区之间的经济发展水平，制定统一的财政转移支付标准，包括经济发展目标、实际人均税收水平、公共支出基本标准、各地区人均 GDP、少数民族居民比例等。在诸多标准中，应先确定公共服务水平均衡标准，即基本标准，达不到标准的地区，由国家财政转移支付，给予补足。在财政转移支付的设计中，要建立对地方财政收入的客观测算办法，科学地评估各地税收征收潜力和努力程度，以核定标准收入，使财政转移支付对东西部地区人均财政收入的过分悬殊起到相对均衡的作用。这是加快西部邮电、通信、交通、科学、教育等基础设施和公共产品建设，实现东中西部协调发展的重大措施。

第二，在财政转移支付的资金中，可减少无条件的一般性转移支付，增加专门用途的专项转移支付。有的受援项目还应要求地方拿出配套资金。对配置资金不应有统一的要求，根据接受转移支付地方的实际财力确定配套资金的比例。

第三，建立横向转移支付制度。从富裕省份挤出适量财力投入西部，实现对口支援。对口"援疆""援藏"就是一个成功的案例。

改革开放之初，1980 年和 1984 年，在邓小平关怀下，中央在 4 年时间内两次召开西藏工作座谈会，为西藏制定了一系列特殊政策和灵活措施，为西藏发展注入了活力。

1994 年中央召开的第三次西藏工作座谈会，明确了新时期西藏工作的指导方针，制定了加快西藏发展、维护社会稳定的一系列政策和措施，作出了中央各部门和 15 个省市"对口援藏、分片负责、定期轮换"的重大决策，并动员各省区市和中央、国家机关援助西藏建设了 62 个项目，开创了全国支援西藏的新局面。

1996 年 3 月江泽民主持中央政治局常委会关于专题研究新疆稳定工作的会议，下发了《中共中央关于新疆稳定工作的会议纪要》的 7 号文件。做出了"培养和调配一大批热爱新疆，能够坚持党的基本理论、基本路线和基本发针，正确执行党的民族宗教政策的汉族干部去新疆工作"的决策部署，由此对口援疆正式拉开序幕。

随着 1996 年《中共中央关于新疆稳定工作的会议纪要》的出台，1997 年 2 月，由北京、天津、上海、山东、江苏、浙江、江西、河南、河北 8 省市和中央及国家有关部委选派到新疆工作的首批 200 多名援疆干部陆续抵疆，大规模的对口援疆工作正式开始。其后有广东、辽宁、福建、湖南、湖北六省市参与其中。大规模对口援疆之初，政策宗旨和目的就是要调配干部援助新疆建设，实质上是"干部对口援疆"更为恰当，因此，干部援疆是主流。从 2017 年 3 月起，东北三省与广东、浙江、江苏对口合作。

（4）加大财政投资力度。总结我国东部沿海地区迅速崛起，西部区域严重滞后的原因，可以看出政策和投资的倾斜与地区经济发展的关系。"六五"期间，国家财政投向各地区的基建资金中，东部占 42.71%，中部占 36.74%，西部占 20.55%。"七五"期间完成的近 2 万亿固定资产投资中，东部占 36.5%，中部占 28.8%，西部占 14.7%。中央投资项目重点转向东部沿海地区，形成了东部地区中央项目人均投资额大大高于西部的情况。1993 年，在基建投资额中，北京的中央项目人均投资额为 844 元，而贵州仅 48 元，两者绝对差高达 796 元。这种财政投资上的倾斜，使东部的区位优势和经济潜能得以充分发挥。此外，在我国的财政支出中，非生产性支出偏大，生产性支出不足，基础性投资严重滞后。据分析，中央财政用于公共事业费、行政管理费、债务支出、价格补贴等支出占财政支出的比例，已由 20 世纪 80 年代末的 40% 多上升到 60% 左右，每年财政收入净增加近 1 000 亿元，"吃饭财政"现象更加严重，使得中央财政对西部的投入更少。

中央财政投资的投资方向、领域和重点的选择，对提高投资质量，快速高效地增强区域经济的基础地位，转变经济增长方式影响很大。对西部的财政投资应以培养其"造血"功能为主，并相应制定一系列项目管理办法。建立中西部发展基金是比较好的方式。一是资金来源有中央、地方财政拨款、消费税的一部分、中长期西部开发债券、支持不发达地区发展基金、少数民族贫困地区温饱基金、财政扶贫资金、国内外捐赠等。二是资金运用有基础设施和重点产业的投资补贴、商业银行贷款贴息、为中小企业投资提供担保、对提供就业的投资者提供就业补贴、扶贫开发补贴等。要把对地方的无条件投资和有条件投资区别开，重点放在有条件投资上，对西部来讲主要针对基础设施和科教方面。三是在中央建立专门负责西部经济投资的西部经济发展基金委员会，负责中央对西部地区有条件投资的管理。四是在有条件财政投资上，主要针对项目，并要求地区政府配以适当比例的资金。五是由西部经济发展基金委员会制定一套科学规范的财政投资管理办法，详细规定援助资金的使用项目、方式及监控措施。

（5）制定税收优惠政策，鼓励资金流入。借鉴国际经验，在加快西部发展进程中，应实行中央财政转移支付的政策，而不能像对东部沿海一样，实施区域性税收优惠政策。因为这样的政策不仅国家财力难以支撑，而且有违市场经济公平竞争的原则，破坏国家税收政策的整体统一。据测算，1985—1992 年，东部仅由于工业企业享受税收减免等优惠，就相当于中西部获得的全部优惠，从 19 亿元增加到 225 亿元，年均增加近 30 亿元，这个数字要比 1992 年新疆、青海、宁夏三省区工业企业上缴税收的总和（28.1 亿元）还要多。但把区域性优惠政策限制在局部范围和少数税种，则可以避免这种问题，且符合国际通行做法。

从总体上看，税收优惠政策应以产业优惠取代区域减免。东西部发展差距扩大的原因很多。但重要原因之一是国家对东部沿海地区的政策倾斜，尤其是税收的减免政策。面对东部与中西部发展差距的扩大，继续保留这种倾斜政策显然不够公平。何况东部沿海地区已经出现了经济增长点的集聚效应，具备了自我扩张的能力。延续税收政策，就会使可扩散的工业项目继续滞留下来，约束了富裕地区向落后地区的扩散与辐射功能，进而也延续了落后地区的转机。在完善和改革现有财税体制时，应考虑取消或缩小区域税收优惠政策，营造全国范围内的平等竞争、机会均等的发展环境。这就要求在税种和税率的调整和设立时，体现有利于地区经济协调发展，有利于缩小东西部发展差距的总体指导思想。可逐步实施以下税收政策：

调高资源税税率。根据国务院发展研究中心、国家统计局的调查，西部地区最大优势是资源丰富——集中了全国约 55% 的宜农荒地和 73% 的草原面积；拥有全国 84% 的天然气储量、39% 的煤炭储量、24%

的铁矿石储量、30%的锰矿石保有量、72%的铬矿石储量等。西部为东部的加工工业提供了大量价格低廉的能源和原材料，资源税提高后，可通过资源垄断产品价格的提高，转嫁到资源的加工和使用环节。按规定，陆地资源税留在地方，用于资源的开发，使资源富集的西部地区获得更多的开发资金。

所得税政策。一是对西部一切企业（外资、内资、国有、非国有）一律实行 15%的优惠税率，如果是高新技术产业进一步减到 10%。二是部分企业所得税先征后返。对包括东部少数落后地区在内的所有落后地区，凡从事地下矿藏资源开发和能源开发企业的所得税，实行先征后返的政策。返还的比例以当地的人均财政收入为阶梯，返还的税收作为国家的参股资金用于发展生产。这样既扶持了西部的发展。也体现了国家的产业政策。三是将西部个人所得税基本扣除额从现在的 3 500 元进一步提高，以便把人才留在西部。

增值税政策。一是落实消费型增值税（从当期增值额中一次性扣除当期购进用于生产应税产品的固定资产价款），促进投资。二是调整增值税的总机构汇总纳税的政策，按主要经营地纳税，减少"西税东流"。

开征西部发展税。我国东西部经济发展差距的扩大，必然影响 21 世纪的可持续发展，长此以往，可能引起社会矛盾。但增加投入国家又拿不出过多的资金。可借鉴德国经验，适时开征西部发展税，为加快西部的发展筹集资金。

地方税。应允许西部各省（区、市）根据国家税法的规定原则，结合实际制定实施细则。对于财政过分困难，已多年影响正常运转的地、县，可由上级财政转移支付一次补足，使其放下包袱全力发展。

（6）加大审计监督力度。西部开发、中部崛起、东北振兴是以资金的大量投入为特征的，因此，应该吸取扶贫资金和移民资金违规运作的教训，对各级政府投入的资金要加大监管力度。一是加强财政监督，保证财政资金分配系统的畅通。二是强化国家审计力量，对项目实施依法审计，并从事后审计提前为事中审计、事前审计。三是借用社会力量监督项目的实施。通过审计师事务所、会计师事务所、第三方监理公司等中介服务机构，加强财务、技术等方面的监督。四是加强内部审计制度，以及时发现问题。

所有的问题都是财政问题

1. 党的十八大的"五位一体"

英国古典政治经济学的主要代表人物之一亚当·斯密于 1768 年开始着手著述《国家财富的性质和原因的研究》，即《国富论》。在这部《国富论》中，亚当·斯密称财政为"庶政之母"。意即财政分配是政府各项行政事务的基础。马克思说过："税收是喂养政府的奶娘。"我国唐代著名理财家杨炎也讲过："财赋者，邦国之本。"从古到今，政府的每一项行动，都离不开财政的支出。新中国成立近 70 年，逐步形成治国理政的五大事业：政治、经济、文化、社会、生态事业，也都是以财政分配为基础的。因此，所有的问题最终都是财政问题，都需要财政兜底。

（1）以经济建设为中心的提出

中共八大于 1956 年 9 月 15 日至 27 日在北京政协礼堂召开。大会提出，生产资料私有制的社会主义改造基本完成以后，国内的主要矛盾不再是工人阶级和资产阶级之间的矛盾，而是人民对于建立先进的工业国的要求同落后的农业国的现实之间的矛盾，是人民对于经济文化迅速发展的需要同当前经济文化不能满足人民需要的状况之间的矛盾。这一矛盾的实质，在中国社会主义制度已经建立的情况下，也就是先进的社会主义制度同落后的社会生产力之间的矛盾。解决这个矛盾的办法是发展社会生产力，实行大规模的经济建设。为此，大会作出了党和国家的工作重点必须转移到社会主义建设上来的重大战略决策。这些观点是很正确的，就是"中断"了。

中共八大的研究，是中共党史研究的一个热点问题，而八大正确路线"中断"的原因，又是这个热点中的难点问题。近 30 年来，很多学者对这个问题从各个方面进行了深入的探讨。李良明、肖海燕将众学者的观点分毛泽东个人、历史局限性、全面建设社会主义准备不足、对国内外重大事件的错误判断、经济体制、中共第八届中央委员会结构组成六个角度作一归纳。[1] 值得后人深思。

为了把国民经济搞上去，纠正"左倾"思想，党中央在 1978 年 12 月召开了党的十一届三中全会。会议一致决定，把党的工作重心转移到以经济建设为中心上来，拉开了改革开放的序幕。

1980 年 1 月 16 日，中共中央召开党、政、军干部会议，邓小平作了《关于目前形势和任务的报告》。报告提出 80 年代要做的主要是三件事：第一件事是在国际事务中反对霸权主义，维护世界和平。第二件事是台湾归还祖国，实现祖国统一。第三件事是要加快经济建设，就是加快四个现代化建设。这三件事的核心是现代化建设。邓小平强调，要把

---

[1] 李良明、肖海燕：《中共"八大"正确路线中断原因研究概览》，《湖北行政学院学报》2002 年第 4 期。

经济建设当作中心。以经济建设为中心，必须改革高度集中的计划经济体制，实行对外开放，吸收世界上一切文明成果，为搞活社会主义经济，发展社会生产力开辟广阔的道路。

1980 年 2 月，邓小平在党的十一届五中全会上关于《坚持党的群众路线，改进工作方法》的讲话中，首次明确提出了党在现阶段的政治路线最主要的是搞经济建设的思想。他指出：我们党在现阶段的政治路线，概括地说，就是一心一意地搞四个现代化。搞四个现代化，最主要的是搞经济建设，发展国民经济，发展社会生产力。

1982 年党的十二大确定的党在现阶段的总任务，明确提出了要逐步实现社会主义四个现代化，但还没有明确把"以经济建设为中心"写入总任务的内容。

1987 年 10 月 25 日至 11 月 3 日，中共十三大在北京举行。十三大的主要精神是：以经济建设为中心，坚持四项基本原则，实行改革、开放、民主，即一个中心、两个基本点。十三大首次把"以经济建设为中心"写进了党的政治路线。十三大的报告指出："在社会主义初级阶段，我们党的建设有中国特色的社会主义的基本路线是：领导和团结全国各族人民，以经济建设为中心，坚持四项基本原则，坚持改革开放，自力更生，艰苦创业，为把我国建设成为富强、民主、文明的社会主义现代化国家而奋斗。"

1992 年 10 月，江泽民在党的十四大报告中强调："坚持党的基本路线不动摇，关键是坚持以经济建设为中心不动摇。"

（2）文化事业的提出

2002 年 11 月党的十六大上提出"文化建设和文化体制改革"的主要任务是：牢牢把握先进文化的前进方向；坚持弘扬和培育民族精神；

切实加强思想道德建设；大力发展教育和科学事业；积极发展文化事业和文化产业；继续深化文化体制改革。

这是我国第一次在文件中明确把文化事业与文化产业区分开来，提出发展文化产业。但是早在 2000 年就已经提出过要发展文化产业了，在很多当时的期刊杂志上就出现过发展文化产业的相关表述。[1]

文化产业在国外提得比较早。"Culture Industry"这个术语，现在通常翻译成"文化产业"，但也可以翻译成"文化工业"。"文化工业"是特奥多尔·阿多诺（Theodor Adorno）和马克斯·霍克海默尔（Max Horkheimer）创造的术语。他们是德国法兰克福学派的重要代表人物，1947 年在荷兰的阿姆斯特丹出版了两人合著的《启蒙的辩证法》，正是在这部著作中首先使用了"文化工业"（Kulturindustrie）这个术语。

在这部著作的草稿中，阿多诺和霍克海默尔使用的是"大众文化"（Massenkultur）这个术语。但是，大众文化的倡导者认为，大众文化是流行艺术的当代形式，仿佛是从大众本身产生出来似的。为了区别于这种解释，他们用"文化工业"代替了"大众文化"这个术语。他们指出，"文化工业"是凭借现代科学技术手段大规模地复制、传播商品化了的、非创造性的文化产品的娱乐工业体系。

经过努力，我国的文化产业增长迅速。2014 年全国文化及相关产业增加值 23 940 亿元，比上年增长 12.1%（未扣除价格因素），比同期 GDP 现价增速高 3.9 个百分点；占 GDP 的比重为 3.76%，比上年提高

---

[1]　如李源朝：《加速发展文化产业》，《今日浙江》2000 年第 21 期。曹智：《加快文化产业发展，促进两个文明建设》，《辽宁日报》2000 年 9 月 22 日。胡惠林：《国家文化安全：经济全球化背景下中国文化产业发展策论》，《学术月刊》2000 年第 2 期等。

0.13 个百分点。核算数据表明，文化及相关产业在稳增长、调结构中发挥了积极作用。

2015 年全国文化及相关产业增加值 27 235 亿元，比上年增长 11%（未扣除价格因素），比同期 GDP 名义增速高 4.6 个百分点；占 GDP 的比重为 3.97%，比上年提高 0.16 个百分点。

（3）和谐社会的提出

2004 年 9 月，党的十六届四中全会《决定》第一次鲜明地提出和阐述了"构建社会主义和谐社会"这个科学命题，并把它作为加强党的执政能力建设的五项任务之一提到全党面前。

2005 年 2 月 19 日，中央举办和谐社会高级干部专题研讨班，胡锦涛总书记作了重点讲话。

2005 年 2 月 21 日，中央政治局组织二十次集中学习，重点研究了和谐社会的问题。60 多位专家走进中南海讲课。

2005 年 2 月 19 日，胡锦涛在中央党校举办的"省部级主要领导干部提高构建社会主义和谐社会能力"专题研讨班上发表重要讲话，全面阐述了构建社会主义和谐社会的时代背景、重大意义、科学内涵、基本特征、重要原则、主要任务等。

2005 年 3 月，十届全国人大三次会议，温家宝总理的政府工作报告围绕树立科学发展观与构建和谐社会作了重点的阐述。各级党委政府要加强和改善对构建和谐社会各项工作的领导，指导构建社会主义和谐社会摆在全局工作的重要位置，建立有效的领导机制和工作机制，认真研究解决重大问题和突出问题，不断认识和把握新形势下和谐社会建设的特点和规律。

（4）生态事业的提出

2012 年 11 月召开的党的十八大，把生态文明建设纳入中国特色社会主义事业"五位一体"总体布局，首次把"美丽中国"作为生态文明建设的宏伟目标。党的十八大审议通过《中国共产党章程（修正案）》，将"中国共产党领导人民建设社会主义生态文明"写入党章，作为行动纲领。

2013 年 11 月 9 日，党的十八届三中全会提出加快建立系统完整的生态文明制度体系。政绩考核的"指挥棒"，越来越清晰地指向绿色低碳。三中全会明确要求"纠正单纯以经济增长速度评定政绩的偏向"。2013 年年底，中组部印发《关于改进地方党政领导班子和领导干部政绩考核工作的通知》，规定各类考核考察不能仅仅把地区生产总值及增长率作为政绩评价的主要指标，要求加大资源消耗、环境保护等指标的权重。

2014 年 10 月 20 日，党的十八届四中全会要求用严格的法律制度保护生态环境。

2015 年 10 月 26 日，党的十八届五中全会举行。全会强调，实现"十三五"时期发展目标，破解发展难题，厚植发展优势，必须牢固树立并切实贯彻创新、协调、绿色、开放、共享的发展理念。

2016 年 3 月 5 日，习近平在参加上海代表团审议时强调，将绿色发展作为"十三五"乃至更长时期经济社会发展的一个重要理念，成为党关于生态文明建设、社会主义现代化建设规律性认识的最新成果。

2. 财政治理体系

外媒认为，中共十八届三中全会的《决定》是近十年来中共最重要的改革纲领。我认为，《决定》标志着"中国的第四次思想解放"。在改革开放的历程中，有三次思想大解放：1978 年打破"两个凡是"，1992 年姓"社"姓"资"之争，1997 年"公"与"私"之争，2013 年则是"改"还是"不改"、"市场决定"还是"政府决定"的争论。第四次思想大解放将推进全面深化改革。

在所有的改革内容中，财政改革的内容是丰富而全面的，有一些争论激烈的问题，在《决定》中也得到了充分的肯定，颠覆了一些传统观点。《决定》让财政改革从理论走向了实践。同时也应该看到，在 35 年财政改革的基础上，此次又以"全面深化改革"为目标推动财政改革，令人振奋。

我国财政制度离"财政治理"目标还有一定的距离。所谓财政治理，是与国家治理相对应的概念，是指财政处于一种优化状态，并去除财政分配活动中的人为安排。对"治理"的关注，是随着全球化进程的发展和公共管理不能有效解释和应对公共决策的复杂和动态的过程而不断向前的。两个最早的例证是 20 世纪 80 年代初的"地方治理"和产生于 80 年代后期的"公司治理"运动。20 世纪 90 年代，这些概念整合成一个更广泛的概念即"公共治理"。它把单独的公共机构的公司治理与政策网络联系起来，涵括了公共部门的各个层级。"财政治理"就是其中的重要组成部分。

把财政定位为"国家治理的基础"，这是在新的历史条件下对财政的一种新认识。财政天然具有治理的职能。这种认识突破了传统的经济学思维和工具化思维。一提到财政政策就认为仅是经济政策。在缺乏财政法治传统的中国，财政工具化倾向尤为突出。财政的职能作用不仅反映在经济方面，还体现在包括经济、社会和政治等各个方面。在《决定》中提出财政既要在优化资源配置、维护市场统一方面发挥经济职能作用，也要在促进社会公平方面发挥社会职能作用。这就是说，财政要把效率与公平有机地融合在一起，使二者有机结合。这无疑构成财政的另一种功能——政治保障功能。效率与公平的有机结合内含到财税体制之中，表明这个财税体制是科学的，国家长治久安也就有了制度保障。从改革角度特别强调"制度保障"，比过去常说的"财力保障"更具有法治、规范意义。这也是财政职能作为国家治理基础这个逻辑的自然延伸。

因此，建议在此次全面深化财政改革的基础上，再向前推进一步，达到"财政治理"的目标，形成一个"35 年财政改革——财政再全面深化改革——财政良性治理"的路径。具体措施如下：

——坚决抛弃"税收任务论"，回归"经济决定税收，税收反作用于经济"的本质。《决定》指出："审核预算的重点由平衡状态、赤字规模向支出预算和政策拓展。"这是对"税收任务论"的彻底否定，《决定》的这个观点也让所有企业家松了一口气。经济发展过程充满不确定性，税收计划只是一种导向，超额完成与未完成税收任务都有可能，正好完成计划倒是不正常的。这也是"经济决定税收规律"在起作用。回顾过去 35 年的历程，我们会发现税收考核计划任务与依法征税是矛盾的。一是税收考核计划任务指标数下达不科学。传统"基数法"的税收考核计划任务必然与税源实际相违背。二是税收计划执行带有相当的行政指令性特色。有的地方政府在制定税收任务时，不切实际地规定本级收入完成数额。这就容易形成税源形势好，税务机关要适当控制当年税收增长的幅度，不想收，不严查，以便下年"机动"。一旦税源形势不好，而要完成收入任务，就会出现人为"变通"手段如"拉税"或"引税"和不按规定税种入库等现象。这些都是对市场经济的"破坏力"。

同时，还应该强调要重点审核增加民生、生态、文化等方面的支出比重，还要了解这些支出下拨之后是否达到应有目标。现在的预算公开更多的是财政收支情况的报账，预算要更多强调公开支出政策及其效果，只有这样，预算社会监督才有章可循。

——法定支出与 GDP 脱钩。"清理规范重点支出同财政收支增幅或生产总值挂钩事项，一般不采取挂钩方式。"这是一个突破。按照现有制度，与财政收支增幅或 GDP 挂钩的重点支出涉及七类，包括教育、科技、农业、文化、医疗卫生、社保、计划生育。2012 年，财政安排这七类挂钩支出就占到全国财政支出的 48%。支出挂钩机制在特定发展阶段为促进上述领域的事业发展发挥了积极作用，但也不可避免地造成财政支出结构固化，加大了政府统筹安排财力的难度，全国财政从中央到县四级都要求挂钩，也不符合社会事业发展规律，部分领域甚至出现财政投入与事业发展"两张皮"，容易产生"钱等项目""敞口花钱"等问题。另一弊端是造成财政专项转移支付过多，资金投入重复低效。清理规范挂钩并不意味着财政要削减这些重点支出，只是不再采取这种挂钩方式，根据需要安排。

从地方的情况来看，硬性的挂钩是一种教条主义，比如全社会教育支出占 GDP 的 4%，对中心城区来说会造成浪费，而贫困地区仍然不足。在法定支出方面主要存在以下问题：一是支出数量不足不实。对于法定增长支出主要表现在年初预算中不足额安排或者安排后不能落实，逐年向后结转造成法定支出增长"有名无实"。二是支出结构不合理。从支农支出情况看，有些县支农支出虽然达到了法定要求的数额，但支出的绝大部分用在农业主管部门的人员经费，对农业基础设施、农业科技、农村社会化服务体系等营运维护和建设资金严重缺乏。三是支出的效果不佳，尤其是重复投入的部分。

——建立滚动预算制度。年度预算审核重点的变化，预算确定的收支平衡状态在执行中有可能被打破。为确保财政可持续，就要建立跨年度预算平衡机制，一方面是建立跨年度弥补超预算赤字机制，另一方面是建立中长期重大事项科学论证的机制，对一些重大项目不能一年一定政策，要有长远考虑，通过实行中期财政规划管理，强化其对年度预算的约束性，增强财政政策的前瞻性和财政可持续性。也就是说各年份之间的财政任务并不均衡，有时有赤字，有时有结余，因此，不妨追求跨年度平衡。这就有必要建立滚动预算制度。

滚动预算又称连续预算或永续预算，是指在编制预算时，将预算期与会计年度脱离，随着预算的执行不断延伸补充预算，逐期向后滚动，使预算期始终保持为固定期间的一种预算编制方法。如加拿大的预算编制就是建立在正确可靠预测的基础之上，并实行滚动预算。根据《预算透明与责任法案》，政府要成立经济预测委员会，为财政部长进行财政经济形势预测提供建议。在预算编制以前和预算编制过程中，经济预测委员会将根据财政经济形势的发展变化，不断更新其财政经济形势预测。在每年正式编制预算之前，加拿大财政部首先会根据经济形势的发展变化不断更新其"经济与财政展望"报告，这一报告包括对未来2—

3 年的财政收入、支出和盈余（或赤字）情况的预测，这是财政部开始准备预算编制的标志，也是预算编制的重要基础。

——权责发生制的政府综合财务报告。权责发生制是指以实质取得现金的权利或支付现金的责任权责的发生为标志来确认本期收入和费用及债权和债务，而不是以现金的收支来确认收入费用。权责发生制可以部分缓解"年终突击花钱"的现象。如果是现收现付制，年度拨款的钱到了 12 月 31 日没有花完，要么钱会被收回，要么影响下一年的基数。如果是权责发生制，这就不只是看现在还要看整个项目，但这其中要配套中期预算的改革。因此，权责发生制的政府综合财务报告与滚动预算制度是密切相关的。

——政府债务管理及风险预警机制。2010 年 6 月印发的《国务院关于加强地方政府融资平台公司管理有关问题的通知》，对全面清理规范融资平台公司作出了要求部署。严格控制地方政府新增债务，财政部会同有关部门研究地方政府性债务对账制度，并抓紧建立地方政府性债务风险预警机制。通过债务审计，表明政府性债务是经过多年形成的，在我国经济社会发展、加快基础设施建设和改善民生等方面发挥了重要作用。同时，从我国经济发展水平、政府性债务的现状和资产与负债的相互关系看，目前我国政府性债务风险总体可控，但有的地方也存在一定的风险隐患。各级政府债务规模到底多大才算合理？关键是与财政规模、GDP 规模挂钩。因此，要有具体的统计指标。

——扩大一般性转移支付。一般性转移支付是指上级政府根据依法核定的下级政府标准财政需要额与财政支出额的差量以及各地区间在人口、资源、贫富等方面存在的差别因素将其财政资金转作下级政府财政收入的一种补助形式。如增加对革命老区、民族地区、边疆地区、贫困地区的转移支付。而"中央出台增支政策形成的地方财力缺口，原则上通过一般性转移支付调节"。也就是说不能再出现"中央请客、地方埋单"的状况，出台政策也要出资金。对于法定配套支出主要问题是一些地方在争取国债建设资金、农业综合开发、世界银行和外国政府贷款项目时有意扩大计划申报数额而在要求地方落实配套资金时采取"假配套"或向企业借款方式。专项转移支付是指上级政府为实现特定的宏观政策目标以及对委托下级政府代理的一些事务进行补偿而设立的专项补助资金。专项转移支付往往与"跑部钱进"联系在一起，因此有必要"清理、整合、规范专项转移支付项目，属地方事务的划入一般性转移支付"。

——税法升格。全国人大五年立法计划提到了制定增值税法等单个税法。要加快、全面推进增值税改革，建立符合产业发展规律、规范的消费型增值税制度，消除重复征税问题。目前除了税收征管法之外，18 个税种中只有 3 个通过人大立法（个税、企业所得税和车船税）。同时，把高耗能、高污染产品及部分高档消费品纳入消费税征收范围，以限制"三高"的消费。

——房地产税立法并适时推进。加快房产税立法和改革步伐，减少房产建设和交易环节税费，清费立税，增加房产保有环节的税收。如果能够果断地"以税（房地产税）代金（土地出让金）"，税负放在持有环节，而不是购买环节，房价将下降，一定面积自住房产免税，炒房则征房地产税，如此，才会有更多的人买得起、住得起房，才能理顺财政与房地产的关系，扭转"土地财政"的局面。

——国税地税合并，才能对违规优惠"零容忍"。各地招商引资拼的就是给投资者的税收返还，但这容易造成财政利益的总体损失。清理规范税收优惠政策，也是三中全会确立的重要任务。市场经济是公平竞争的经济，税收优惠政策过多过滥不符合市场经济的一般原理。要按照统一税制、公平税负、促进公平竞争的原则，加强对税收优惠特别是区域税收优惠政策的规范管理。对于已有的优惠政策，要确定期限、限期取消。区域发展规划应与税收优惠政策脱钩，原则上不再出台新的区域税收优惠政策，税收优惠政策统一由专门税收法律法规规定。同时，严格禁止各种越权税收减免。《决定》中提出要"完善国税地税征管体制"，尽量减少征管重复与征管空白。但是，从最近 20 年来看，国税地税分设是弊大于利，增加了税收成本，增加了征管漏洞。应该考虑将两者合并。只有这样才能控制税收肆意优惠的问题。

——事权与财权要结合。实行分税制 20 多年，事权与财权不相适应是一个突出的问题。要"适度加强中央事权和支出责任"，"部分社会保障、跨区域重大项目建设维护等作为中央和地方共同事权"，"区域性公共服务作为地方事权"。中央可通过安排转移支付将部分中央事权支出责任委托地方承担。"对于跨区域且对其他地区影响较大的公共服务，中央通过转移支付承担一部分地方事权支出责任"。这些都表明，有多少钱办多少事，是必要的原则。当前中央和地方职责交叉重叠，共同管理的事项较多，这种格局造成中央财政本级支出只占全国财政支出的15%，地方实际支出占到 85%。这说明很多该中央管的事情中央没有直接管理，委托地方去做，再通过专项转移支付给地方提出要求，客观上会不同程度地干预地方事权，地方往往也没有动力做好不适宜地方承担的事项，造成行政效率偏低。

今后要按照建立事权与支出责任相适应的制度要求，在转变政府职能、合理界定政府与市场边界的基础上，充分考虑公共事项的受益范围和管理效率，合理划分中央和地方事权与支出责任，适度加强中央政府事权和支出责任，减少委托事务。《决定》同时提出，要保持现有中央和地方财力格局总体稳定。在这一基础上，中央和地方按规定分担支出责任，规范一般转移支付和专项转移支付事项，有利于促进市场统一和公共服务均等化。

——增加地方财力。要"保持现有中央和地方财力格局总体稳定，进一步理顺中央和地方收入划分"。这里有提高地方财力的空间。分税制改革形成了地方"税收短缺"，导致有的地方走向了"收费""卖地""建立融资平台圈钱"等"邪路"。随着时间的延续，"营改增"之后增值税将达到税收总收入的 55%，提高地方留成比例已没有悬念。在此基础上，对于增值税与企业所得税，建议实行"基数固定比例，增量提高比例"的模式，以提高地方财力。

——节约成为财政常态。健全改进作风常态化制度。围绕反对形式主义、官僚主义、享乐主义和奢靡之风，加快体制机制改革和建设。健全严格的财务预算、核准和审计制度，着力控制"三公"经费支出和楼堂馆所建设。

公务员节约要从领导干部开始，《决定》指出，"规范并严格执行领导干部工作生活保障制度，不准多处占用住房和办公用房，不准超标准配备办公用房和生活用房，不准违规配备公车，不准违规配备秘书，不准超规格警卫，不准超标准进行公务接待，严肃查处违反规定超标准享受待遇等问题。探索实行官邸制"。这些都涉及财政的巨额支出。2013 年 11 月 25 日公布的《党政机关厉行节约反对浪费条例》强调："党政机关要坚持从严从简，降低公务活动成本"，这是一条基本原则。2000 多年前孔子就说过"政在节财"，不管财政收入如何增长，政府以及公务员都应该成为"消费不浪费"的表率。

3. 财政改革方向

在最近 40 多年的财政体制发展历程中，地方财政走过了"弱——强——弱——相对独立"的过程，相对来说，中央与地方财政的关系体现为"大锅饭——包干制——分税制——分税发债制"的方式。

财政包干制度是中国 20 世纪 80 年代末 90 年代初的财政模式。从 1980 年起，采用"划分收支，分级包干"的新体制。即明确划分中央和地方的收支范围，以 1979 年各地方的财政收支数为基础，核定地方收支包干的基数，对收入大于支出的地区，规定收入按一定比例上缴，对支出大于收入的地区，将工商税按一定比例留给地方，作为调剂收入；工商税全部留给地方后仍收不抵支的再由中央给予定额补助。一定五年不变。地方多收可以多支，少收可以少支，中央不再增加补助，地方财政必须自求平衡。这种办法把地方类权力结合起来，改变了吃"大锅饭"的现象，所以又被称为"分灶吃饭"的财政体制。从 1989 年起又调整基数，实行"划分税种，核定收支，分级包干"的体制。

但是随着市场在资源配置中的作用不断扩大，其弊端日益明显。1994 年实行以分税制为基础的财税体制改革，根据事权与财权相结合原则，将税种统一划分为中央税、地方税和中央地方共享税，分设中央与地方两套税收征管机构。

目前，地方财政经过改革历练，日趋成熟，也越来越有"国际范"。其新动力来自于三个方面。

首先，新《预算法》是地方财政机制完善的法律保障。新《预算法》最大的新内容就是地方债。从原来的禁止地方发债到允许发债。而这个"允许"终于使得地方财政与中央财政一样，拥有了独立性与完整性，也使得"一级政府有一级预算"成为一种最终得到兑现的承诺。

1994 年的《预算法》中规定，"地方各级预算按照量入为出、收支平衡的原则编制，不列赤字。除法律和国务院另有规定外，地方政府不得发行地方政府债券"。2008 年国际金融危机爆发后，地方政府为拉动经济增长，实施积极的财政政策，资金需求巨大。2009 年，全国人大开始审议国务院代地方发债的方案。但中央政府代地方发债使用者和借债方不对称，存在风险。而且，地方政府融资平台迅速膨胀，2011 年 6 月，审计署对地方政府性债务的报告首次发布，截至 2010 年年底全国地方政府性债务余额达到 10.7 万亿元。因此，要求给地方发债"开口子"的呼声越来越强烈。

2011 年 12 月，《预算法》修订的初审稿递交给人大常委会审议，初审稿赋予地方政府举债的权力。当年，部分省市首次试点自主发行地方政府债券，相比由中央政府代发，地方的自主权更大，但发债额度仍然由中央政府控制。但争议并没有平息。相对保守的一方认为若赋予地方举债权，地方债务的规模将难以控制。这在 2012 年 6 月上会的二审稿中得以体现，二审稿恢复了原《预算法》的规定：地方政府"不列赤字"，"不得发行地方政府债券"。激烈的争论也导致《预算法》修改的停摆。

2013 年年底，党的十八届三中全会通过的《中共中央关于全面深化改革若干重大问题的决定》对于地方债有如下表述："允许地方政府通过发债等多种方式拓宽城市建设融资渠道"，要"建立规范合理的中央和地方政府债务管理及风险预警机制"。这使地方债问题出现重大转机。

2014 年 4 月上会的三审稿再次给地方发债开口子，但用语谨慎："经国务院批准的省、自治区、直辖市的一般公共预算中必需的建设投资的部分资金，可在国务院确定的限额内，通过发行地方政府债券举借债务的方式筹措。"

2014 年 4 月 30 日，国务院通过并印发《关于 2014 年深化经济体制改革重点任务的意见》明确指出，规范政府举债融资制度。开明渠、堵暗道，建立以政府债券为主体的地方政府举债融资机制，剥离融资平台公司政府融资职能。此后，经国务院批准，2014 年上海、浙江、广东、深圳、江苏、山东、北京、江西、宁夏、青岛试点地方政府债券自发自还。

8 月 25 日上会的四审稿基本延续了三审稿的规定。四审稿指出"举借的债务应当有偿还计划和稳定的偿还资金来源，只能用于公益性资本支出，不得用于经常性支出。"四审稿第十四条第一款称：经本级人民代表大会或者本级人民代表大会常务委员会批准的预算、预算调整、决算、预算执行情况的报告及报表，应当在批准后二十日内由本级政府财政部门向社会公开，并对本级政府举借债务的情况等重要事项作出说明。其中，"并对本级政府举借债务的情况等重要事项作出说明"是四审稿新增内容。草案四审稿修改为，"地方各级预算按照量入为出、收支平衡的原则编制，除本法另有规定外，不列赤字"。同时规定"经国务院批准的省、自治区、直辖市的预算中必需的建设投资的部分资金，可以在国务院确定的限额内，通过发行地方政府债券举借债务的方式筹措"。新《预算法》通过了，也完成了一个地方债从有到无，又从无到有的历史过程。

新《预算法》开创了中国财政的新局面，尤其是地方财政的新局面。中央公债与地方公债将各有其发挥作用的领域。有理由相信，"经济决定财政，财政反作用于经济"的基本规律将得到更全面的体现，稳增长、促改革、惠民生将给财政留出更大的空间。

其次，"新常态"是地方财政功能提升的环境保障。从 2014 年 5 月到 12 月的经济工作会议，新常态经济学基本形成。中国的经济总量毋庸置疑地位于世界第二，但是，这个"世界第二"占有了大量的资源，比如说，单位 GDP 能耗是美国的四分之一，日本的八分之一。对此，我们应该感到惭愧。我认为，"新态"是发展，指的是全面深化改革之新、企业经营环境之新、科学技术创新之新、营销渠道之新，"常态"是稳定，指的是增长速度适度之常、经济调控政策之常、民生保障之常、生态保护之常、传统文化之常。地方财政如何支持地方政治经济社会文化生态五大事业的协同发展，至关重要。

在地方收入方面，地方国债制度的运用与普遍性降费是地方财政收入增减的两大因素。当前我国的地方政府债务以全国的经济和财政实力计，尚处于国际公认的安全线之内。但在总体风险可控的同时，由于区域经济发展状况、对于地方政府债务管理水平及其控制松紧程度的差异颇大，有些地区已经出现偿付困难，因而事实上存在着局部风险。经国务院批准，财政部在 2015 年 3 月向地方下达 1 万亿元地方政府债券额度置换存量债务，置换范围是 2013 年政府性债务审计确定截至 2013 年 6 月 30 日的地方政府负有偿还责任的存量债务中、2015 年到期需要偿还的部分。

在 2014 年 11 月 15 日国务院常务会议上，提到实施普遍性降费，进一步为企业特别是小微企业减负添力。通过各种措施，争取每年减轻企业和个人负担 400 多亿元，这对地方财政有一定的影响。比如，自 2015 年 1 月 1 日起，一是取消或暂停征收依法合规设立、但属于政府提供普遍公共服务或体现一般性管理职能的收费，包括企业、个体工商户注册登记费等 12 项收费。二是对小微企业免征组织机构代码证书费等 42 项行政事业性收费。2016 年 1 月 1 日至 2017 年年底，对月销售额或营业额不超过 3 万元的小微企业，自登记注册之日起 3 年内免征教育费附加、文化事业建设费等 5 项政府性基金。三是对安排残疾人就业未达到规定比例、在职职工总数不超过 20 人的小微企业，自登记注册之日起 3 年内免征残疾人就业保障金。四是对养老和医疗服务机构建设减免土地复垦费、房屋所有权登记费等 7 项收费。继续对高校毕业生、登记失业人员、残疾人和复转军人自主择业创业，免收管理、登记和证照类行政事业性收费。会议要求，中央财政要加强监督，确保各级财政经费到位，防止以经费不足为由再出现乱收费。对地方财政来说，尽管有困难，但这却是必须做的事情。

最后，"四个全面"是地方财政健康运行的路径保障。2014 年 11 月，习近平到福建考察时提出："协调推进全面建成小康社会、全面深化改革、全面推进依法治国进程。"12 月在江苏考察时则在"三个全面"的基础上，增加了"全面从严治党"。从宏观层面而言，"四个全面"战略部署已支撑起了经济社会发展的方方面面。对于地方而言，由于自身情况有别，存在错位与差异性，因此在"四个全面"战略部署中就存在侧重点和主抓手，"四个全面"要进行综合施策，统筹推进，以"四个全面"战略为基调，结合地方改革发展稳定实际，全面开创工作新局面。

从地方财政工作层面来看，"四个全面"与财政收支密切相关。全面建设小康社会为当务之急，而小康社会离不开中央与地方财政的支撑，财政支出的 70% 左右要用于民生；全面深化改革是路径，全面深化改革给地方财政带来了新动力；全面依法治国是根本，依法治国也具有依法理财的内容；全面从严治党是保障，财政是公共财富分配的中枢，是最容易出现腐败的地方，从严治党同样也是做好地方财政工作的重要保证。在改革开放的初期，提的是"以经济建设为中心"，现在应该改为"以公平分配、环境保护为中心"。地方财政将会大有作为。

4. 财政学国学如何走进党校？

除了全面深化改革财政问题之外，官员对财政的忠诚度、敬畏感有待于提高。因此，财政学课程与国学课程进党校，是我一贯的建议。从 1979 年起，我在湖北财经学院（现中南财经政法大学）接触《财政学》开始，节约公共财政资金的理念根深蒂固。因此，许多建议始终围绕着"三公"经费而展开。

从古至今，官员腐败无非是在"人财物"三个方面。"人"的问题主要与组织部门、纪检部门有关。组织部门的腐败表现在促成"买官卖官""跑官要官"。纪检部门的腐败表现在"收钱报信"。这俗称"灯下黑"。"灯下黑"原指照明时由于被灯具自身遮挡，在灯下产生阴暗区域。由于这些区域离光源很近，现引申为：人们对发生在身边很近的事物和事件没有看见和察觉。

2014 年 1 月 19 日，中纪委发布通知：零容忍惩治腐败，切实解决"灯下黑"问题。2017 年年初，电视专题片《打铁还需自身硬》播出，引起积极的社会反响。打铁如何自身硬，不仅是对纪委严防"灯下黑"的要求，同样也是对所有中共党员的纪律要求。在纪检干部违纪违法案件中具有共性的问题，往往就是风险点的所在。除了跑风漏气、以案谋私，另一个普遍现象就是以职务影响力谋私。在中央纪委查处的 17 名机关干部中，不少人都在自己所联系的地区，把谋利空间延伸到了纪检之外的领域。由于手握执纪监督权，使得他们成为别有用心的人重点"围猎"的对象。

"物"的腐败问题，表现在滥用物资的采购权，从中牟利。比如说，医药代表给医生红包，医生只开回扣高的药品。又比如，在公共工程采购中，只要收了钱，就"只买贵的不买对的"。因此，推广政府与社会资本合作模式（即 PPP 模式），非常重要的一点，就是有利于解决民生领域的腐败问题。这一功能应予以强化，从而解决政府部门长期存在的，由于既当"裁判员"又当"运动员"所产生的腐败问题。如今在城市建设时期，一些人腐败的方式就是趁机"发建设财"。随着经济的发展、财政收入的增加，民生投入越来越大，但一些地方和部门却自己组建关联公司，于是出现了自己审批、自己建设、自己维修、自己评价的"四自己"现象。其结果是"桥歪歪""路塌塌"等情况时有出现，也滋生了腐败。例如在 2000 年辽宁省出资修建的沈阳至山海关高速公路，在沈阳市境内仅有 50 公里路段中就有 62 名干部因贪污、受贿、挥霍 3000 万元专项资金受到查处。而在这种市政项目中引入社会资本后，由于社会资本来自于私企或民企等，他们更希望看到钱花到了什么地方，更关注这笔钱应不应该花，项目的透明度无疑增加了，也有利于加大对项目的监督，减小了腐败存在的空间。美国学者阿密泰在其著作中有一段精辟的论述："清除腐败，不仅仅是挑出一个烂苹果，而更应该检查放置苹果的筐子。"多年来我们一直在努力清除那些腐烂的苹果，却没把那些盛苹果的"筐"拿出来在阳光下暴晒消毒。而 PPP 模式可以成为一个比较健康的、无菌的"篮子"。

"财"的腐败问题表现在直接送钱，或者违法报销，最为直接。当今的中国贪官都有一个最大的特点：不珍惜国家的钱财。孔子早就说过："政在节财"，即行政的关键是节约公共财富。

——2014 年 11 月 6 日至 15 日，河南省委原常委、洛阳市委原书记陈雪枫在参加中国延安干部学院第 7 期省部级干部党性教育专题培训班期间，违反中组部关于"不准秘书等工作人员陪读"的规定，安排秘书丁某、市委副秘书长董某等人陪读，产生的交通、食宿、差旅等费用共 2.6 万余元，公款报销。在井冈山干部学院的门口，也有密集的红木家具商店，其目的也是很清楚的。

——2014 年 1 月至 2015 年 7 月，吉林省政府原党组成员、原副省长谷春立，在已分得副省级干部周转房的情况下，长期占用长春市乐福大酒店 1 间客房，房费共计 34.38 万元。

——2014 年 8 月以来，浙江省宁波市原市委副书记、市长卢子跃，多次安排公务用车接送浙江省金华市的理发师，往返 500 公里，到宁波市专门为其理发。

因此，建议各级干部要学一点《财政学》与《国学》。学习《财政学》，至少知道财政收入、财政支出、财政平衡等是怎么一回事，手中花的钱是要如何"取之于民，用之于民"。因此，各级党校要开财政学的课程，并且，根据温家宝的说法，适当加入财政史的内容。

党校的课程又如何呢？我上网查了 2012 年湖北省委党校春季县处级干部进修二班（经济管理类）的课程。学制二个月。

第一单元：开学典礼与入学教育（2 个学习日）

第二单元：理论武装与公仆意识教育（8 个学习日）

（1）全校大报告：群众工作的科学与艺术

（2）全校大报告：党的十七届六中全会精神辅导

（3）原著导读与答疑：《资本论》

（4）加强公务员职业道德建设，做人民满意的公仆

（5）理想信念与革命传统教育——赴红安革命传统教育学院

第三单元（特色单元）：加快构建促进中部地区崛起重要战略支点
（10个学习日）

（1）全校大报告：全面推进湖北经济社会跨越式发展

（2）全校大报告：湖北战略性新兴产业的培育与发展

（3）全校大报告：2012年我国宏观经济形势与政策分析

（4）湖北"两圈一带"总体战略研究

（5）湖北推进"一主两副"城市发展战略

（6）湖北生态文明建设研究

（7）湖北统筹城乡发展

（8）湖北自主创新能力研究

（9）湖北产业结构调整与新型工业化

（10）湖北现代物流业发展研究

（11）湖北县域园区经济发展与招商引资

（12）湖北加快农业发展方式转变

（13）湖北文化体制改革与文化产业发展

第四单元：科学思维与科学决策（5个学习日）

（1）世界经济发展趋势与中国经济发展

（2）科技创新对经济社会的推动作用

（3）中国经济社会发展的制约因素及道路选择

（4）当代科学技术前沿及科技发展趋势

（5）科学思维的培养与科学决策的应用

第五单元：依法行政与能力提升（6个学习日）

（1）全校大报告：行政强制法解读

（2）全校大报告：学习方法和调研方法

（3）中国特色社会主义法律体系研究

（4）依法行政的理论与实践

（5）群体性事件成因与应对

（6）传统官德与公务员道德规范建设

（7）领导干部的心态修炼与角色自觉

（8）团队建设与团队精神培养

（9）在线学习平台的使用

由上可知，没有任何财政学的内容，而且国学的内容只有一门课的一半（《传统官德与公务员道德规范建设》），最多两个小时。加一门《财政分配理论与实践》与《国学概述》是非常应该、非常必要的。现在，普通市民、企业家都喜欢听国学课程，企业家甚至花数百万元参加名校的国学班学习。而我们的党校只是蜻蜓点水。而且党校还应该结合本土教材学习国学，比如，武汉之所以成为"大武汉"，要归功于张之洞17年的不懈努力。湖北省委党校、武汉市委党校就可以开《张之洞与武汉》课程。我正在撰写的《从"大武汉"到超大城市》一书，就是为了研究张之洞与武汉的关系。

国学是中华民族的瑰宝，是中华文明几千年来赖以生存的沃土，其中蕴含着极为丰富的为人处世哲理。早在2010年，中组部就在部分国家部委中试行干部培训制度改革，在司局级干部中用选课替代集中培训。国学等传统文化专题成为领导干部们自主选学的首选内容。这固然与"国学热"有关，但同时也说明传统国学在为领导干部传道、授业、解惑上是有很大帮助的。而各级党校的国学教育却十分薄弱。

习近平多次强调，优秀传统文化书籍"其智慧光芒穿透历史，思想价值跨越时空"，在他看来，"读优秀传统文化书籍，可以增强对人与人、人与社会、人与自然关系的认识和把握能力，正确处理义与利、己与他、权与民、物质享乐和精神享受等重要关系"。习近平在中央党校建校 80 周年庆祝大会暨 2013 年春季学期开学典礼上的讲话中强调了各级领导干部学习优秀传统文化的重要性："学史可以看成败、鉴得失、知兴替；学诗可以情飞扬、志高昂、人灵秀；学伦理可以知廉耻、懂荣辱、辨是非。"优秀传统文化是中华文明几千年来赖以生存的沃土，也是今天我们提振精神、凝心聚力的重要支撑。

2015 年 6 月 15 日上午，国家行政学院、中国国学文化艺术中心等多部门联合推出国内首套"全国领导干部国学教育系列教材"，这代表着中华优秀传统文化作为领导干部正心、修身、治国的理论资源和文化基础将有本可依。教材共 11 册，除《中华和合文化的国际比较优势》一书作为导论以外，其余 10 册分别涵盖了修身之道、处世之道、用人之道、治兵之道、应急之道、廉政之道、执法之道、谋略之道、治国之道、天人之道等方面。例如，治国之道中又提到"必先富民""功加于民"等具体的内容。

2016 年年底，又出版了一套（七册图书），是国家文化战略重点课题《中华优秀传统文化传承体系构建研究》的重大科研成果，由中宣部原副秘书长李长喜担任主编，邀请六位长期从事宣传理论工作的专家权威学习解读习近平重要讲话精神，着力弘扬中华优秀传统文化，为培育和践行社会主义核心价值观提供源源不断的精神力量。包括《讲仁爱》《重民本》《守诚信》《崇正义》《尚和合》《求大同》《养廉洁》七册。选取相关的古文语录、经典名句、诗词或诗句等古代原文；用通俗易懂的语言译成白话文，对于与原文有关的背景和典故进行必要的解释；联系实际，古为今用，以古鉴今，深入挖掘和阐发古代原文对于解决当前问题的时代价值和现实意义，着力论述对于培育和践行社会主义核心价值观的借鉴意义和精神力量。

参考文献

1.《邓小平文选》第 3 卷，人民出版社 1993 年版。

2.《陈云文稿选编（1949—1956 年）》，人民出版社 1982 年版。

3. 张馨：《公共财政论纲》，经济科学出版社 1999 年版。

4. 安体富：《论我国公共财政的构建》，《财政研究》1999 年第 6 期。

5. 邹传教主编：《市场财政学》，山西经济出版社 1994 年版。

6. 叶青：《车改：一个不可推卸的历史责任》，《湖南财政与会计》2000 年第 7 期。

7. 冯俏彬：《未来财政的十大改革》，《中国党政干部论坛》2015 年第 4 期。

8. 西乌拉帕：《李昌平为什么失败？——棋盘乡与谢安乡的命运比较》，《学习月刊》2002 年第 8 期。

9. 郭永中：《当前中国农民负担问题》，《人民文摘》2002 年第 4 期。

10. 杨涛：《免征农业税，慎言走出"黄宗羲定律"》，《中国青年报》2005 年 3 月 9 日。

11. 黄维健、王惠平、梁昊：《新时期农民负担研究》，《农业经济问题》2010 年第 5 期。

12. 白景明：《第三产业地位抬升是税收增长的加速器》，《中国税务报》2015年6月8日。

13.《政府性基金收入近4万亿，专家建议部分可转化成税》，《新京报》2012年7月7日。

14. 徐金波：《中国现代马产业潜力巨大，代表建议以"彩"育马》，中国新闻网2011年3月12日。

15. 梅淑娥：《杨金生委员：让中医药走向世界做大做强》，中国经济网2015年3月13日。

16. 章利新、王思北、吴晶：《中国为中医药振兴拟制首部国家法律》，新华网2015年12月10日。

17. 董文龙：《澄清每年"三公"消费9千亿：系捕风捉影》，《人民日报》2013年4月19日。

18. 吴晶晶：《叶青公车改革系列专题报道》，《长江商报》2009年8月3日。

19. 李永佩：《两会之声：车改之路上执着的"谏"客——访全国人大代表叶青》，《中国财政》2012年第12期。

20. 潘之望：《北京环保局建议"停车熄火"强制执行并设罚则》，《京华时报》2013年10月25日。

21. 民建海南省委：《禁止"三公"浪费，"三公"扩展到"六公"》，人民网2014年2月10日。

22. 王毕强、郑猛：《预算报告反对票创历史记录预算审议频遭冷场》，《财经》2012年3月26日。

23. 冯禹丁：《学者如何角力"经济宪法" 新预算法十年四审尘埃落定》，《南方周末》2014年9月5日。

24.《迈向现代财政的坚实一步——财政部部长楼继伟详解新预算法》，

新华网 2014 年 9 月 10 日。

25. 桂田田:《温岭:"参与式预算"十年路》,《北京青年报》2015 年 12 月 7 日。

26. 春华:《国外开发落后地区的战略和政策》,《中国财经信息资料》2000 年第 5 期。

27. 吴强、侯廷娴:《东西部协调发展的政策建议》,《中国财政》2000 年第 5 期。

28. 铁卫:《促进我国区域经济平衡发展的财税政策》,《财政研究》2000 年第 3 期。

后 记

今天是 2017 年 2 月 2 日,农历正月初六,时间一点一点地靠近晚上 12 点,离高速公路停止免费通行的时间也越来越近了。不用到现场就知道,现在中国的各收费站,一定是最繁忙、最拥堵的地方。而此时此刻,我的这本《代表看财政》也进入了最后的收官时刻。

在 2013 年的 12 月,《贾康自选集——理论创新 制度变革 政策优化(全三卷)》在人民出版社出版。在 2014 年 8 月 16 日,武汉一个酷热的周六的上午,贾康先生把这套书的发行仪式放在他的故乡武汉。

在东湖宾馆,我认识了这套书的编辑曹春女士。在与她交流中,提到了我的一个想法——把我当全国人大代表的经历与财政学研究结合起来、把参政议政与财政学知识普及结合起来,看能否写一本别的财政专家无法写的书——《代表看财政》。没有想到,我的这个想法得到了曹春女士的认可,她让我写一个提纲试一试。

不久,获得了好消息,出版社同意出,交稿的时间是一年之后,也就是 2015 年年底。众所周知,我是无法按期交稿的。曹春女士曾经打来电话说,恨不得赶到武汉来拿书稿。

　　拖了整整一年，才战战兢兢地把书稿发到她的邮箱，等待着回复。这一方面是由于工作太忙了，从 2016 年 1 月 17 日起又在《湖北日报》新媒体上开了一个专栏"大 V 叶青"，一天一文。另一方面是一些约稿随时冲击着我的写作计划，而且一本有关车改的书又"半路杀进"。

　　如果这本书能够顺利出版的话，要感谢人民出版社以及曹春女士对财政学通俗读物出版的大力支持。也希望读者能够喜欢这本书，因为写作此书的目的就是为了提供一本普通人都可以读的进去的财政学普及读本。50 岁以前写的书是为了评职称带博士，50 岁以后写的书应该是为了社会大众，而互联网正好提供了这种便利。

叶　青

2017 年 2 月 2 日深夜

于中南财大津发小区

责任编辑：曹　春
装帧设计：木　辛
责任校对：张红霞

图书在版编目（CIP）数据

代表谈财政／叶青 著 . —北京：人民出版社，2017.5
ISBN 978 - 7 - 01 - 017403 - 7

I.①代⋯　II.①叶⋯　III.①财政 - 中国 - 文集　IV.① F812-53

中国版本图书馆 CIP 数据核字（2017）第 035208 号

代表谈财政

DAIBIAO TAN CAIZHENG

叶　青　著

人 民 出 版 社 出版发行
（100706　北京市东城区隆福寺街 99 号）

北京盛通印刷股份有限公司印刷　新华书店经销

2017 年 5 月第 1 版　2017 年 5 月北京第 1 次印刷
开本：710 毫米 ×1000 毫米 1/16　印张：22.75
字数：268 千字

ISBN 978 - 7 - 01 - 017403 - 7　定价：58.00 元

邮购地址 100706　北京市东城区隆福寺街 99 号
人民东方图书销售中心　电话：(010) 65250042　65289539